博雅弘毅　文明以止　成人成才　四通六识

珞 珈 博 雅 文 库
（武大通识教材系列）

新时代外国文学与文化系列教材（丛书主编：王爱菊）

俄罗斯社会与
文化十讲

主编　胡谷明

WUHAN UNIVERSITY PRESS
武汉大学出版社

图书在版编目(CIP)数据

俄罗斯社会与文化十讲/胡谷明主编.—武汉：武汉大学出版社，
2019.8

珞珈博雅文库.武大通识教材系列

新时代外国文学与文化系列教材　王爱菊主编

ISBN 978-7-307-20864-3

Ⅰ.俄…　Ⅱ.胡…　Ⅲ.俄罗斯—概况—高等学校—教材
Ⅳ.K951.2

中国版本图书馆 CIP 数据核字(2019)第 076073 号

责任编辑:郭　静　　　责任校对:汪欣怡　　　版式设计:韩闻锦

出版发行:**武汉大学出版社**　(430072　武昌　珞珈山)

(电子邮箱: cbs22@ whu.edu.cn　网址: www.wdp.com.cn)

印刷:武汉中科兴业印务有限公司

开本:720×1000　1/16　印张:19　字数:279 千字　插页:3

版次:2019 年 8 月第 1 版　　2019 年 8 月第 1 次印刷

ISBN 978-7-307-20864-3　　定价:50.00 元

主编简介

　　胡谷明，1963年生，男，湖南宁乡人，文学博士，武汉大学外语学院党委委员，教学副院长兼俄语系党支部书记、教授、博士生导师，武汉大学教学指导委员会委员，中国俄语教学研究会常务理事，湖北省翻译工作者协会副会长，武汉市翻译协会常务副会长。主要研究方向:翻译理论，俄汉语言对比研究。

总　序

据史料记载，湖北省的高校外语教育最早可以追溯至百余年前的自强学堂和方言学堂（二者皆为武汉大学的前身）。光绪十九年十月（1893 年 11 月），湖广总督张之洞向朝廷奏陈《设立自强学堂片》，力陈创设自强学堂的必要性，并提出了以"讲究实务、融贯中西、研精器数"为办学宗旨。他认为"盖闻经国以自强为本"，"自强之道，以教育人才为先"，故取"自强"二字。自强学堂自创立伊始便是两湖最高学府，并效仿西方高等教育模式，进行分门（科）教学，设方言（外语）、格致、算学和商务四个专业，每个专业招生 20 人，略具综合性学校之雏形。其中，只有方言门或者修外语的学生在学校上课教学。张之洞非常重视外语人才的培养，甚至下令让格致和商务改课方言。到 19 世纪末，方言门开设英、法、德、俄、日 5 国外语，延聘外籍教师 8 人，成为语种齐全、师资强大的"外语学院"。1902 年，张之洞另择校址，成立方言学堂，令自强学堂原有学生移入。自强学堂–方言学堂，开启了近代湖北高等外语教育乃至近代湖北高等教育的篇章。

与此同时，在英国国内，英国文学尚未成为一门真正的现代学科。在 20 世纪之初，英国文学仅仅被视为一门适合女性、工人和帝国殖民者的学科，散发着业余的气息，在牛津和剑桥始终被看作是半瓶子醋学科。第一次世界大战之后，英国打败德国，在民族骄傲和爱国情绪之中，还夹杂一种"精神上的饥渴"，这种渴求恰好在英国文学中得到了满足和振奋。正如伊格尔顿所言，英国文学借着战时民族主义的东风一跃登上了权力的宝座。1917 年，剑桥大学成立了英文系。及至 20 世纪 20 年代，在利维斯、理查兹和燕卜逊等人的努力下，英国文学最终获得了合法性，成为一门具有科学客观性的严肃学科。

从湖北最初的外语教育到现在，从英国文学被确立为一门严肃独立的学科到现在，百余年的历史光阴倏忽而逝。与其他的学科相比，中国的外国文学研究其实是一个相当年轻的学科。如今，西方的文学批评理论一度高歌猛进并完成了体制化，业已进入了后理论时代；放眼寰球，世界格局已然发生了巨大的变化。在这样的全球化境遇中，中国的外国文学研究者应该怎样理解和研究外国文学与文化，应该有何作为？我们能否在多年紧紧跟随西方理论的动静冷热之后，将西方理论资源转化为自己的学术话语体系并在此基础上完成学术创新？

"新时代外国文学与文化"系列教材便是武汉大学外语学院同仁们近些年的教学研究和学术思考的结晶，是对上述两个问题的部分解答。本系列教材作为入选武汉大学通识教育 3.0 版的规划教材，具有鲜明的特点，即文学文本（text）与文化语境（context）的相互参照，文学研究与文化研究之间的重叠。举一二例加以说明。《莎士比亚与西方社会》将莎剧文本与社会语境相结合，不仅深入研究莎剧所反映的社会维度，同时探索这一社会维度如何反作用于莎剧。《英语诗歌欣赏》知人论世，在赏析诗歌的文学形式与审美特征之外，将诗歌流派与社会文化思潮勾连起来相互印证，引导读者深入浅出于文学文化之表里。《电影中的俄罗斯文学》则在欣赏经典电影的同时评述俄罗斯文学名著的主题思想、写作技巧、语言风格和时代性意义，并且探究广义上的俄罗斯民族的价值观念和性格情感。

　　在武汉大学外语学院与经管学院之间的郁郁林荫之中，张之洞的雕像稳稳地端坐在那里，日复一日地淡然陪伴着来往穿行的师生。虽然他的"自强学堂"以及一系列的"自强"活动已经成为历史，他的"自强"精神依然是我们宝贵的精神遗产，时常提醒我们这些外国文学与文化研究者们在与他者文化相遇时自觉保持主体意识和文化自信。

王爱菊

2019 年 6 月于武汉大学湖滨

前　言

　　"俄罗斯社会与文化"是武汉大学 2018 年列入本科通识课程建设规划的项目。该课程早在 2007 年至 2009 年的通识课程建设中就已经列入建设规划建设了 3 年，但由于当时条件不成熟，经费也不足，没能正式出版教材。这次再次入选建设规划，而且学校加大了支持力度，才得以出版这本教材，取名为《俄罗斯社会与文化十讲》。

　　本教材体现的教学理念是，从俄罗斯社会与文化入手全面研究俄罗斯社会现状和特点，以及它们形成的原因。向学生介绍俄罗斯的历史、地理、政治、经济、文学、艺术、教育、交际礼仪、风俗习惯等方面的知识，从而帮助学生全面、客观地了解俄罗斯，拓宽视野，提高分析问题和解决问题的能力，为将来从事相关的工作打下坚实的基础。

　　该教材具有以下特色及创新点：（1）语言通俗易懂。我们是在上课的讲义基础上加工而成的，上课的语言比较口语化，能朗诵，故事性强，这样就能抓住学生的注意力，当然我们在编写成教材后使语言更加规范。（2）内容安排重点突出、较为全面。俄罗斯是世界上最具影响的大国之一，也是我国的最大邻国，它不仅自然资源丰富，工业发达，而且具有优秀的文化，因此了解它的社会与文化对我们来说是十分重要的，尤其是苏联解体后，中俄关系不断改善，两国在各个领域的交往不断加强，所有这一切促使我们有必要对俄罗斯做进一步深入的了解。需要了解的内容太多，我们从中挑选了最应该了解的十大方面，编写成十讲。首先让学生了解俄罗斯的总体情况，然后再分门别类地从各个方面进行介绍，尽量让学生了解一个真实的俄罗斯。学习的内容包括俄罗斯的概况、俄罗斯的绘画艺术、俄罗斯的民俗与礼仪、俄罗斯的宗教、俄罗斯的建筑艺术、俄罗斯经济及社会保障、俄罗斯的对外政策、俄罗斯音乐、俄罗斯电影、俄罗斯文学，每一讲后附有思考题和参考书目，便于学生检查自己是否掌握了所学内容，以及查阅相关资料做进一步的研究。（3）所有编写者都有在俄罗斯学习和工作的经历，他们能够根据自己的亲眼所见对书中的内容加以理解消化，使教材内容更容易被读者接受。

本书的读者对象是在校中学生、大学生、研究生以及其他所有想了解俄罗斯社会与文化的人士。

全书由胡谷明负责统稿和校稿，并撰写第一章、第二章和第三章，张鸿彦撰写第四章和第五章，毛志文撰写第六章、第七章和第八章，陈著撰写第九章，刘早撰写第十章。

由于作者水平有限，书中一定有不少缺憾和瑕疵，恳请读者们不吝指正。

作　者
2019 年 2 月于武昌珞珈山

目　录

第一讲　俄罗斯概况

　　凡是人类活动的领域都有自己的文化，如我们常常听到企业文化、网络文化、饮食文化、礼仪文化、服饰文化、酒文化、茶文化，等等。因此"文化"是一个很广的概念。那么，什么是文化，如何给文化下个准确的定义？据统计，关于文化的定义不下 100 种。笔者很赞成下面的定义："文化"是人的思维和行为的方式及其由此创造出的思想和物质产品。文化是人类在长期的生产和生活中形成的相对稳定的、为大多数人认可的一种物质和非物质的产品。相应地，它可分为物质文化和精神文化。俄罗斯是世界文化大国，要认识俄罗斯文化的特点，我们必须对俄罗斯这个国家的方方面面做全面深入的了解，包括自然、历史、社会等。

第一节　俄罗斯地理

一、地理位置

　　俄罗斯联邦位于我国北面，是我国最大的邻国，它位于欧洲大陆的东部和亚洲的北部、中部。它北临北冰洋，东濒太平洋，西接波罗的海的芬兰湾，西南靠黑海，领土面积为1707.54万平方公里，居世界第一位。

东西最长为9000公里，南北最宽为4000公里。最东和最西的两地时差达11个小时。陆地邻国有14个：西北面有挪威、芬兰，西面有爱沙尼亚、拉脱维亚、立陶宛、波兰、白俄罗斯，西南面是乌克兰，南面有格鲁吉亚、阿塞拜疆、哈萨克斯坦，东南面有中国、蒙古和朝鲜。东面与日本和美国隔海相望。海岸线长33807公里。与我国的边境线长达4300公里。

二、政治地理

国名：俄罗斯联邦（The Russian Federation）或俄罗斯（The Russia）

国旗：呈横长方形，长与宽之比约为3∶2。旗面由三个平行且相等的横长方形相连而成，自上而下分别为白、蓝、红三色。俄罗斯幅员辽阔，国土跨寒带、亚寒带和温带三个气候带，用三色横长方形平行相连，表示了俄罗斯地理位置上的这一特点。白色代表寒带一年四季白雪茫茫的自然景观；蓝色既代表亚寒带气候区，又象征俄罗斯丰富的地下矿藏和森林、水力等自然资源；红色是温带的标志，也象征俄罗斯历史的悠久和对人类文明的贡献。白、蓝、红三色旗来自1697年彼得大帝在位期间采用的红、白、蓝三色旗，红、白、蓝三色被称为泛斯拉夫颜色。1917年"十月革命"胜利后取消三色旗。1920年苏维埃政府采用新国旗，由红、蓝两色构成，左边为垂直的蓝条，右边的红色旗面上有一颗五角星和交叉着的铁锤和镰刀。此旗后为俄罗斯苏维埃联邦社会主义共和国国旗。1922年苏维埃社会主义共和国联盟成立后，国旗图案作了修改，为一面红旗，左上角有金色的五角星、镰刀和铁锤图案。1991年苏联解体，俄罗斯苏维埃联邦社会主义共和国改称为俄罗斯联邦，随后采用白、蓝、红三色旗为国旗。

国徽：盾徽。1993年11月30日，俄罗斯联邦决定采用"十月革命"前伊凡雷帝时代的、以双头鹰为图案的国徽：红色盾面上有一只金色的双头鹰，鹰头上是彼得大帝的三顶皇冠（表示阿斯特拉罕、喀山和西伯利亚三个汗国归顺俄国)，鹰爪抓着象征皇权的权杖和金球，左爪抓着金球，象征国家的统一；右爪握权杖，代表国家主权。鹰胸前是一个小盾形，上面是一名骑士和一匹白马。双头鹰由来可追溯到公元 15 世纪。双头鹰原是拜占庭帝国君士坦丁一世的徽记。拜占庭帝国曾横跨欧亚两个大陆，它一头望着西方，另一头望着东方，象征着两块大陆间的统一以及各民族的联合。1453 年，曾辉煌一时的拜占庭帝国被奥斯曼土耳其帝国灭亡，拜占庭皇帝君士坦丁十一世英勇战死。他的两个弟弟，一个臣服于奥斯曼帝国，另一个带着两个儿子和女儿索菲亚·帕列奥洛格逃到罗马。后来，这两儿一女在其父死后被罗马教皇抚养成人。当时的罗马政治家们为了借助俄罗斯的军事力量抵御土耳其人，便用联姻的方式将索菲亚许配给了莫斯科大公伊凡三世。索菲亚由此佩戴着拜占庭帝国威严的双头鹰徽记来到了俄罗斯。索菲亚协助夫君伊凡三世把俄罗斯的土地基本上联合到一起，形成了一个疆域辽阔的统一的国家。1497 年，双头鹰作为国家徽记首次出现在俄罗斯的国玺上，1882 年沙皇亚历山大二世将双头金鹰国徽的形式固定下来，直至 1917 年被"十月革命"苏维埃政府废除。1993 年 11 月 30 日，这只象征俄罗斯国家团结和统一的双头鹰又"飞"回到俄罗斯的国徽上。20 世纪末，国家杜马从法律上确定了双头鹰是俄罗斯的国家象征。

俄罗斯国歌：俄罗斯联邦现在的国歌歌名为《俄罗斯，我们神圣的祖国》，沿用的是苏联国歌《牢不可破的联盟》(《Союз нерушимый свободных республик»）的旋律。俄罗斯国家杜马于 2000 年 12 月 8 日一致通过关于国歌、国旗和国徽的法律草案，决定将苏联国歌经修改歌词后正式定为新国歌，即《俄罗斯，我们神圣的祖国》。几年前国家杜马曾通过沿用苏联国歌作为俄罗斯国歌的法律草案，但遭到包括叶利钦在内的一部分人的反对，法案因此搁浅。这次是根据普京总统提交的议案，提议沿用苏联国歌的旋律，并重新填词。这首歌的曲调慷慨激昂，催人奋进，影响极其深远。普京在谈到重新用苏联国歌曲调时说："如果有人说，不能用苏联的标志，那我们的父母就虚度一生，活得毫无意义……"普京的话意味深长，告诫国人不能忘记过去。民意调查中多数民众也赞成普京的提议。而俄罗斯使用了近 10 年的国歌格林卡的《爱国者之歌》，由于没有歌词，带来极大不便。如在悉尼奥运会期间，不少俄运动员就抱怨，当站在冠军台上奏起国歌时，自己没法唱，只能跟着曲调哼哼，十分尴尬。还有格林卡的曲调旋律太复杂，不易学习和记忆。曲调还过于柔情，不能体现俄罗斯民族粗犷豪迈的气概，无法在全民中普及，这也是俄罗斯要更换国歌的原因。

应征的国歌新歌词经预选后还有 150 个之多，后经层层审查，曾为苏联国歌作词的米哈尔科夫在众多高手中脱颖而出。新千年，新世纪的钟声敲响之际，俄罗斯人终于听到了电视台播放的配上新词的国歌。87 岁的歌词作者谢尔盖·米哈尔科夫是苏联著名诗人、苏联教育科学院院士。他的儿童诗影响了苏联几代人，至今仍是儿童喜爱的读物。1943 年他同爱尔·勒吉斯坦合写的国歌歌词被选中，1944 年 1 月 1 日首次播放。20 世纪 50 年代苏共二十大批判斯大林后，国歌歌词中删去了斯大林的名字。后来人们还有意见，当局决定于 1977 年 9 月 1 日起停止使用国歌歌词。20 世纪 90 年代初苏联解体后，米哈尔科夫又被指定为俄罗斯新国歌格林卡的《爱国者之歌》配词，但几年也未能写出。可就在世纪之末的最后几天里他竟为沿用的苏联国歌的曲调写出了新词。

世界上任何一个国家都不会像俄罗斯那样频繁地更换国歌。在 200 年的时间里出现了 6 首。

俄罗斯联邦国歌

俄罗斯，我们神圣的国家，

俄罗斯，我们挚爱的祖国。

顽强的意志，辉煌的荣耀，

是你永恒的财富！

光荣啊，我们自由的祖国，

兄弟民族的古老联盟，

先辈们赋予的智慧属于人民！

光荣啊，祖国！我们为你骄傲！

从南方的海洋到北极边疆

到处是我们的森林和田野。

你举世无双!

上帝保佑你，我们唯一的故土!

光荣啊，我们自由的祖国，

兄弟民族的古老联盟，

先辈们赋予的智慧属于人民!

光荣啊，祖国! 我们为你骄傲!

未来岁月为我们的生活和理想

开辟无限的空间。

对祖国的忠诚给予我们力量。

过去，现在，将来都一样!

光荣啊，我们自由的祖国，

兄弟民族的古老联盟，

先辈们赋予的智慧属于人民!

光荣啊，祖国! 我们为你骄傲!

首都：莫斯科。中国人对莫斯科并不陌生，红场、列宁墓、大剧院等，都令人神往。随着苏联的解体，中国人再次很方便地踏上了这片土地。

莫斯科人口 1415 万（2006 年），面积 2511 平方公里，是俄罗斯的政治、经济、文化、金融、交通中心以及最大的综合性城市，是一座国际化大都市。

莫斯科地处俄罗斯欧洲部分中部、东欧平原中部，跨莫斯科河及支流亚乌扎河两岸。莫斯科和伏尔加流域的上游入口和江河口处相通，是俄罗斯乃至欧亚大陆上极其重要的交通枢纽，也是俄罗斯重要的工业制造业中心、科技教育中心。

1147 年，莫斯科沿莫斯科河而建，最初只是一个木头构成的小城。15 世纪，俄罗斯人才从蒙古人手中夺回了自己的国家。15 世纪到 18 世纪莫斯科一直是沙俄首都。1712 年，彼得一世迁都彼得堡。1812 年，拿破仑曾一度占领莫斯科。"十月革命"之后，苏维埃政权于 1918 年 3 月又定都莫斯科。1995年 5 月 16 日与北京市结为友好城市。莫斯科迄今已有 870 余年的历史，是世界著名的古城。莫斯科拥有众多名胜古迹，是历史悠久的克里姆林宫所在地。莫斯科城市规划优美，掩映在一片绿海之中，故有"森林中的首都"之美誉。

第二次世界大战后的建设，取得了令人瞩目的成绩。莫大主楼、外交部、乌克兰饭店等斯大林式的建筑，已成为莫斯科的标志性建筑。莫斯科有方便的交通网：9座客运火车站，全电气化铁路，13条公路干线，550公里的大环铁路，举世闻名的莫斯科地铁及地面交通网四通八达。

莫斯科又是一个文化中心。80多所高等学府，138所职业中专，1000多所科研机构，65座博物馆，4000多座图书馆。影剧院随处可见。如今的莫斯科又是一座商业气息很浓的城市，中国商人在经历了种种磨难之后，如今已占有一席之地。商业楼、集装箱商品集散市场、宾馆餐馆已形成规模。

俄罗斯人自己讲"莫斯科不是一个城市，莫斯科是一个世界"。

莫斯科地铁：它是世界上规模最大的地铁之一，一直被公认为世界上最漂亮的地铁，享有"地下的艺术殿堂"之美称。1935年5月15日，苏联政府出于军事方面的考虑，正式开通莫斯科地铁。其建设工程耗时仅3年，一期工程建了两条线。第1条线路从索科尔尼基公园到市中心斯摩棱斯克广场，共13站，长11.6公里。后来又建成第3条、第4条线，到1943年5条线全部通车，20世纪40年代末出现了把各条线穿起来的环线地铁。如今，莫斯科地铁布局与地面的布局一致，呈辐射及环行线路。地铁总共有12条线，包括11条辐射线和1条环行线，全长312.9公里，有171个站台，4000列地铁列车在地铁线上运行，有5000多节车厢。地铁每天平均开8500多次列车，担负全市客运量的45%，每天运送的乘客达900多万人次，其主要结构为中心向四周辐射状，所有的线路按照其开通顺序的先后获得1-12的编号，其中最重要的线路便是长度大约为20公里的5号环线，它负责连接起其余绝大部分分支线路。

地铁运行速度很快，时速最高达90公里。莫斯科地铁连接着莫斯科的各主要公共场所，大多数标志性建筑都有地铁站，以红色"M"标记，"M"是俄语中地铁单词Метро的第一个字母。

地铁站的建筑造型各异、华丽典雅。每个车站都由国内著名建筑师设计，铺设的大理石就有几十种，并广泛采用大理石、马赛克、花岗石、陶瓷和五彩玻璃，装饰出具有不同艺术风格的大型壁画及各种浮雕、雕刻，再配以各种别致的灯饰，像富丽堂皇的宫殿，让人完全没有置身地下的感觉，其中一些作品美妙绝伦，令人流连忘返。地铁车厢除顶灯外，还设计了便于读书看报的局部光源，在车厢门口安装了报站名用的电子显示屏。如今整个莫斯科的地铁都安装了无线网，可供乘客免费上网，十分方便。地铁站除按民族特点建造外，还以名人、历史事迹、政治事件为主题而建造。

"没有地铁，就没有莫斯科人的生活。"一位俄罗斯老者曾这样告诉我们。莫斯科地铁堪称世界上最古老、效率最高的地铁之一。然而，最能体现其特色的，恐怕还是它"地下艺术殿堂"的美誉。

政治概况：1990 年 6 月 12 日，俄联邦人民代表大会通过了国家主权宣言。1991 年 3 月 17 日根据全民公决结果设立了俄联邦总统职位，同年叶利钦当选为俄联邦首任总统。1991 年 12 月 21 日独联体成立，同年 12 月 25 日苏联解体，俄联邦成为独立国家。

自苏联解体起至 1999 年底俄首任总统叶利钦宣布提前辞职止，俄政局不够稳定。普京继任俄总统以来，将"爱国主义、强国意识、社会团结"作为俄罗斯人的传统价值观，将建立强大的国家作为关键的治国方针，采取了一系列措施，包括加强中央对地方的垂直领导、拒绝寡头干预政治、巩固清剿车臣叛匪的战果、实施淡化意识形态和团结务实的政党策略，俄逐渐形成相对稳定的政治局面。

根据 1993 年 12 月 12 日经全民公决通过的《俄罗斯联邦宪法》，俄实行联邦制；总统为国家元首和俄联邦武装力量最高统帅；国家权力机构分为联邦会议（即议会）、政府和法院，各自独立行使职权；联邦会议是俄联邦最高立法机关，由联邦委员会（上院）和国家杜马（下院）两院组成；政府是执行权力机关，政府总理由总统提名，征得国家杜马同意后由总统任命；法院是俄联邦司法权力机关。

（1）总统

根据 1993 年 12 月 25 日《俄罗斯联邦总统选举法》，总统由拥有选举权的公民通过直接选举产生，任期 4 年。2008 年 12 月 30 日俄罗斯总统梅德韦杰夫正式签署通过俄宪法修正案，正式将俄总统的任期由 4 年延长至 6 年。任何一个年龄不小于 35 岁，在俄联邦常住不少于 10 年的俄联邦公民都可以竞选总统。同一个人不得连任超过两届总统。

俄罗斯历任总统：

1. 鲍里斯·尼古拉耶维奇·叶利钦（Борис Николаевич Ельцин）1991 年 7 月 10 日—1999 年 12 月 31 日　无党派

代总统弗拉基米尔·弗拉基米罗维奇·普京（Владимир Владимирович Путин）1999 年 12 月 31 日—2000 年 5 月 7 日　无党派

2. 弗拉基米尔·弗拉基米罗维奇·普京（Владимир Владимирович Путин）2000 年 5 月 7 日—2008 年 5 月 7 日　无党派/统一俄罗斯党

3. 德米特里·阿纳托利耶维奇·梅德韦杰夫（Дмитрий Анатольевич Медведев）2008 年 5 月 7 日—2012 年 5 月 7 日　统一俄罗斯党

4. 弗拉基米尔·弗拉基米罗维奇·普京（Владимир Владимирович Путин）2012 年 5 月 7 日—2018 年 3 月 18 日　统一俄罗斯党

5. 弗拉基米尔·弗拉基米罗维奇·普京（Владимир Владимирович Путин）2018 年 3 月 18 日至今　统一俄罗斯党

俄联邦的国家元首为总统。联邦委员会可在国家杜马提出弹劾总统案并经联邦最高法院和宪法法院裁决确认的基础上罢免总统。俄联邦总统是俄联邦武装力量的最高统帅。总统签署的法令，全国必须执行；总统经国家杜马同意可任命政府总理或解散内阁；负责向杜马提出俄联邦中央银行行长候选人，向联邦委员会提出俄联邦宪法法院、最高法院、最高仲裁法院院长、总检察长候选人；有权根据宪法规定宣布选举或解散杜马；组织并领导俄联邦安全委员会，该委员会成员包括联邦安全局长、国防部长、内务部长、司法部长、外交部长、对外情报局长、俄联邦民防事务、紧急情况与减灾部长、原子能部长、科技部长。

第一任总统叶利钦，1991 年 7 月当选，1996 年 6 月再次当选，1999 年底辞职。

现任俄联邦总统是弗拉基米尔·弗拉基米罗维奇·普京（Владимир

Владимирович Путин），1952 年 10 月 7 日生于列宁格勒，俄罗斯人。1975 年毕业于列宁格勒大学法律系，被分配到列宁格勒工作。1985 年被派到民主德国从事国家安全工作，成为杰出的特工之一（在克格勃一局工作）。1990 年苏军从德国撤军，普京回国。从 1990 年起普京担任列宁格勒大学负责国际问题的副校长助理、副校长，不久任列宁格勒市苏维埃主席的顾问。1991 年 6 月担任圣彼得堡市政府对外联络委员会主席，主管引进外资、城市经济建设、建立合资企业等工作。1994—1996 年，被任命为圣彼得堡市政府第一副市长、市政府外联委员会主席。1996—1997 年，普京任俄联邦总统事务管理局副局长。1997 年 3 月—1998 年 4 月任总统办公厅副主任。1998 年 5 月—1998 年 7 月任总统办公厅第一副主任，主管中央与地方的关系事务。1998 年 7 月任俄联邦安全局长，同年 11 月任安全会议常务委员。1999 年 3 月任俄联邦安全局长兼国家安全委员会秘书。1999 年 8 月 9 日起普京任俄罗斯第一副总理兼代总理，8 月 16 日起正式任总理。1999 年 12 月 31 日任俄罗斯代总统。2000 年 3 月 26 日首次当选俄罗斯联邦总统。2004 年 3 月再次当选连任。2008 年当选俄罗斯总理，2012 年再次当选俄罗斯联邦总统，2018 年 3 月当选连任总统直至 2024 年。

（2）议会

俄联邦的立法代表机关为联邦会议（即议会），由两院组成，上院是联邦委员会，下院是国家杜马。

国家杜马经过选举由 450 名议员组成，任期 4 年。不满 21 岁的公民不得当选杜马议员。国家杜马对总统提出的政府总理人选投票表决赞成或反对，决定是否对政府信任的问题，任免中央银行行长，依照权限通过联邦法律和命令。现任杜马主席为格雷兹诺夫。其中最大政治党派为统一俄罗斯党。

联邦委员会由 85 个俄联邦主体各派两名代表参加，共计 170 个席位。联邦委员会的管辖范围包括：批准俄联邦主体边界的修改；批准关于宣布紧急状态的总统令；决定俄联邦武装力量境外派兵问题；决定俄联邦总统选举；弹劾总统；任命俄联邦宪法法院、最高法院、最高仲裁法院院长；任免俄联邦总检察长。现任联邦委员会主席为马特维延科。

（3）政府

俄联邦政府是执行权力机关。政府总理由总统提名，征得杜马同意后由总统任命。俄联邦政府负责向国家杜马提交国家预算、决算、管理国家的内政、外交、财政、经济、文化建设、社会保障和国防事务等。

总统有权决定政府是否应当辞职。政府可以向总统提出辞职。总统可以接受或不接受政府的辞职。

现任总理德米特里·阿纳托利耶维奇·梅德韦杰夫（Дмитрий Анатольевич Медведев），1965 年 9 月 14 日出生于俄罗斯西北部城市列宁格勒（今圣彼得堡），1990 年毕业于国立列宁格勒大学法律系，获法学副博士学位。

1990 年至 1999 年，梅德韦杰夫留校任教，兼任列宁格勒市委员会主席顾问、圣彼得堡市政府对外联络委员会专家。1999 年，梅德韦杰夫出任俄罗斯政府办公厅副主任。2000 年至 2005 年，他历任俄罗斯总统办公厅副主任、第一副主任、主任。2005 年 11 月，他被任命为俄罗斯政府第一副总理。2008 年 3 月，当选俄罗斯总统。2012 年 5 月，担任俄罗斯联邦政府总理，同年当选统一俄罗斯党主席。

梅德韦杰夫曾于 2005 年和 2006 年访问中国。任总统期间，梅德韦杰夫曾三次访华或来华出席国际活动。2008 年 5 月、2010 年 9 月对中国进行国事访问，并出席上海世博会俄罗斯国家馆日活动。2011 年 4 月，来华出席金砖国家领导人第三次会晤和博鳌亚洲论坛 2011 年年会开幕式。2013 年 10 月对中国进行正式访问，李克强总理与梅德韦杰夫总理举行中俄总理第十八次定期会晤，共同签署《中俄总理第十八次定期会晤联合公报》。

2018 年 5 月 8 日，俄罗斯议会投票批准梅德韦杰夫担任俄罗斯总理一职。

俄罗斯历任总理：

代总理鲍里斯·尼古拉耶维奇·叶利钦（Борис Николаевич Ельцин）1991 年 12 月 25 日—1992 年 6 月 15 日 无党派

代总理叶戈尔·盖达尔（Егор Тимурович Гайдар）1992 年 6 月 15 日—1992 年 12 月 14 日 无党派

1. 维克多·斯捷潘诺维奇·切尔诺梅尔金（Ви́ктор Степа́нович Черномы́рдин）1992 年 12 月 14 日—1998 年 3 月 23 日 我们的家园俄罗斯

代总理谢尔盖·弗拉基列诺维奇·基里延科（Сергей Владиленович Кириенко）1998 年 3 月 23 日—1998 年 4 月 24 日 无党派

2. 谢尔盖·弗拉基列诺维奇·基里延科（Сергей Владиленович Кириенко）1998 年 4 月 24 日—1998 年 8 月 23 日 无党派

代总理维克多·斯捷潘诺维奇·切尔诺梅尔金（Ви́ктор Степа́нович Черномы́рдин）1998 年 8 月 23 日—1998 年 9 月 11 日 我们的家园俄罗斯

3. 叶甫根尼·马克西莫维奇·普里马科夫（Евге́ний Макси́мович Примако́в）1998 年 9 月 11 日—1999 年 5 月 12 日 全俄罗斯"祖国"运动

代总理谢尔盖·瓦季莫维奇·斯捷帕申（Серге́й Вади́мович Степа́шин）1999 年 5 月 12 日—1999 年 5 月 19 日 无党派

4. 谢尔盖·瓦季莫维奇·斯捷帕申（Серге́й Вади́мович Степа́шин）1999 年 5 月 19 日—1999 年 8 月 9 日 无党派

代总理弗拉基米尔·弗拉基米罗维奇·普京（Владимир Владимирович Путин）1999 年 8 月 9 日—1999 年 8 月 16 日 无党派

5. 弗拉基米尔·弗拉基米罗维奇·普京（Владимир Владимирович Путин）1999 年 8 月 16 日—2000 年 5 月 7 日 统一俄罗斯党

代总理米哈伊尔·米哈伊洛维奇·卡西亚诺夫（Михаил Михайлович Касьянов）2000 年 5 月 7 日—2000 年 5 月 17 日 无党派

6. 米哈伊尔·米哈伊洛维奇·卡西亚诺夫（Михаил Михайлович Касьянов）2000 年 5 月 17 日—2004 年 2 月 24 日 无党派

代总理维克托·鲍里索维奇·赫里斯坚科（Виктор Борисович Христенко）2004 年 2 月 24 日—2004 年 3 月 5 日 无党派

7. 米哈伊尔·叶菲莫维奇·弗拉德科夫（Михаил Ефимович Фрадков）2004 年 3 月 5 日—2007 年 9 月 12 日 无党派

代总理米哈伊尔·叶菲莫维奇·弗拉德科夫（Михаил Ефимович Фрадков）2007 年 9 月 12 日—2007 年 9 月 14 日 无党派

8. 维克多·阿列克谢耶维奇·祖布科夫（Виктор Алексеевич Зубков）2007 年 9 月 14 日—2008 年 5 月 7 日 统一俄罗斯党

代总理维克多·阿列克谢耶维奇·祖布科夫（Виктор Алексеевич Зубков）2008 年 5 月 7 日—2008 年 5 月 8 日 统一俄罗斯党

9. 弗拉基米尔·弗拉基米罗维奇·普京（Владимир Владимирович Путин）2008 年 5 月 8 日—2012 年 5 月 7 日 统一俄罗斯党

代总理维克多·阿列克谢耶维奇·祖布科夫（Виктор Алексеевич Зубков）2012 年 5 月 7 日—2012 年 5 月 8 日 统一俄罗斯党

10. 德米特里·阿纳托利耶维奇·梅德韦杰夫（Дмитрий Анатольевич Медведев）2012 年 5 月 8 日至今 统一俄罗斯党

（4）司法权

俄联邦的司法权力体系由俄联邦宪法法院、最高法院、最高仲裁法院组成。宪法法院解决各级法律文件是否符合俄联邦宪法的案件；最高法院是民事、刑事、行政等一般司法法院管辖范围之内的最高司法机关；现行的俄罗斯联邦仲裁法院体系，由四个级别的仲裁法院构成，即俄罗斯联邦最高仲裁法院、联邦大区仲裁法院和联邦主体仲裁法院，主要根据 1995 年 7 月 1 日生效的俄罗斯联邦宪法性法律《仲裁法院法》和 2002 年 9 月 1 日起实施的《仲裁程序法典》对经济类案件进行管辖和审判。

（5）重要节日

祖国保卫者日：2 月 23 日（原"苏联建军节"）

卫国战争胜利日：5 月 9 日

国家主权宣言通过日（国庆日）：6 月 12 日

和谐和解日、十月革命节、军人荣誉日：11 月 7 日（原"十月革命"纪念日）

宪法日：12 月 12 日

宇航节：4 月 12 日（1962 年苏联为纪念加加林首次太空航行而定）

（6）行政区划

俄联邦由 85 个联邦主体（субъекты）组成：

22 个共和国（республика）：阿尔泰共和国、巴什科尔托斯坦共和国、布里亚特共和国、达吉斯坦共和国、印古什共和国、卡巴尔达—巴尔卡尔共和国、摩尔达维亚共和国、萨哈共和国（雅库特）、鞑靼斯坦共和国（鞑靼斯坦）、哈卡西亚共和国、车臣共和国、楚瓦什共和国—恰瓦什共和国等；

9 个边疆区（край）：阿尔泰边疆区、后贝加尔斯克边疆区、勘察加边疆区、彼尔姆边疆区、克拉斯诺达尔边疆区、克拉斯诺亚尔斯克边疆区、滨海边疆区、哈巴罗夫斯克边疆区、斯塔夫罗波尔边疆区等；

46 个州（область）：阿穆尔州、阿尔汉格尔斯克州、阿斯特拉罕州、伏尔加格勒州、沃洛格达州、沃罗涅日州、伊万诺沃州、伊尔库茨克州、加里宁格勒州、卡卢加州、堪察加州、克麦罗沃州、基洛夫州、科斯特罗马州、库尔干州、库尔斯克州、列宁格勒州、利佩茨克州、马加丹州、莫斯科州、摩尔曼斯克州、下诺夫哥罗德州、诺夫哥罗德州、新西伯利亚州、鄂木斯克州、奥伦堡州、奥廖尔州、奔萨州、彼尔姆州、普斯科夫州、罗斯托夫州、梁赞州、萨马拉州、萨拉托夫州、萨哈林州、斯维尔德洛夫斯克州、斯摩棱斯克州、坦波夫州、特维尔州、托木斯克州、图拉州、秋明州、乌里扬诺夫斯克州、车里雅宾斯克州、赤塔州、雅罗斯拉夫尔州；

3 个联邦直辖市（город федерального значения）：莫斯科、圣彼得堡、塞瓦斯托波尔；

1 个自治州（автономная область）：犹太自治州；

4 个民族自治区（автономный округ）：阿加布里亚特民族自治区、科米彼尔米亚克民族自治区、克里亚克民族自治区、涅涅茨民族自治区等。

2000 年 5 月 13 日，新上任的总统普京签署法令，根据地域原则把现有的各共和国、边疆区和州联合成 7 个联邦区，他于 5 月 18 日任命了总统驻 7 个联邦区的全权代表。2014 年克里米亚共和国和塞瓦斯托波尔市公投入俄，2014 年 3 月 21 日，俄罗斯总统普京签署命令成立克里米亚联邦管区。但其下辖主体克里米亚共和国和塞瓦斯托波尔直辖市因独立公投入俄而未得国际社会普遍承认。2016 年 7 月 28 日，俄罗斯总统普京签署命令，将南部联邦区和克里米亚联邦区合并改组为新的南部联邦区。此举旨在保证总统实施宪法赋予他的权力，提高国家权力机关的工作效率和更好地监督其决议的执行情况。

(7) 人口与民族

俄总人口 1.431 亿（截至 2012 年 4 月 1 日），是位于中国、印度、美国、印度尼西亚和巴西、日本之后的世界第七大人口国。共有民族 194 个，其中俄罗斯族占 77%。俄是世界上人口减少速度最快的国家之一。最新人口普查初步结果显示，2002 年至 2010 年俄人口下降至 1.429 亿，与 2002 年的 1.452 亿相比减少 230 万人，降幅近 1.6%。1991 年苏联解体以来，俄人口形势持续恶化，从 1993 年的 1.486 亿减少到 1996 年的 1.425 亿人，每年在以减少 70 万人的速度在减少，到 2030 年俄人口将降至 1.39 亿。俄罗斯社会男女性别比率失调。1989 年、2002 年和 2010 年的三次全俄人口普查结果显示，俄罗斯男女人口比例分别是 1000：1140、1000：1147、1000：1163。人口分布极不均衡，西部发达地区平均每平方公里 52~77 人，个别地方达 261 人，而东北部苔原带不到 1 人。中部的莫斯科州（含莫斯科）人口密度为 324.7 人/平方公里。而东北部苔原带不到 1 人，雅库特共和国（东西伯利亚）每平方公里平均只有 0.3 人。高加索地区的民族成分最为复杂，有大约 40 个民族在此生活。居民多信奉东正教，其次为伊斯兰教。俄语是俄罗斯联邦全境内的官方语言，各共和国有权规定自己的国语，并在该共和国境内可与俄语一起使用。主要少数民族都有自己的语言和文字。主要宗教为东正教，其次为伊斯兰教。

主要少数民族有鞑靼人、乌克兰人、巴什基尔人、楚瓦什人、车臣人、亚美尼亚人、阿瓦尔人、摩尔多瓦人、哈萨克人、阿塞拜疆人、白俄罗斯人等民族。俄语是俄罗斯联邦的官方语言，各自治共和国也有权规定自己的官方语言，并在该自治共和国境内与俄语一起使用。俄罗斯境内生活着多达 176 个大大小小的民族，其中最大的民族是俄罗斯族，人口 1.198 亿，占全国人口总数的 81.5%。其他少数民族中，人口超过 50 万的有 15 个，鞑靼族是人口最多的少数民族，有 550 多万，主要居住在伏尔加河流域的鞑靼斯坦共和国及周边地区。其他比较大的民族有乌克兰族、楚瓦什族、巴什基尔族、白俄罗斯族、莫尔多瓦族、德意志族、乌德穆尔特族、马里族、哈萨克族等。

值得一提的是，经历第二次世界大战后俄罗斯人口的男女比例严重失调，分别为 46% 比 54%，男性公民的平均寿命为 59 岁，女性是 72 岁。尽管政府鼓励生育，采取了很多措施，如：给产妇带薪休假 3 年，奖励英雄母亲，甚至女的不结婚同样可以生小孩，享受已婚妇女的同等待遇，但至今仍然没有把这一比例调整过来，而且他们的出生率低于死亡率。

（8）城市

俄罗斯联邦有城市 1000 多个，城市型市镇近 2200 个。最大的城市是首都莫斯科，其次是圣彼得堡。居民人数超过 100 万的城市有十几座：下诺夫哥罗德（Нижний Новгород）、新西伯利亚（Новосибирск）、叶卡捷琳堡（Екатеринбург）、萨马拉（Самара）、车里雅宾斯克（Челябинск）、鄂木斯克（Омск）、彼尔姆（Пермь）、喀山（Казань）、乌法（Уфа）、顿河畔罗斯托夫（Ростов-на-Дону）、伏尔加格勒（Волгоград）等。

（9）气候

俄罗斯大部分地区处于北温带，极北部属寒带和亚寒带，气候复杂多样，以大陆性气候为主。温差普遍较大，1 月平均温度为 -1℃ 到 -37℃，7 月平均温度为 11℃ 到 27℃。年降水量平均为 150~1000 毫米。北冰洋各岛屿及其西伯利亚沿岸地处寒带。这里纬度高，日照时间短，全年处于低温的极地冷气团控制之下，一年中大半部分地表都被冰雪覆盖。

（10）河流和湖泊

俄罗斯约有 12 万条河（长度在 10 公里以上）和几乎同样数量的湖泊。河流的总长度超过 230 万公里。俄罗斯最大的湖有：里海（世界上最大的湖，面积为 37.1 万平方公里）、贝加尔湖、拉多加湖、奥涅加湖和泰梅尔湖。

俄罗斯欧洲部分的大河主要流向南方。乌拉尔河从乌拉尔山南部发源注入里海。乌拉尔河以西有一条俄罗斯欧洲部分最长的河流注入里海——伏尔加河。伏尔加河有 300 条支流，其中主要的有右岸的奥卡河和左岸的卡马河。伏尔加河流域居民占俄罗斯总人口的三分之一。伏尔加河两岸耸立着许多历史悠久、具有重要经济和文化意义的俄罗斯古城：下诺夫哥罗德、喀山、萨马拉、萨拉托夫、伏尔加格勒、阿斯特拉罕。伏尔加河以西还有一条河自北向南注入亚速海，这就是顿河，沿着顿河可以一直进入黑海。

涅瓦河将拉多加湖与波罗的海的芬兰湾连接起来。流向北方的河流短于流向南方的河流。其中一条是注入白海的北德维纳河，河口处有俄罗斯最大的港口之一——阿尔汉格尔斯克。另外一条是流入巴伦支海的伯朝拉河。

西伯利亚有三条大河自南向北注入北冰洋，其中有俄罗斯最长的河——鄂毕河（从支流额尔齐斯河源头算起 5410 公里）、叶尼塞河（4102 公里）和勒拿河（4400 公里）。这些河按长度和水量远远超过伏尔加河，属于世界大河。距勒拿河源头不远座落着一个南北狭长的湖泊，这就是世界最深的湖——贝加尔湖，深度达 1620 米。俄罗斯远东的大河——阿穆尔河（黑龙江，长 4440 公里）注入太平洋。

（11）自然资源

俄罗斯广阔的领土蕴藏着丰富的自然资源。按已经探明的自然资源储量，俄罗斯在世界居领先地位。国内已发现并勘探的矿区达 2 万个，其中已经开发的只占 37%。已勘探的资源总价值达 28 万 6000 亿美元，预计储量价值 140 万亿美元。在占世界陆地总面积 11.5% 的俄罗斯领土上蕴藏着世界上 64.5% 的磷灰石，37% 的锡，35.4% 的天然气，32% 的铁，31% 的镍，21% 的钴，16% 的锌，26% 的金刚石，12.9% 的石油，12% 的煤炭，此外钾盐、稀有金属和有色金属矿物的储量十分丰富。俄罗斯自然资源的开采在世界上占有重要地位，其中磷灰石的开采量占 55%，天然气占 28.1%，金刚石占 26%，镍占 22%，石油超过 11%。在自然资源原料基地结构中，70% 属于燃料动力资源，15% 为非金属矿产，13% 为金属，只有 1% 属于金刚石和贵重金属。俄罗斯缺乏下列自然资源：锰、铬、铀、钛、锆，以及高品质的铝土。

俄罗斯预计煤炭储量占世界的 30%（18180 亿吨），已经勘探的占 12%（2020 吨）。俄罗斯已勘探的煤炭储量占世界第三位，仅次于美国（4450 亿吨）、中国（2720 亿吨）。俄罗斯煤炭资源分布极不平衡，95% 以上分布在东部地区。著名煤田有西伯利亚南部山地的库兹涅茨克煤田（库兹巴斯）、坎斯克-阿钦斯克褐煤田；俄罗斯平原上的伯朝拉煤田、莫斯科附近的褐煤田；中西伯利亚的通古斯卡煤田、南雅库特煤田等。

俄罗斯天然气储量居世界首位。预计天然气资源高达 211 万 8000 亿立方米（达世界天然气总价值的 40% 以上），已勘探的天然气资源超过 49 万亿立方米，总价值为 9 万 2000 亿美元。俄罗斯从南乌拉尔到巴伦支海大陆架到里海沿岸都蕴藏着丰富的石油和天然气，但石油储量最丰富的是西西伯利亚中部地区（萨莫特洛尔等地）。西西伯利亚蕴藏了俄罗斯 70% 的石油和 85% 以上的天然气。西西伯利亚北部地区天然气的储量最为丰富。输油输气管道把石油和天然气从这些地区输送到俄罗斯中部和国外其他地区。在东西伯利亚、雅库特以及太平洋沿海大陆架蕴藏着石油资源。

俄罗斯已探明铁矿石储量占世界已探明储量的 40%。主要蕴藏在库尔斯克磁力异常区（储量占全国的 66%）、欧洲北部、乌拉尔、西西伯利亚、东西伯利亚的南雅库特等地。

铜矿蕴藏在乌拉尔、北高加索、阿尔泰和远东地区（赤塔州）。

俄罗斯大型金矿位于乌拉尔、外贝加尔和勒拿河流域。这里还蕴藏有宝石和贵重金属——铂。阿尔泰和北高加索蕴藏着银、铅、锌、铜、锡多种金属矿物。

俄罗斯拥有丰富的水资源，但分布极不平衡。俄罗斯河流的年平均流量为 4300（立方千米）。平均每人每年 22400 立方米。但大部分（3300 立方千米）都集中在俄罗斯的亚洲部分。

俄罗斯农业用地占地储备的 13%，其中 8% 是耕地。大部分农业用地集中在国家南半部。

俄罗斯 45% 的领土被森林所覆盖。森林资源主要分布在西伯利亚、远东和欧洲部分北部，以原始森林为主，主要品种有阔叶树、松树、云杉、雪松、冷杉。针叶林占俄罗斯森林面积的 80%。

（12）经济概况

俄罗斯是世界工业大国。其工业发达、门类齐全，在整个国民经济中起着举足轻重的作用。目前俄工业在国内生产总值中大约占有三分之一的比重。重工业历来是俄工业的基础，主要有能源（包括电力、石油、天然气）、冶金（包括黑色冶金和有色冶金）、机械制造及金属加工等 3 大部门，它们分别占工业总产值的 26.6%、18.2% 和 19%。食品工业和轻工业相对落后，占工业总产值的 16.4%，其中食品工业占 14.6%，轻工业占 1.8%。从 1992 年到 1998 年（除了 1997 年略有回升以外）俄工业生产一直下滑。1998 年"8·17"金融危机后，卢布大幅贬值，抑制了进口，给本国工业生产的恢复和发展带来了机遇。从 1999 年 3 月起，工业生产转降为升，开始较稳定地快速增长。2000 年工业总产值增长 12%，2001 年增长 5%。目前俄工业部门（除了能源和原材料生产部门的劳动生产率比较接近世界平均水平以外）劳动生产率很低，只相当于工业发达国家的四分之一至六分之一。生产设备严重磨损（磨损率接近于 60%），其平均投入使用期限已超过 20 年，比工业发达国家高出 1~1.5 倍。工业产品的生产费用很高，比工业发达国家高出 1~1.8 倍。上述因素影响了俄工业产品在国际市场上的竞争能力。

（13）交通

中国电气化铁路总里程已经突破 4.8 万公里，超越了原电气化铁路世界第一的俄罗斯，跃升为世界第一位。根据中国铁道学会电气化委员会提供的数据，目前世界上 68 个国家和地区拥有电气化铁路，电气化铁路总里程排在中国之后的几个国家分别是：俄罗斯 4.33 万公里、德国 2.1013 万公里、印度 1.881 万公里、日本 1.6965 万公里、法国 1.5217 万公里。据世界铁路里程数据统计分析，中国高铁运营里程达到 1.9 万公里，居世界第一位；全国铁路营业里程超过 12 万公里，居世界第二位。

俄罗斯交通部门齐全，铁路、公路、航空、内河、海洋和管道运输均很发达，但是，交通运输线主要在欧洲部分。截至 2012 年，俄罗斯全境也只有两条真正意义上面的高速公路，那就是位于在圣彼得堡跟莫斯科的一个绕城公路分别是 46 公里跟 108.9 公里，可以说几乎就只是中国的两个城市之间的一个距离了。这条高速公路将连接圣彼得堡港口和该市通往波罗的海国家的主要交通干道。

　　俄罗斯虽然说是国土面积第一的大国，但是俄罗斯大部分的国土面积其实都在西伯利亚，这些无人区是常年冰雪覆盖的冻土，要是真的在这里建造高速公路的话，不仅建设成本很高，后期修护的成本也很高，而且这些地方本来就是人烟特别稀少的地方，所以说完全没有必要去修高速公路。

　　俄罗斯联邦的交通以铁路为主。第一条铁路修建于 1837 年，行驶在彼得堡及郊区巴甫洛夫斯克之间。俄罗斯电气化铁路总长为 43300 公里，居世界第二（我国是 4.8 万公里，居世界第一，德国 21013 公里，居世界第三）。铁路中最长的当推西伯利亚大铁路和贝加尔—阿穆尔铁路干线（贝阿大铁路）。西伯利亚大铁路始建于 19 世纪末，竣工于 1916 年，西起车里雅宾斯克东至海参崴，途经鄂木斯克、伊尔库茨克和哈巴罗夫斯克，全长近 7000 公里，堪称世界铁路长度之最。20 世纪 70 年代中期至 80 年代中期，在这个地区又修建了第二条通向太平洋的铁路干线——贝阿大铁路。贝阿大铁路连接东西伯利亚和远东地区，总长 4300 公里。西起自泰谢特，经勒拿河旁的乌斯季库特、阿穆尔河畔的共青城东至苏维埃港。始建于 1974 年，1984 年竣工。这两条主干线对开发西伯利亚和远东地区意义重大。

　　俄罗斯境内的铁路四通八达，非常便捷。试以莫斯科为例，莫斯科市区和郊区有电气火车相连。电气火车的运行如有轨电车一般，对莫斯科居民来说十分方便。莫斯科市内有 9 个火车站，分别通往全国各地。莫斯科有 6 个民用机场。它们是舍列梅季耶沃（Шемеретьево）1 号和 2 号机场，伏努科沃（Внуково）1 号和 2 号机场，多莫捷多沃（Домодедово）机场和贝科沃（Быково）机场。

　　这里要特别提出的是，俄罗斯的地铁非常发达。1932 年，第一条地铁在莫斯科动工，1935 年建成后正式通车。卫国战争时期，它不仅用作防空洞，而且为当时苏联的最高统帅斯大林于 1941 年"十月革命"节发表演说提供了安全的场所。1955 年，圣彼得堡的地铁开始运行。苏联时期有规定，凡人口超过 100 万的城市均可建造地铁，因此下诺夫哥罗德（苏联时代的高尔基市）、萨马拉（苏联时期的古比雪夫）、新西伯利亚、叶卡捷琳堡（苏联时代的斯维尔德洛夫斯克）等城市都有地铁。俄罗斯人以莫斯科地铁为荣。莫斯科地铁现有 1 条环线，9 条辐射状的支线，总长度 300 多公里，有 150 多个车站。莫斯科的地铁还以富丽堂皇的车站著称于世。

第二节　俄罗斯简史

一、概说

俄罗斯人的祖先为东斯拉夫人罗斯部族。公元 882 年，奥列格大公建立基辅罗斯大公国。12 世纪，基辅罗斯分裂成许多独立的封建公国。公元 1480年，大公伊凡三世建立了中央集权制国家——莫斯科大公国。1547 年，伊凡四世（雷帝）自封为"沙皇"，其国号称俄国。16—17 世纪，伏尔加河流域、乌拉尔和西伯利亚各族先后加入俄罗斯，使它成为一个多民族国家。17 世纪中期，乌克兰和俄罗斯合并为统一的国家。1689 年 8 月彼得一世正式亲政。经过 1700—1721 年的北方战争，俄罗斯得到了通往波罗的海的出海口，使俄罗斯从内陆国变为濒海国。17 世纪它击溃了波兰和瑞典封建主的入侵。1812年俄罗斯消灭了入侵的拿破仑军队。1825 年 12 月贵族革命者在彼得堡举行起义（即"十二月党人起义"），被镇压。1861 年 2 月俄国废除农权制。1898年成立了俄国社会民主工党（苏联共产党前身），在它的领导下，俄国工农群众经过 1905 年第一次俄国革命和 1917 年 2 月推翻罗曼诺夫王朝的资产阶级民主革命（即"二月革命"），于 1917 年 11 月 7 日取得了"十月社会主义革命"的伟大胜利，建立了世界上第一个社会主义国家。1917 年 11 月 7 日（俄历 10 月 25 日）成立了俄罗斯苏维埃联邦社会主义共和国。共和国成立不久，经过 3 年艰苦的国内战争，粉碎了 14 个帝国主义国家的武装干涉和地主资本家的武装叛乱，保卫了苏维埃政权。1922 年 12 月 30 日，苏维埃社会主义共和国联盟正式成立，俄罗斯联邦同乌克兰、白俄罗斯和外高加索联邦（包括阿塞拜疆、亚美尼亚和格鲁吉亚）一起加入。1990 年 6 月 12 日，俄罗斯联邦第一次人代会通过《俄罗斯联邦国家主权宣言》。1991 年 12 月 21 日，苏联11 个共和国领导人在哈萨克斯坦首都阿拉木图决定，苏联在联合国安理会的席位由俄罗斯继承。12 月 25 日，俄罗斯苏维埃联邦社会主义共和国最高苏维埃决定，将国家正式名称改为"俄罗斯联邦"（简称俄罗斯）。1992 年 4 月 16 日，俄罗斯第六次人代会决定将国名改为"俄罗斯"，从而恢复了历史上的名称；17 日，最后决定使用两个同等地位的正式国名——"俄罗斯联邦"和"俄罗斯"。

二、古罗斯（Древняя Русь）

俄罗斯人的祖先斯拉夫人还在远古时期就已经出现在欧洲。远古时期的斯拉夫人居住在俄罗斯欧洲部分的西南区，在帕利比亚奇河的南部。他们由此出发，沿河移居到不同的方向：西方、南方和东方，形成了西斯拉夫人（波兰人、捷克人、斯洛伐克人、索布人），南斯拉夫人（塞尔维亚人，黑山人，克罗地亚人，斯洛文尼亚人，马其顿人，波斯尼亚人，保加利亚人）和东斯拉夫人（俄罗斯人、乌克兰人、白俄罗斯人、卢森尼亚人）。

那时的斯拉夫人信仰多神教，并且居住在氏族村落中。这些村落由土墙和木栅栏环绕，被称作城。这些城中比较大的有基辅、诺夫哥罗德、斯摩棱斯克和切尔尼科夫。

农业是斯拉夫人的主要经营项目。除此之外，斯拉夫人还从事捕鱼、狩猎和养蜂业。主要的贸易产品有粮食、兽皮、蜡和蜂蜜。

在诺夫哥罗德北方居住的斯拉夫人常常自相残杀。为了结束这一内讧局面，他们决定求助于北方的邻国斯堪的纳维亚人。那时，他们将这些人称作瓦兰人（варяг）。我们从历史书上得知，瓦兰人到各个国家从来都是不请自来的。可以确定的是，一个著名的瓦兰人领袖留里克带着他的部队，定居到了诺夫哥罗德，并开始了对俄罗斯人的统治。因此，公元 862 年被认为是俄罗斯国家奠基之年。

三、基辅罗斯（9—12 世纪初）（Киевская Русь）

公元 9 世纪，东斯拉夫人在第聂伯河中游建立了早期的国家，取名为基辅罗斯。基辅罗斯团结了东斯拉夫及非斯拉夫的若干部落，逐渐壮大。这些部落在政治上的联合，促成了他们的整合。基辅罗斯存在了 300 余年（9—12世纪），在基辅罗斯形成了统一的古罗斯部族。

公元 988—989 年，弗拉基米尔·斯维亚托斯拉维奇（Владимир Святославич）大公把希腊正教（东正教）定为国教。这一重大决策遭到人民和多神教祭司们的竭力反对，但对国家、封建制度及其文化和意识形态的形成影响颇大。

从 11 世纪末期起，在黑海沿岸的广大草原地区出现了一个新的游牧民族——波洛维兹人（половцы）。波洛维兹人利用俄罗斯王公们之间的不和，开始了向俄罗斯蚕食式的进军。同波洛维兹人的斗争成为困扰俄罗斯王公们的主要事情。当时俄罗斯文学中的杰作《伊戈尔远征记》叙述的就是王公伊戈尔 1185 年征讨波洛维兹人失利的事件。

在不利的条件下，基辅罗斯于 12 世纪开始向东北迁徙，向俄罗斯欧洲部分中部的林区移民。在那里的弗拉基米尔—苏兹达利公国得到进一步加强，并渐渐地成为俄罗斯国家的重心所在。在 13 世纪，莫斯科城（建于 1147 年）开始成形。到了 14 世纪，统治莫斯科城的王公们开始在自己公国的周围不断"聚集"俄罗斯的版图。

四、鞑靼人统治时期（1243—1480 年）（Татарское иго）

13 世纪，在亚洲东部开始形成一个强大的由蒙古鞑靼游牧民族组成的蒙古帝国。这一帝国的首领是著名的征服者铁木真（Тимучин），或者叫成吉思汗（Чингисхан）。

1223 年，距亚速海（Азовское море）不远的卡尔卡河展开了以俄罗斯人和波洛维兹人为一方，以鞑靼人为另一方的激烈的战斗。这一战斗以鞑靼人的胜利结束。但是，鞑靼人当时并没有深入到俄罗斯腹地中。

12 年后，以大汗拔都为首的鞑靼大军出现在乌拉尔地区。他们在粉碎了伏尔加河的保加利亚人和毁灭了他们的首都之后，继续向罗斯进发。他们在向诺夫哥罗德进军过程中一路毁灭、焚烧城市。第二年大汗拔都开始向基辅罗斯远征，并于 1240 年焚烧了基辅。1242 年，以拔都为首的蒙古鞑靼人征服了罗斯各公国，建立了金帐汗国（Золотая Орда）。由此开始了鞑靼人在罗斯的统治，这一统治持续了将近两个半世纪（240 年）。

五、莫斯科公国（Московское государство）（15—17 世纪）

1147 年，弗拉基米尔大公尤里·多尔戈鲁基为莫斯科城奠基。在蒙古鞑靼人统治时期，远离蒙古统治中心的莫斯科公国偏安一隅，又得交通和商业之利，遂逐渐强盛起来，成为东北罗斯的中心和反抗蒙古鞑靼人的中流砥柱。从 14 世纪开始，它逐一兼并其他公国。1380 年夏末，莫斯科公国的德米特里率军南下，与金帐汗国的可汗马马伊在顿河附近的库利科沃决战。这场血战以俄罗斯军队的取得胜利而告终。从此库利科沃会战和这场大战的指挥者德米特里·顿斯科伊（意为"顿河的"）大公的名字载入了俄罗斯史册。

1462 年起，伊凡三世成为莫斯科大公。1480 年夏季，金帐汗国阿赫马特汗因莫斯科大公伊凡三世拒绝纳贡而举兵讨伐莫斯科公国。两军在莫斯科公国的边境乌格拉河驻军对垒，最后阿赫马特决定撤军，伊凡三世未损一兵一卒，不战而胜，终于彻底挣托了蒙古鞑靼人的桎梏。此役史称"乌格拉河对峙"。莫斯科公国在推翻外来统治之后，接连吞并其他公国，建立起以莫斯科为中心的统一的中央集权国家。因此伊凡三世获"全罗斯"大公的尊称。伊凡三世在位近 43 年，莫斯科公国的版图扩大了 4 倍。

1505 年，伊凡三世之子瓦西里三世继位，继续奉行扩张政策。1533 年，伊凡四世（即伊凡雷帝）即位，继承"全罗斯"大公之称，是年 3 岁，由母后摄政。1547 年亲政，自封"沙皇"，成为俄罗斯第一个沙皇（沙皇是 1547—1721 年间俄罗斯国君的正式称号）。伊凡雷帝对付图谋叛变的封建主，在 1565—1572 年间实行沙皇特辖制，大肆镇压图谋不轨者并没收他们的土地，同时建立沙皇特辖区，在那里驻扎军队并设立国家机关。16 世纪中叶，沙皇征服了伏尔加河中下游流域（喀山汗国和阿斯特拉罕汗国）。伊凡雷帝统治罗斯达 51 年之久，在此期间，他对内加强中央集权，实行专制制度，对外拓展疆域，扩大版图，改国名"罗斯"为"俄罗斯"。

1584 年，伊凡雷帝去世，他的儿子费多尔继位，这是一个意志软弱，毫无统治能力的人。实际上代替他统治的是聪明能干的大贵族鲍里斯·戈都诺夫（Борис Годунов）。由于沙皇费多尔没有儿子，因此他的死标志着留里克王朝就此终结。鲍里斯·戈都诺夫当选为沙皇。新沙皇执政的最初几年十分成功，但是到了 1600 年，困难相继出现。首先是不愿意承认他为沙皇的大贵族的阴谋，其次是不景气的年份、饥荒，再加上此起彼伏的农民起义，以至于在这之后一直到 1613 年的 13 年里，局势变得十分复杂和艰难，史称"动荡不安的年代"（或称混乱时代）（Смутное время）。

1605 年戈都诺夫猝死之后，国家出现了完全的无政府状态。政权从大贵族和王公们的手中转到冒险家和自立为王的人的手中。俄罗斯的邻国——尤其是波兰利用了俄罗斯当时尚无统一政权的混乱局面，波兰的军队一直深入到了俄罗斯的腹地，并于 1610 年占领了莫斯科。

六、罗曼诺夫王朝初期（Первые Романовы）

此时的莫斯科仍处于波兰人的占领之下。俄罗斯需要一个强有力的政权。这一政权可以将整个俄罗斯联合起来，保护它不受外来敌人的侵犯。1613 年，全国各地的代表聚集到了莫斯科选举沙皇。大会选举 16 岁的米哈伊尔·费多罗维奇·罗曼诺夫（Михаил Фёдорович Романов）为沙皇。

当时，新当选的沙皇米哈伊尔和母亲一起住在伏尔加河上科斯特罗马城（Кострома）不远的寺院里。此时在科斯特罗马丛林中常常出没波兰土匪。在得知新沙皇当选的消息后，他们决定除掉他。由于不知道怎样穿过森林到达寺院，波兰人命令农民伊万·苏萨宁（Иван Сусанин）为他们带路。苏萨宁决定以自己的死拯救沙皇。他派自己的女婿去寺院通知沙皇所面临的危险，而自己则将波兰人引入密林中的另一方。在发现苏萨宁欺骗了他们之后，波兰人杀死了他，可他们自己也困死在密林中。年轻的沙皇因此获救了。后来俄罗斯作曲家格林卡根据这一题材编写了歌剧《伊万·苏萨宁》。

米哈伊尔沙皇开创了一个新的王朝——罗曼诺夫王朝。该王朝在俄罗斯的统治长达 300 余年。它的末代皇帝是尼古拉二世，被 1917 年的"二月革命"所推翻。

17世纪中叶，沙皇阿列克谢·米哈伊洛维奇统治时期，最重要的事件就是当时被称作小俄罗斯的乌克兰被俄罗斯兼并。

七、俄罗斯帝国（Российская империя）

彼得大帝时期：1689年，17岁的彼得一世沙皇开始了统治。彼得将一个由于鞑靼人的统治而远远落后于西方的莫斯科公国建成为名列欧洲强国的俄罗斯帝国。

彼得的父亲沙皇阿列克谢·米哈伊洛维奇逝世时，彼得只有4岁，朝政由姐姐索菲娅管理。1682年，当他10岁时，开始即位，17岁时，索菲娅的支持者决定除掉他，拥立索菲娅为女皇。彼得及时获悉了这一消息，并逃到一个修道院里。很快，由效忠于彼得的年轻人组成的一支军队和一部分老兵部队，以及一部分贵族和其他有影响力的人们开始聚集到他的周围。彼得在同索菲娅的斗争中最终获得了胜利。从执政开始，年轻的沙皇就决定立即着手对俄罗斯进行大规模的改革。

彼得大帝清楚地知道，要想成为一个欧洲国家，俄罗斯必须拥有一个出海口。彼得最初试图在黑海获得一个出海口。他亲自率领了两次对土耳其的远征，夺取了亚速夫（Азов）炮台，并开始巩固亚速海（Азовское море）沿岸的防御，以便能够从这里深入黑海地区。

这之后，彼得继续进行着他的改革。这些改革实际上涉及了俄罗斯人生活的各个方面。彼得决定要将俄罗斯人的外表也改造成欧洲式的。他命令大贵族们和宫廷人员都要面无胡须，身着欧式服装，喝咖啡和参加晚会。同时，彼得开始按照欧洲的样式建立常规军和海军。

他对中央政权和地方政权的改革是为了加强国家的中央集权制，甚至东正教会也被他置于国家政权之下。在彼得统治时期，俄罗斯变成了一个伟大的强国。

彼得时期一共建立了200多个冶金、纺织、造船和其他工业部门的企业，出现了俄罗斯第一份报纸，成立了科学院，也正是那个时候，人们编造出了新的更为简化的俄罗斯字母表。为了接近西欧，彼得决定将新的首都建立在波罗的海沿岸。1703 年彼得大帝开始在涅瓦河流入芬兰湾的出海口的大片沼泽地上建造彼得堡城。

1700 年开始的同瑞典的北方战争持续了 21 年。1709 年，在波尔塔瓦城附近发生了北方战争中最著名的战役。彼得大帝亲自领导了这场战斗。在波尔塔瓦，俄罗斯人击败了瑞典人。同瑞典签订的和约使得波罗的海东岸归属于俄罗斯，在此之后，1712 年，彼得大帝把首都从莫斯科迁到圣彼得堡，从此圣彼得堡逐渐成为政治、经济、文化中心。彼得于 1721 年宣布莫斯科公国为全俄罗斯帝国，简称俄国。俄罗斯帝国是实行君主专制和等级制度的多民族国家，而他个人则为这一帝国的皇帝，成为俄罗斯第一个皇帝。后代人称彼得一世为彼得大帝。

1725 年，彼得一世亲自去抢救由于芬兰湾发大水而落海的士兵，因此患了重伤风，并于不久之后离开人世。

彼得大帝之后的俄罗斯：彼得大帝没有认定他的皇位继承人，他的独生子阿列克谢（Алексей）在他在世时就已经死去。彼得大帝死后，近卫军拥戴他的第二个妻子叶卡捷琳娜一世（Екатерина 1）为女皇，在位期两年。叶卡捷琳娜死后，彼得大帝的孙子，一个 12 岁的小男孩成了皇位的唯一继承人，他就是后来的彼得二世。彼得二世时期，实际政权基本辗转于近臣之间。

3 年后彼得二世去世，彼得大帝兄弟伊万的女儿安娜当上了沙皇。她当时嫁给了一个德国勋爵。她在位期间实行了一系列反俄罗斯的残酷的德国式的统治。那些试图同外国影响作斗争，并且曾经是彼得大帝亲近的人或是被流放，或是被处于死刑。10 年后，安娜女皇死去，遗嘱将俄罗斯皇位留给其另一位嫁给德国勋爵的姊妹的孙子。实际上的统治者是孩子的母亲。

1741 年，军官们密谋推翻德国人的统治，并且拥戴彼得大帝的女儿叶丽扎维塔（Елизавета）为女皇。一天夜里，叶丽扎维塔来到近卫军的兵营，带领一个连的士兵逮捕了小皇帝、他的母亲和其他的近臣，并宣布自己为女皇。

德国人的统治结束了。叶丽扎维塔·彼得罗夫娜 20 年的统治在国内以平稳著称，在对外战争方面（同瑞典和普鲁士的战争）更是一帆风顺。她的治理是一种纯粹的俄罗斯式的，代表了她周围大臣们的意愿。在她执政时期，颁布了废除死刑的法律。总的说来，她的执政对那个时期来说是温和和宽厚的。在对内政策方面，叶丽扎维塔希望继续自己的父亲彼得大帝的方针。

叶丽扎维塔执政时期，俄罗斯在科学领域取得了一系列重大成就。俄罗斯最天才的学者、语文学家和诗人罗蒙诺索夫就生活在这个时期。

彼得大帝的另一个女儿安娜嫁给了一个德国王子。当时她的儿子刚刚年满14岁，叶丽扎维塔·彼得罗夫娜将他召到彼得堡居住，并在3年后给他娶了个德国公主，也就是未来的叶卡捷琳娜二世女皇。叶丽扎维塔·彼得罗夫娜突然去世之后，安娜在德国出生和长大的儿子一跃成为俄罗斯王位的继承人。

这样，在叶丽扎维塔时期，政权突然转入到了她的外甥彼得三世的手中。

叶卡捷琳娜二世：彼得三世能力平庸，狭隘无知。1726年6月，近卫军军官们密谋强迫彼得退位，并宣布他的妻子叶卡捷琳娜为女皇。彼得三世不久后即被谋杀。

叶卡捷琳娜二世继位后，一反她丈夫的做法。她很快学会了用俄语交流和书写，开始到东正教堂做礼拜，并且重用一批俄罗斯人做谋臣。叶卡捷琳娜聪颖明慧，眼光开阔，善于发现人才，在历史上占有特殊的位置。她有文化，博览群书，并写过一些东西，对历史、哲学、政治、文学无不喜爱。

叶卡捷琳娜时代，俄罗斯文化得到了迅速的发展，小学和中学的数目大大增加，女子教育也开始实行。莫斯科大学成了最大的文化中心，俄罗斯绘画和雕塑艺术达到了相当的高度，出现了第一批俄罗斯作曲家，出版业也得到了广泛的发展。18世纪90年代，每年平均出书300种、杂志32种，作家和诗人的数量明显增长。叶卡捷琳娜时代当之无愧地被认为是俄罗斯文学的"黄金时代"的开端。

叶卡捷琳娜统治初期，最大的一次农民起义是由哥萨克人普加乔夫领导的，后者自称是沙皇彼得三世。经过长期的斗争，普加乔夫的起义军最终被击溃，他本人也由于同伙出卖被处死。

俄罗斯军队在叶卡捷琳娜时代具备了相当的军事实力，并在苏沃洛夫、鲁米扬采夫和其他将军们的领导下取得了一系列辉煌的胜利。在取得了对土耳其战争的几次胜利之后，俄罗斯在黑海沿岸站稳了脚跟。以克里米亚半岛塞瓦斯托波尔为基地的俄罗斯黑海舰队开始建立起来。随着俄罗斯、奥地利、普鲁士三国对波兰的瓜分，从前曾属于基辅公国的许多地区划归了俄罗斯。

叶卡捷琳娜二世作为叶卡捷琳娜大帝载入俄罗斯史册。

保罗一世：1796年叶卡捷琳娜死后，她的儿子保罗一世成为了沙皇。

这是一个患有心理疾病、性格乖戾的人。他憎恨自己的母亲，并将这一仇恨扩展到他母亲的所有事业和她最亲近的大臣们身上。1801年，以彼得堡军事省长为首的一伙近卫军军官杀死了保罗。

亚历山大一世：在保罗一世被谋杀后，他的大儿子亚历山大一世继承了皇位。

继承皇位后，亚历山大计划进行最广泛的国家改革。首先要改组行政体制和财政体制，并且落实一系列现行的法律。

亚历山大的对外政策，导致了俄罗斯领土的进一步扩张。作为对波斯、土耳其和瑞典战争胜利的结果，高加索地区、彼萨拉比亚地区和芬兰被并入俄罗斯。

1812年6月，拿破仑进攻俄罗斯，从此开始了卫国战争。根据大臣们的建议，沙皇任命库图佐夫为俄罗斯军队的统帅。在波罗金诺村，库图佐夫同法国人展开了决战，为战争的转折和最后粉碎法国军队创造了条件。为了保存实力和补充军队，库图佐夫主动放弃了莫斯科，以卓越的侧翼行军将自己的军队从正面引开，并且占领了塔鲁金一线，切断了拿破仑通往俄罗斯盛产粮食的南方地区的道路。饥寒交迫的法国军队最终失败，俄罗斯人大获全胜。

1825年11月19日，亚历山大死于塔岗洛克城。根据另一没有为史学家公开否认的传说，葬礼上埋葬的似乎并非亚历山大本人，而是另一个人。而沙皇本人则悄悄地去了西伯利亚，并在那里以"费多尔·古兹米奇长老"的名字度过了自己的余生。

尼古拉一世：亚历山大一世并无子嗣，按律应由他的兄弟康斯坦丁继承王位。当时康斯坦丁居住在华沙，并娶了一个波兰女子。还在亚历山大生前，康斯坦丁就已经明确拒绝了王位，因此他的另一个兄弟尼古拉则应继承王位。这一关于继承人的变动情况并没有正式宣布。因此，在亚历山大一世死后，就出现了一段短暂的无皇位继承人时期。一伙近卫军军官密谋利用这一时期举行起义，他们蒙蔽卫戍部队士兵，对他们说尼古拉想非法占据皇位。

尼古拉登位仪式被定为 1825 年 12 月 14 日。这一天一部分军队拒绝宣誓。士兵们蜂拥来到广场上，高呼康斯坦丁万岁。炮兵向起义者发射了两发教练弹，但是无济于事。于是，炮兵开始用霰弹射击，造成起义者的伤亡。傍晚，起义被镇压下去，100 多人被逮捕并送交审判，法庭判处了 40 多人死刑。然而真正被处以死刑的只有 5 个起义首领，其他的人被尼古拉一世以流放取代了死刑。有 40 人遭到流放，这些人被称作"十二月党人"而载入史册。

尼古拉一世同波斯和土耳其最初的战争进展顺利，以俄罗斯的胜利告终。俄罗斯获得了几块领土，并在土耳其获得了很大的影响。

俄罗斯的上述努力引起了西欧列强的不安，法国和英国均对俄罗斯宣战。1854 年，英、法、土联军在克里米亚登陆，并且包围了塞瓦斯托波尔。塞瓦斯托波尔保卫战持续了 11 个月，俄罗斯军队及其军官们表现出巨大的英雄主义。然而，克里米亚战役最终以俄罗斯的失败告终。

在对内政策方面，尼古拉一世采取了严厉的统治，对自由民主思想予以坚决的镇压。1825 年 12 月 14 日，一批贵族出身的爱国志士在彼得堡的参政院广场集会，要求沙皇改变专制政体，实行立宪，废除农奴制。尼古拉一世下令镇压，这些贵族或被绞死，或被流放到西伯利亚，或被充军到高加索。起义虽然失败，但动摇了农奴制的根基。这就是历史上著名的"十二月党人起义"。1853 年 2 月，早在克里米亚战争结束之前，尼古拉一世因内政和外交均告失败而服毒自杀，给他的儿子亚历山大二世留下了一个满目疮痍的国家。

尼古拉一世的统治同俄罗斯文化尤其是文学和音乐的空前繁荣相吻合，其官僚体系和严格的检查制度并没有妨碍这一繁荣发展过程。在尼古拉一世时期生活并从事创作的俄罗斯经典作家有普希金、果戈理、莱蒙托夫等人。伟大的世界著名作曲家格林卡在这一时期奠定了俄罗斯古典音乐的基础。

亚历山大二世：亚历山大二世登基后，立刻着手俄罗斯的社会政治和官僚体制的改革。亚历山大二世最主要的改革是农民改革。1861 年 2 月 19 日，亚历山大二世签署了解放农奴的宣言，他本人也因农奴改革被称作"解放者沙皇"。

各阶层的子女都有了在大学学习的权力，大学获得了广泛的自制权。建立了许多高等女子学院，新开办了许多中学。

亚历山大二世的对外政策导致俄罗斯在远东、中亚和高加索地区获得了更多的领土，从我国东北部和西北部割走了 150 万平方公里的土地。在对外政策上，亚历山大二世也扮演了一个解放者的角色。1877—1878 年的俄土战争就是为了使巴尔干半岛的斯拉夫人摆脱土耳其的奴役而进行的战争。

1881 年 3 月 1 日，亚历山大二世乘车沿彼得堡街道行进，恐怖分子扔出的第一颗炸弹炸伤了他的一名侍卫。沙皇命令停车并走到了受伤人的旁边，蹲下身子询问伤势。这时飞来的第二颗炸弹使沙皇本人受到重伤，并且很快就与世长辞了。

亚历山大三世：在亚历山大二世沙皇悲剧性的死亡之后，他的儿子亚历山大三世继承了王位。革命者谋杀了父亲一事给他一生的统治带来了深深的影响。儿子没有沿着父亲自由民主改革的道路走下去，而是开始执行一个保守的对内政策。

亚历山大三世统治时期最大的成就是国家的工业化。国内的铁路建设促进了整个社会的进步。由亚历山大三世开始的大西伯利亚铁路建设具有重大的意义，这一铁路成为俄罗斯巩固和通向太平洋的必要条件。为了实现自己的措施，亚历山大三世采取了和平的外交政策。在他统治的 13 年中，俄罗斯没有参加过一次对外战争。由于执行和平的外交政策，亚历山大三世被称作"和平的使者"。

尼古拉二世：1894 年，亚历山大三世逝世，享年 49 岁。其 26 岁的儿子尼古拉二世登基。他是罗曼诺夫王朝的末代皇帝，也是俄罗斯的最后一位皇帝。

这时，在俄罗斯的社会主义者形成了两股思潮。一部分人自称是民粹主义者，他们认为村社是未来社会主义体制的基础；另一些人是马克思主义者（普列汉诺夫、列宁），他们认为，要过渡到社会主义，必须将农民变为工人，也就是变为无产者。在这之后马克思主义者又分裂成为孟什维克和布尔什维克两派。两股思潮都认为农民的贫困将有助于社会主义者夺取政权。

俄日战争和 1905 年革命：为了占领西伯利亚，俄罗斯必须有一个通往太平洋的出海口。考虑到符拉迪沃斯托克港冬天要上冻，军港被安排在旅顺港。

在 20 世纪初，俄罗斯开始巩固它在满洲里和朝鲜的势力，这引起了日本高层的不安。1904 年 1 月 27 日夜里，日本不经宣战进攻旅顺口的俄国舰队。两次大的战役均以日方胜利告终。前线的失利助长了国内的革命运动。1905 年 1 月初，彼得堡的工人开始了罢工。1 月 9 日星期天，爆发了示威工人同军队的冲突，示威者死伤无数。在这之后全国范围内开始了罢工和反政府的示威，从此揭开了 1905 年革命的序幕。革命党要求废除君主立宪制。

1905 年 8 月 16 日，日俄签订了和平条约。根据这一条约，俄罗斯失去了南满洲里、关东半岛连同旅顺口和萨哈林岛的南半部分。

"二月革命"和临时政府：1917 年 2 月，第一次世界大战进入第 3 个年头，在彼得格勒发生了由于物价上涨和食品供应匮乏的工人暴动。这时的彼得格勒尚有 20 万后备军，这些军队被源源不断地派往前线。士兵们不愿去前方打仗，转而支持起义的工人。沙皇及其政府被推翻和逮捕，取代他们的是由国家杜马代表组成的所谓的临时政府。

"十月革命"：由于临时政府的消极政策，布尔什维克的影响显著增长。他们在全国各地和战场上完全控制了地方委员会和士兵苏维埃，临时政府失去了最后的威信和所有的政权。

这时，布尔什维克领导层中间出现了动摇和争论。以加梅涅夫和季诺维耶夫为首的一派认为，俄罗斯的社会主义尚未成熟，在俄罗斯的工业全面发展并且出现强大的无产阶级之前，应该成立一个资产阶级共和国。

列宁、托洛茨基和其他人持另一种观点。他们认为，在持久战争的影响下，俄罗斯和世界革命局势对社会主义党派有利，甚至可以直接去夺取政权。

列宁的威信和坚持占了上风。10 月中旬，布尔什维克决定夺取政权。1917 年 10 月 25 日，布尔什维克逮捕了临时政府的所有成员，并且占领了彼得格勒的所有政府机构。总理凯伦斯基逃到了彼得格勒郊外的一个小城——加特契纳，又从那里逃往了国外。

《布列斯特和约》：布尔什维克夺取政权之后，立即向全世界宣布俄罗斯退出战争。12 月初德国人建议苏维埃签订停战协定和进行和平谈判。这次谈判的第一阶段始于 12 月 18 日，在布列斯特市。奥匈代表团向苏维埃代表团提出了极其苛刻的条件，俄罗斯必须把波兰在俄罗斯的所有部分、立陶宛、拉脱维亚、爱沙尼亚、白俄罗斯和乌克兰割让给德国，除此之外还要支付巨额赔款。

1918 年 2 月 17 日，德国人开始进攻。他们占领了整个白俄罗斯、拉脱维亚和爱沙尼亚。同时德国和奥地利的军队开始向乌克兰移动。2 月 19 日，苏维埃政府通过无线电宣布同意德国的要求。几天后，《布列斯特和约》签订。

这时正值 1918 年 3 月。同年 11 月德国人在西部战败，德国国内开始了革命。威廉皇帝举家逃往荷兰，德国开始共和制。苏维埃政府宣布废除《布列斯特和约》。

1918 年 1 月，全俄罗斯苏维埃第三次代表大会决定成立俄罗斯社会主义联邦共和国。1918 年 3 月，苏维埃政府从彼得格勒迁至莫斯科，从此莫斯科成为苏维埃国家的首都。

八、国内战争（1918—1920 年）

"十月革命"后，国内社会政治局势日趋紧张。临时政府的被推翻、立宪会议的解散、苏维埃政府所推行的经济和社会政治措施促成了一个由贵族、资产阶级、富裕知识分子、神职人员和军官阶层、哥萨克、富农和中农组成的反对势力。

俄罗斯国内战争的特点在于国内的政治斗争和外国武装干涉紧密结合。德国及其协约国的成员国鼓动怂恿反布尔什维克的武装力量，为其提供武器弹药，给予财政和政治的援助。协约国企图瓜分俄罗斯并得到新的领土。

1918 年，形成了反布尔什维克运动的基本中心。国内战争的政治局势的复杂化影响到了皇室成员的命运。1918 年春天，尼古拉二世及其家眷从多波尔斯克被转移到叶卡捷琳堡，乌拉尔州苏维埃于 1918 年 7 月 16 日枪决了沙皇及其全家。当时被处死的还包括沙皇的兄弟米哈伊尔等共 18 位皇室成员。

1918 年年末—1919 年，高尔察克（А. В. Колчак）在西伯利亚夺取了政权。在库班和北高加索，邓尼金（А. И. Деникин）把顿河方面军和志愿军联合到俄罗斯南部的武装力量中。在北方，在协约国的帮助下，米勒（Е. К. Миллер）将军组建了自己的军队。英国占领了巴库和新罗西斯克

（Новороссийск），法国占领了奥德萨和塞瓦斯托波尔。

1918 年 11 月，高尔察克开始进攻乌拉尔附近地区，妄图联合米勒的部队，以形成对莫斯科的共同打击。东线战场再次成为主战场。12 月 25 日，高尔察克占领了彼尔姆。但在 12 月 31 日，他们的进攻遭到了红军的阻击。东部前线暂时稳定下来。

1919 年，反政府力量制定了共同进攻苏维埃政权的计划：从东部（高尔察克）、南部（邓尼金）和西部（尤邓尼奇 Н. Н. Юденич）同时发起进攻。然而，联合进攻没有能够形成。

1919 年 3 月，高尔察克开始发动从乌拉尔向伏尔加河方向的新一轮进攻。4 月，加梅涅夫（С. С. Каменев）和伏龙芝（М. В. Фрунзе）的红军部队阻止了这一进攻，夏天把他们赶到了西伯利亚。反高尔察克的强大的农民起义和游击队运动帮助红军在西伯利亚建立了苏维埃政权。1920 年 2 月，根据伊尔库斯克州委会的判决，高尔察克被枪决。

1919 年 5 月，正值红军在东部取得决定性胜利之际，尤邓尼奇开始了向彼得格勒的移动。6 月，尤邓尼奇部队受阻，随后他的军队被赶到爱沙尼亚。1919 年 10 月，尤邓尼奇第二次向彼得格勒的进攻同样以失败告终。他的军队被爱沙尼亚政府解除武装并遭到扣留。

1919 年 7 月，邓尼金占领乌克兰，并开始进攻莫斯科。9 月，他的军队占领了库尔斯克、奥辽尔、伏罗涅什。10 月，红军进行了反攻。1919 年 12 月—1920 年初，邓尼金的部队遭到失败。苏维埃政权在俄罗斯南部、乌克兰和北高加索得以建立。邓尼金残部隐藏到克里米亚半岛，邓尼金把军队指挥权交给了弗兰格尔（П. Н. Врангель）。

1920 年 4 月起，弗兰格尔开始领导反苏维埃的战斗。他在克里米亚组建了"俄罗斯军"并于 6 月开始了对顿巴斯的进攻。苏维埃政府组建了伏龙芝领导的南方战线以抗击"俄罗斯军"。10 月末，弗兰格尔军队败北。弗兰格尔的失败标志着国内战争的结束。

布尔什维克最终赢得了国内战争，并且打退外国武装干涉。

内战使得国内的经济状况进一步恶化。农业处于崩溃边缘。在战争中饿死、病死的人达 800 万。200 万人被迫移居国外，其中有很多是具有出众才华的精英。

九、俄罗斯苏维埃社会主义联邦和苏联（1917—1991 年）

1917 年 11 月 7 日（俄历 10 月 25 日），俄国工人阶级联合贫苦农民、水兵和士兵在以列宁为首的布尔什维克领导下取得了历史性的胜利，完成了历史上第一次成功的社会主义革命。同日宣告俄罗斯苏维埃联邦社会主义共和国的成立。这就是"十月革命"。

"十月革命"胜利后，俄罗斯各地先后成立苏维埃自治共和国或自治省加入俄罗斯联邦。1918 年 3 月，苏维埃政府从彼得格勒迁至莫斯科，从此莫斯科成为苏维埃国家的首都。

1918—1920 年，14 个帝国主义国家对苏维埃俄国进行武装干涉，企图把新生的无产阶级政权扼杀在摇篮里。由列宁领导的红军在全体劳动人民的支持下，歼灭了白军和外国武装干涉者。在国内战争和外国武装干涉的年代里，俄罗斯联邦领导了各苏维埃共和国的军事政治联盟。1918—1920 年，新生的国家为防止经济崩溃并赢得国内战争，动员和集中一切人力和物力实行了战时共产主义（военный коммунизм）。①自 1921 年始，苏联开始全面恢复国民经济，开展社会主义建设。1921 年，国内战争以苏维埃国家的胜利告终，全国转到新经济政策（нэп）②，开始全面恢复国民经济，开展社会主义建设，

---

① 战时共产主义是苏维埃政府在 1918—1921 年初实行的国内政策。这是在城市和农村遭到破坏严重的情况下迫不得已制定的一项政策。由于国内战争带来的破坏，工厂几乎全部停工，货币飞快贬值，向城市运输各种食品的工作也停顿下来。为了保证军队和城市军民的生活，布尔什维克开始从农村往外运输粮食。他们尽力从农民那里征缴所有能找到的食品，为此成立了专门的征粮队。战时共产主义政策并没有将俄罗斯从经济困境中摆脱出来。

② 1921 年年末，在伏尔加河和乌拉尔山之间的大片区域内发生了可怕的饥荒。根据列宁的一再要求，党开始实行所谓的新经济政策。私人贸易和小型个体工业企业重新得到允许，为农民确立了土地的私有权和有权享用自己劳动的所有产品。他们只需向国家交纳少量的粮食，而所有剩余粮食可以按照市场价格出售。列宁的建议是完全正确的，国家开始得以相当快地发展。新经济政策的实行是列宁最后一项重大举措。1924 年 1 月 21 日，列宁逝世。斯大林当选为俄共中央委员会总书记。

实施全国电气化。

1922年12月30日，俄罗斯苏维埃联邦社会主义共和国同乌克兰苏维埃社会主义共和国、白俄罗斯苏维埃社会主义共和国和高加索联邦社会主义共和国（包括阿塞拜疆、亚美尼亚和格鲁吉亚）一起签署了《苏维埃社会主义共和国联盟条约》，结成苏维埃社会主义共和国联盟（Союз Советских социалистических Республик），简称苏联（СССР）。之后，哈萨克、乌兹别克、土库曼、塔吉克、吉尔吉斯相继建立苏维埃社会主义共和国并加入苏联。1940年，苏联从罗马尼亚手中收回比萨拉比亚，成立摩尔达维亚苏维埃社会主义共和国并收入苏联。同年，苏联进入立陶宛、拉脱维亚和爱沙尼亚三国建立苏维埃政权，也收入苏联。至此，苏联成为一个由15个加盟共和国组成的世界第一大国。其领土有2240.3万平方公里，人口2亿8862万（1990年）。

1924年1月21日，列宁逝世，斯大林继任苏联领导人的职务。他统治这个国家近30年，史称"斯大林时代"。斯大林即位之初，百废待兴。苏联在斯大林的领导下开始社会主义建设，推行社会主义工业化和农业集体化。1924年4月通过的社会主义建设的第一个五年计划提前完成，第二个五年计划又提前于1937年完成。1936年苏联通过了第一部宪法。这一切大大地加强了苏联的综合国力。但在20世纪30年代，斯大林犯下了不少错误，其中肃反扩大化的影响尤其深远。

1941年6月22日，星期日，德国法西斯于清晨悍然大举进犯苏联。战事进入1942年，俄罗斯联邦的部分领土被德国法西斯占领。1945年4月30日，苏军攻占柏林，取得了第二次世界大战的胜利。

十、伟大的卫国战争（1941—1945年）

1941年，第二次世界大战进入了一个新的阶段。这时，法西斯德国及其协约国事实上已经占领了整个欧洲。1940年，法西斯领导层制定了"巴巴罗萨"（Барбаросса）计划，目的在于以闪电战方式粉碎苏维埃武装力量和占领、包围苏维埃欧洲部分。

"巴巴罗萨"计划于1941年6月22日凌晨以大面积的空炸大型工业、战略中心开始，同时，德国陆军及其同盟国在苏联整个欧洲境内展开了进攻。在短短几天内，德国军队挺进了几十乃至几百公里。1941年7月初，全部白俄罗斯被占领，德军前进到通往斯摩棱斯克的要冲，西北波罗的海沿岸均失守。9月9日，列宁格勒被围困，在南方希特勒军队占领了摩尔达维亚。这样，在1941年秋天前，希特勒实现了占领苏联欧洲部分的大片领土的计划。

1941年6月末—1941年7月上半月主要展开的是大规模的边境保卫战。从7月16日—8月15日，苏联军队在主要战线上进行了斯摩棱斯克保卫战。在西北战线上，德国人占领列宁格勒的计划被粉碎。1941年9月之前，在南方进行了基辅保卫战；10月之前进行了奥德萨保卫战。红军在1941年秋天进行顽强的抵抗，粉碎了希特勒闪电战的计划。与此同时，法西斯集团军于1941年秋天之前占领了俄罗斯大片的领土及其最重要的工业中心和产粮区，这对苏维埃政府来说是重大的损失。

莫斯科保卫战　1941年9月末—10月初，德国开始了"台风"行动，进攻目标直指莫斯科。10月19日，莫斯科开始实行军事管制。红军战士浴血奋战，挡住了侵略者的入侵——希特勒进攻莫斯科的10月阶段结束了。12月5—6日，红军进行了反攻，迫使敌人从莫斯科后撤了100~250公里，解放了加里宁市（Калинин）、小亚罗斯维兹（Малоярославец）、卡卢加（Калуга）等城市和居民点。希特勒的闪电计划彻底破产。

斯大林格勒保卫战　1942年11月19日，西南和顿河方面军开始展开攻势。一昼夜之后，斯大林格勒方面军也开始行动。1942年11月23日，斯大林格勒城外的德国集团军被包围，12月末，该集团军被消灭，苏联军队打到了科捷尔尼克瓦（Котельниково）地区，开始了对罗斯托夫（Ростов）的进攻。1943年2月2日，鲍留斯（Паулюс）元帅的残余部队向苏联红军投降。斯大林格勒保卫战之后，红军全线展开广泛的攻势：1943年1月，列宁格勒的围困被突破；2月，北高加索被解放；同年2月—3月，中央（莫斯科）方面军也向前挺进了130~160公里。

战争结束　1944年，红军进行了一系列大规模的战役。1月彻底解除了持续900天的列宁格勒围困，解放了苏联西北部领土。同年夏天，红军进行了伟大的卫国战争期间最大的军事行动之一：白俄罗斯得到了彻底的解放。这一胜利打开了通往波兰、波罗的海沿岸和东普鲁士的道路。1944 年 8 月中旬，苏联军队在西线打到与德国接壤的边境。1945 年 4 月，苏联军队开始了柏林战役。第一方面军（由朱可夫元帅指挥）、白俄罗斯第二方面军（由罗果索夫斯基 К. К. Рокоссовский 元帅指挥）和乌克兰方面军（由科涅夫 И. С. Конев 元帅指挥）消灭了敌人的柏林集团军，俘虏 50 万人，获得了大量的军事技术和武器。法西斯领导层完全丧失斗志，希特勒自杀身亡。5 月 1 日晨，国会大厦（德国国会）上方飘扬起红旗——苏联人民胜利的象征。

1945 年 5 月 8 日，新成立的德国政府匆匆地签订了无条件投降协议书。5 月 9 日，布拉格境内的德军全部被消灭。从此，5 月 9 日就成了苏联人民夺取伟大的卫国战争的胜利纪念日。

十一、第二次世界大战之后的苏联（1945—1991 年）

苏联在第二次世界大战中所取得的胜利彻底改变了世界的总格局。苏联的国际地位和威信空前提高。东欧社会主义国家的出现，结束了苏联在国家社会上"孤军奋战"的局面，从而产生了社会主义阵营。

战后，苏联百业齐举，经济复苏，进入了飞速发展的阶段。1950 年，苏联的第四个五年计划提前完成，每年工业的平均增长率竟达 22%~23%。尤其令人注目的是，1949 年苏联研制的第一颗原子弹爆炸成功，使美国垄断核武器的时代一去不复返。

在斯大林执政时期，苏联形成了一个中央高度集权的国家管理体制，与其相适应的是社会的特权阶层和官僚集团。这对以后的苏联管理体制产生了很大的影响。

1953 年 5 月，斯大林病故。同年 9 月，赫鲁晓夫在苏共中央全会上当选为苏共第一书记。赫鲁晓夫上台后，在苏共二十大作秘密报告，大肆批评对斯大林的个人崇拜，为冤假错案平反。1958 年，他兼任苏联部长会议主席。他集党政大权于一身后，大刀阔斧地对传统管理模式进行改革。1957 年，苏联研制的人类历史上第一颗人造地球卫星上天。1961 年，第一个载人宇宙飞船升空，世界上第一个进入太空的宇航员尤里·加加林名垂青史。

1964 年 10 月 14 日，赫鲁晓夫因国内外政策的严重失误而下台。他的外交政策在古巴导弹危机时碰壁，他的国内政策在开垦荒地上失败。在赫鲁晓夫执政时期，中苏关系出现裂痕并开始恶化。1964 年，苏联进入以苏共第一书记（1966 年起为总书记）勃列日涅夫为代表的时代。勃列日涅夫当政时代，苏联的综合国力大大增强，终于成为与美国平起平坐的超级大国。勃列日涅夫对外推行勃列日涅夫主义：1968 年出兵捷克斯洛伐克，制造布拉格事件；在中国的珍宝岛制造事端；1979 年 12 月又派兵进入阿富汗。与此同时，国内高度集中的管理模式更加保守和僵化，使苏联陷入"停滞"（застой）时期。1979 年，他兼任苏联最高苏维埃主席团主席。1982 年，勃列日涅夫去世后，安德罗波夫和契尔年科似走马灯一般在苏共中央总书记的宝座上分别坐了一年左右，就相继谢世了。

1985 年，54 岁的少壮派戈尔巴乔夫终于入主克里姆林宫。他摆出一副改革派的架势，准备对苏联的体制动大手术。他倡导的"新思维"（новое мышление）、"民主化"（демократизация）、"公开性"（гласность）风行一时。戈尔巴乔夫的改革声势很大，但收效甚微，而且愈改愈乱。1990 年 3 月，在他的主持下，苏联人民代表大会通过决议，修改苏联宪法第六条，取消了"苏联共产党是苏联社会主义的领导力量和指导力量，是苏联政治体制以及一切国家机关和社会团体的核心"这一条文。同年 7 月，苏共二十八大赞同放弃苏共的"政治领导地位"，同意实行"政治多元化"和多党制。在这以后，戈尔巴乔夫仍是苏共中央总书记。经苏共提名，他又当选为改制后的苏联第一任、也是最后一任总统。

1990 年 5 月，在俄罗斯第一届人民代表大会上，叶利钦当选为俄罗斯最高苏维埃主席。随后，俄罗斯人民代表大会发表了俄罗斯主权宣言，同联盟中央分庭抗礼。

1991 年 3 月 17 日，苏联就"是否保留和革新联盟"问题举行全民公决。在投票中 76.4% 赞成保留联盟。是年 6 月，叶利钦当选为俄罗斯联邦第一任总统。

1991 年 8 月 19 日，苏联副总统亚纳耶夫等 8 人趁总统戈尔巴乔夫在克里米亚度假之机，成立紧急状态委员会，发表《告苏联人民书》，宣布由亚纳耶夫代行总统职责，在苏联部分地区实行紧急状态。但这个委员会仅 3 天就夭折了。

1991 年 12 月 8 日，俄罗斯总统叶利钦、白俄罗斯最高苏维埃主席舒什凯维奇和乌克兰总统克拉夫丘克在白俄罗斯布列斯特近郊别洛维日森林的别墅里会晤签署协议，宣布苏联停止存在并组成独立国家联合体（Содружество независимых государств），简称独联体（СНГ），世称"别洛维日条约"。12 月 21 日，苏联的 11 个加盟共和国（除波罗的海三国和格鲁吉亚以外）领导人在哈萨克首都阿拉木图会晤，决定中亚五国、亚美尼亚、阿塞拜疆和摩尔达维亚"与俄罗斯、乌克兰和白俄罗斯平等并以共同创始国的身份"加入独联体；会上正式宣布"苏维埃社会主义共和国联盟停止存在"，苏联在联合国安理会的地位由俄罗斯继承。25 日，俄罗斯联邦最高苏维埃通过决议，把俄罗斯苏维埃社会主义共和国正式更名为俄罗斯联邦，简称俄罗斯。

◎ **思考题**

1. 简述俄罗斯的地理位置。

2. 简述俄罗斯现行的政治体制。

3. 简述俄罗斯国旗、国徽的形状，颜色分布及其象征意义。

4. 俄罗斯现行国歌的名称是什么？词曲作者是谁？

5. 简述俄罗斯首都莫斯科的情况。

6. 俄罗斯有多少个联邦主体和多少个联邦区？请具体说明联邦区的情况。

7. 请说出俄罗斯百万人口以上的城市。

8. 简述俄罗斯的地理和气候特点，列举俄罗斯的四大湖泊和四大河流。

9. 请说出俄罗斯矿产资源的分布情况。

10. 请说出俄罗斯最长的两条铁路。

11. 俄罗斯是从什么时候开始建国的？在哪一年把东正教定为国教？

12. 《伊戈尔远征记》记述了什么历史事件？

13. 俄罗斯第一位沙皇是谁？他的历史功绩有哪些？

14. 简述彼得大帝的改革。

15. 简述叶卡捷琳娜二世时代俄国的巨大变化。

16. 简述"十二月党人"起义的历史事件。

17. 俄国什么时间和什么人废除了农奴制？

18. 简述日俄战争和1905年革命。

19. 简述"十月社会主义革命"。

20. 简述俄国"国内战争"。

21. 什么是"战时共产主义"？

22. 请论述"伟大的卫国战争"。

参 考 文 献

［1］冯绍雷、相蓝欣．转型中的俄罗斯社会与文化［M］．上海：上海人民出版社，2005.

［2］傅树政、雷丽平．俄国东正教会与国家（1917—1945）［M］．北京：社会科学文献出版社，2001.

［3］王宪举、陈艳．俄罗斯［M］．重庆：重庆出版社，2004.

［4］王仰正．俄罗斯简史［M］．西安：陕西人民出版社，2002.

［5］王仰正、赵爱国、周民权．俄罗斯概况［M］．上海：上海外语教育出版社，2006.

［6］吴克礼．俄罗斯社会与文化（学生用书）［M］．上海：上海外语教育出版社，2009.

［7］姚海．俄罗斯文化［M］．上海：上海社会科学出版社，2005.

［8］袁新华．转型以来俄罗斯的民族问题［J］．俄罗斯研究，2003（4）.

［9］张冰．俄罗斯文化解读［M］．济南：济南出版社，2006.

［10］朱达秋，周力．俄罗斯文化概论［M］．上海：上海外语教育出版社，2010.

第二讲　俄罗斯绘画艺术

第一节　概　　说

　　俄罗斯民族在自己的历史发展过程中创造了灿烂的艺术文化，造就了一大批世界一流的艺术大师，推出了众多杰出的令人赞叹的艺术珍品，为世界文化艺术的发展做出了重大的贡献，在世界艺术史上占有重要的地位。

　　俄罗斯艺术的发展道路历经坎坷，曲折多变，是在借鉴古希腊艺术、拜占庭艺术和西欧各国艺术经验的基础上不断探索、不断进取而逐步发展起来的。在 18 世纪之前，俄罗斯艺术一直深受古希腊和拜占庭艺术的影响，民族特色还不十分明显。从 18—20 世纪的 300 年间，俄罗斯社会经历了巨大而深刻的变化，艺术文化的历程更是波澜起伏，许多名家巨匠在此期间诞生。其中 19 世纪是俄罗斯近代民族文化奠定和发展的

"黄金时期"，艺术的题材和语言更趋向于平民化。

19世纪末20世纪初，是欧洲文艺史上的一个特殊阶段，俄罗斯文化思潮汹涌澎湃，流派纷呈，这个时期的艺术受哲学、文学及欧洲文化运动思潮的影响，各种矛盾与对立的观念并存，呈现出复杂、多元和多样的局面，被人们称为"白银时代"。随着俄罗斯社会的迅速发展和民族自觉意识的觉醒，艺术家们对艺术、对艺术与生活的关系有了新的思考，他们面对新的现实，探索艺术的新课题，使得俄罗斯文化艺术才有了长足的进展，绘画中的"巡回展览画派""艺术世界""先锋派""社会主义现实主义"等画派、音乐的"强力集团"、雕塑建筑的"新古典主义"、电影方面的爱森斯坦的蒙太奇等艺术现象接踵而至，获得了真正意义上的民族特征，成为独具一格的俄罗斯艺术学派，傲然屹立于世界艺术之林。

俄罗斯的绘画有悠久的历史。18世纪之前，俄罗斯绘画经历了中古世纪的发端与探索。这是一个较长的历史时期，从公元9世纪中叶的基辅罗斯起至17世纪末，前后大约800多年时间。罗斯自从接受了基督教（公元988年）之后，便从拜占庭学来了大型绘画的新形式——壁画，同时还接受了圣像画形式。

最古老的古罗斯绘画作品保留在基辅的索菲亚大教堂。这些镶嵌画和壁画描绘出公元9世纪中叶古罗斯大公的日常生活（打猎、跳舞、决斗、戏剧表演等），展现了人物的具体面貌。教堂内的壁画、马赛克和肖像画与整个教堂构成了古罗斯建筑艺术的一个统一的综合体。古罗斯最早的圣像画出现在11世纪中叶，是收藏在诺夫戈罗德索菲亚大教堂的圣像画《彼得与保罗》。这幅像壁画一样巨大的圣像画长236厘米，宽147厘米，描绘出手拿一本书的保罗和手拿一卷羊皮纸、十字架与钥匙的彼得，虽因年深日久失去其昔日的面貌，但人物形象的伟岸、各种色彩的搭配以及对衣服的精细刻画都表现出相当高的绘画水平。俄罗斯最早的著名画家是鲁布廖夫（A. Рублёв，约1360—1430年），他所创作的《三圣图》（«Троица»）至今保存在莫斯科特列季亚科夫美术馆里。画的内容是宗教，但表现出的不是中世纪天使的体态，而是活灵活现的人。

14世纪末至15世纪初是古罗斯壁画的黄金时代，出现了几位出类拔萃的画家，如出生于拜占庭的格列克（Ф. Глек）就是其中颇有代表性的人物，他在 14 世纪 70 年代从拜占庭来到罗斯之前就已经成名，在拜占庭首都君士坦丁堡和其他城市和教堂里创作了许多壁画和圣像画。他的壁画敢于突破传统，注重刻画人物的内心世界，笔法自由锐利，色彩运用均衡，画风豪放潇洒，具有一种敏锐的构图感和内在的表现力。他创作的许多其他作品亦风格各异，独具匠心，为古罗斯的绘画做出了非凡的贡献。

17 世纪，俄国绘画开始摆脱中世纪艺术的束缚，不再囿于宗教圣像题材，而致力于表现现实世界，力图如实地反映生活。出现了第一种世俗题材的古罗斯人物肖像画——巴尔松纳肖像画。起初，画家们以旧的圣像画笔法和旧的技法在木板上作画，用蛋清的颜色绘制。到了后半叶，他们则开始采用西方的技术，用油彩画在画布上，其质量大大超过了圣像画。最有名的巴尔松纳肖像画有沙皇伊凡雷帝肖像画、沙皇伊凡诺维奇肖像画、御前大臣戈都诺夫肖像画、大贵族纳雷什金的肖像画等。

由于现实主义艺术的发展，这一时期肖像画备受重视，出现了忠实描写人的个性特点的画家。如列维茨基（Д. Левицкий，1735—1822 年），他是 18 世纪下半叶最为著名的肖像画家，他画的《杰米多夫肖像》能够在庄重的贵族生活场合表现出人物的个性特点。他的学生鲍罗维科夫斯基（В. Боровиковский，1757—1825 年）则更善于在日常生活的普通环境中描写人物，捕捉人物面部的自然表情，以柔和的色调表现人闲逸的姿势、温雅的态度、安静而伤感的情绪等。

19 世纪上半叶，现实主义在俄国绘画艺术中逐渐取得主导地位，圣经神话题材逐步为世俗生活题材所代替。基普连斯基（О. Кипренский，1782—1836 年）和特罗皮宁（В. Тропинин，1776—1857 年）是这一时期的重要肖像画家。他们摆脱古典主义的束缚，描绘出同代人的形象。两人画的普希金肖像都很著名。这一时期出现了俄国风俗画的奠基人魏涅齐安诺夫（А. Венецианов，1780—1847 年）。他是卖饼商人的儿子，儿时对工匠和农民生活的留心观察使他日后得以成为描绘农民劳动和农民生活的画家。他常以乡村生活为背景表现体魄健壮的农民的精神美，其名画有《春耕》《夏收》《打谷场》《睡梦中的牧童》等。19 世纪上半叶官方学院派绘画的代表人物是勃留洛夫（Б. Брюллов，1799—1852 年）；他的名画《庞贝城的末日》（«Последний день Помпеи»）以令人惊叹的色彩表现了毁于维苏威火山熔岩和灰烬的古代城市的悲剧，描绘出了可怕的惨祸到来时人们表现的复杂心理和感情。

　　由于解放运动的发展和文学运动的影响，表现人民觉醒、揭露农奴制腐败成了 19 世纪上半叶绘画的重要主题。伊凡诺夫（А. Иванов，1806—1858）是借用宗教题材表现人民精神觉醒的画家。他的巨幅油画《基督显圣》（«Явление Христа народу»），通过人们期待的基督形象，反映出俄国需要一种新的力量来拯救的思想。画面上的基督和蔼可亲，浮雕感很强，给人以别开生面的感觉。以讽刺性画笔揭露农奴制溃疡的代表画家是费多托夫（П. Федотов，1815—1852 年）。他以油画《少校求婚》成名，被称为造型艺术中的果戈理，是俄国批判现实主义绘画的奠基人之一。

　　19 世纪 60 年代民主运动的高涨，对俄国绘画艺术的发展产生了决定性的影响。1863 年出现的"巡回展览画派"（Товарищество передвижных выставок），是俄国绘画史上辉煌的一页，是在先进美学思想的影响下产生的批判现实主义流派。"巡回展览画派"画家（художники-передвижники）主张面向生活，在人民大众中吸取素材与产生灵感，提倡内容与形式统一，主张艺术要有思想性，绘画艺术应该参加改造现实生活的斗争。他们的绘画不但揭露和讽刺了俄国统治阶级，表现城乡贫民的苦难生活，而且创造了一批为争取新生活而斗争的革命者形象。这些著名画作至今仍然完好地保存在享有俄国美术宝库美誉的莫斯科特列季亚科夫美术馆。

　　19 世纪下半叶还出现了民族风景画派。主要画家有"巡回展览画派"成员希施金（И. Шишкин，1832—1898 年）和列维坦（И. Левитан，1860—1900 年）。希施金善于描绘俄罗斯森林及伏尔加河畔景色，画风写实细腻，名作有《松林里的早晨》（«Утро в сосновом бору»）、《黑麦田》（«Рожь»）等。他被喻为"森林的歌手"。列维坦描绘自然景色时用笔洗练，色彩鲜明，对后来俄罗斯风景画发展有较大影响。作品有《夏天的傍晚》（«Летний вечер»）、《弗拉基米尔大道》（«Владимирка»）、《金色的秋天》（«Золотая осень»）等。其中《弗拉基米尔大道》是列维坦的一幅名画。画家通过描绘押送革命者通往西伯利亚流放地的必经道路，对沙皇专制制度发出了抗议，表达了自己愤世嫉俗、伸张正义的思想感情。他被喻为"大自然的歌手"。

第二节　俄罗斯绘画的主要流派

一、古典画派

古典画派产生于 18 世纪初期。随着彼得大帝社会改革的全面推行，许多有才华的俄国青年画家相继被公派到国外学习绘画，他们学成归国后，成为 18 世纪俄国绘画的骨干力量。叶卡捷琳娜女皇二世时期，从欧洲引进的古典式的学院绘画在俄国的土地上生根成长。其在发展过程中不断从俄国传统文化及现实生活中吸取营养，逐渐形成有本土特色的俄罗斯油画。世俗人物肖像画是 18 世纪俄国油画艺术的一种主要的体裁形式，并取得较高成就。入画者多为沙皇、宫廷显贵和其他贵族。著名的肖像画家有尼基京、马特维耶夫、列维茨基等。世俗人物肖像画是对中古世纪俄国禁欲主义圣像画一种直接的反叛和对立。画家不但较好地掌握了油画技法、色彩配置及人物身材比例，而且开始揭示人物的内心世界，表现人物的思想和感受。由于当时肖像画作者多为农奴，而贵族把艺术仅仅作为一种消遣，加之并不看重作者版权，所以 18 世纪的肖像画作者大多佚名。列维茨基（Д. Левицкий，1735—1822 年）是著名肖像画画家。画家笔下的肖像注重表现人物性格，突出人物个性。他的作品《女公爵塔冈诺娃》（«Графиня Таганова»）创作于 1762 年。这幅画是他的一张未完成画稿，但已相当完整。正规画稿完成于 1764 年，现藏莫斯科特列季亚科夫美术馆。作者选择了富于悲剧意义和戏剧性的场面来表现俄国历史的一个片段：18 世纪 80 年代，叶卡捷琳娜女皇统治时期，在意大利出现了一名自称是俄国女公爵塔冈诺娃的民间女子。她说自己是已故俄国女皇伊丽莎白的私生女，并认为自己才应是正式的王位继承人。实际上伊丽莎白女王终生未育，且去世前就指定她的侄子作继承人。叶卡捷琳娜听说这件事后非常生气，便派人设法把这个"女公爵"从意大利骗到俄国，关入圣彼得堡的彼得洛巴夫斯基监狱。有一年圣彼得堡发大水，由于监狱地处涅瓦河畔，地势很低，大水涌了进来。画面表现的是大水通过监狱仓库进来时，"女公爵"作为阶下囚，面对涌入的大水表现出来的一种恐惧与无奈。"女公爵"后在监狱因病去世，该监狱现还存在。

二、巡回展览画派

19 世纪 60 年代至 90 年代，是俄国的农奴制改革和改革后的一个重要历史时期。1863 年 11 月 9 日，以克拉姆斯柯伊为首的彼得堡艺术学院一批有才华的毕业生高举起"艺术民族化""人民性"和"现实主义"的旗帜，同只准许画神话和圣经题材的学院传统公开决裂，退出美术学院，单独组织起来，研究现实主义绘画艺术，成立了彼得堡的"自由画家协会"，后来在 1870 年改组为"巡回展览派画家协会"。这次决裂被称为"14 人暴动"，19 世纪 60 至 80 年代俄国最著名的画家大多属于这一派。巡回展览派画家摒弃俄国学院派画家的唯心主义美学观，以批判现实主义为创作方法和原则，决心把绘画艺术从贵族沙龙里解放出来，主张真实地描绘俄国人民的历史、社会、生活和大自然，揭露沙俄专制制度和农奴制。1871 年 11 月 27 日，巡回展览画派在彼得堡举行了首批画展，展出 47 幅作品，包括盖舍的《彼得大帝审问王子阿历克赛》、萨符拉索夫的《白嘴鸦飞回来了》等，大获成功。俄国老百姓第一次在公开的展览会上看到了描写自己生活的俄罗斯乡土风情的绘画。从这一年起，以后几乎每年"巡回展览派画家协会"都举办一次巡回画展，共举办了 48 次。巡回展览画派的思想领袖是克拉姆斯柯伊和艺术评论家斯塔索夫，主要成员有彼罗夫、列宾、苏里科夫、马科夫斯基、普里亚尼科夫、萨维茨基、波列诺夫、雅罗申科、萨符拉索夫、希施金、瓦斯涅佐夫、库因芝、列维坦等人。下面笔者选取其中几位画家的作品向大家作些介绍。

1. 布留洛夫（Карл Павлович Брюллов，1799—1852 年）

俄国画家。1799 年 12 月 12 日生于圣彼得堡，1852 年 6 月 11 日卒于意大利的罗马附近。早年受过严格的艺术教育，还曾公费出国留学，并到意大利临摹拉斐尔等古典大师的名作。1836 年回国任皇家美术学院教授。成名作是 1827 年随考古队到庞培旅行后创作的《庞培城的末日》。他擅画人物肖像，尤善描绘男性，画风受学院派影响。代表作有风俗画《君士坦丁堡的甜水》和《土耳其妇女》及肖像画《自画像》《考古学家朗奇》等。

布留洛夫是俄国 19 世纪上半叶学院派的代表大师。卡尔·巴甫洛维奇·布留洛夫出生在彼得堡，父亲是画家兼装饰雕刻家，在他 10 岁时就被送进彼得堡美术学院幼儿班学画。而后他升入美术学院师从于叶戈洛夫和伊凡诺夫，很快掌握了学院派的素描技法。1822 年赴意大利学习，意大利古代艺术和文艺复兴时期大师们的光辉成就影响了他一生的创作活动。但他并不满足于对大师作品的模仿，他说过，“我不需要跟着流派走，那样就如同阿谀奉承一样”。他一直在探索自己的新画风。布留洛夫在创作中追求理想化的美，并力求使其接近古典美的标准。但他摆脱了古典主义中那种枯涩的背景和僵化死板的色调，而追求明亮的阳光和清新空气的表现。布留洛夫 1827 年赴庞贝古城遗址考察，于 1833 年完成了名作《庞贝城的末日》，为他和俄国赢得了声誉。1836 年他载誉回到了阔别十多年的彼得堡，立刻被皇家美术学院聘为教授，从此他不得不接受官方和教会的订件，但他仍坚持自己的艺术主张和创作方法。普希金说过：“布留洛夫不能做沙皇尼古拉的仆人。”布留洛夫回国后创作上的成就，主要表现在肖像画上。他的整个创作思想和方法是矛盾的，他的历史画和宗教画多为古典主义学院派式的，而世俗的肖像画又有洛可可样式特征，但他优秀的肖像画中又充满现实主义。甚至 A. 佐托夫称之为：“达到现实主义绘画的顶点，并给俄罗斯艺术指出前途。”可见他在 19 世纪上半叶俄罗斯绘画中的地位和意义。普希金说他的《庞贝城的末日》是“俄罗斯画坛的初日”。他可谓一代宗师。

《意大利的中午》

布留洛夫在意大利留学期间曾以美丽的女性形象作为时间的象征，创作过两幅姐妹作。

1823 年画的是《意大利的早晨》，描绘了一位在初升的阳光照耀下半裸着上身的丰艳少女，画面洒满阳光，通过对充满生命朝气的少女形象表现，比喻初升的旭日。

　　而在 4 年之后创作的这幅《意大利的中午》中却描绘了一位袒露丰满上身的女子，正在采摘一串晶莹剔透的葡萄。这女子已度过了青春花季，如日中天，仿佛成熟的葡萄，成为一个美丽的少妇。画家在这幅画中更加追求理想美的创造，形象更接近古典美的标准。

《骑马的女子》

　　这是一幅立足于学院派又吸收了洛可可画风的肖像画。

　　画家基本上沿用意大利传统风格，以风俗画样式来描绘人物肖像，探求运用人物所处的环境来烘托画中人物的性格与生活风尚。他的这种独特创造在俄国被称作为"布留洛夫式"。画中人装腔作势地骑在烈马背上，看上去是位弱不经风的贵族小姐，身着拖曳的不适合骑马的长裙，静态的形象与奔跑急止的烈马形成动静的对比。

　　构图采用平衡布势。画中主体肖像画得极为细腻，衣裙头饰表现极富质感，色彩配置华丽典雅。据说紧随奔马的小狗是有意加上去的，在小狗的项圈下挂着一个标牌，上面写着"莎莫依洛娃"，标志这幅画的所有者。

　　这幅肖像画的是乔凡尼娜和阿玛契里亚·帕契尼。画家是受朱理亚·莎莫依洛娃伯爵夫人的委托而作，1893 年转赠给特列恰柯夫收藏。

《土耳其妇女》

　　这幅以东方题材创作的《土耳其妇女》虽属风俗画，但仍可以看到学院派统领全幅的功力，画面用土耳其的服饰和布景展现了独特的东方风情和韵味。

《庞贝城的末日》

　　1827 年布留洛夫随建筑考古队赴庞贝遗址考察，这是一座在公元 79 年维苏威火山爆发时被吞没的罗马古城。布留洛夫站在这自然的废墟上，脑海中浮现出处于动荡的俄罗斯祖国。于是诞生了创作这幅画的构思——从真实的自然事件中去描绘历史变迁事件中人们经历的灾难和心态。画家意在通过对"末日"这种惊心动魄的主题的描绘，揭示了人们在灾难降临时所表现出的人性和崇高的道德品质——互相帮助和关怀。这幅画的立意正如赫尔岑所说，是"非常自然地在俄罗斯画家的心灵中成长起来的"。画家从古典主义创作方法出发，吸收现实主义因素：虚构的场面、理想化的人物造型和矫揉造作的人物组合。画家将这一切自然地安排在一个真实可信的环境之中。画中描绘了火山爆发的瞬间，天崩地裂，火山灰夹着岩浆如倾盆大雨一般从天而降，宏伟的建筑即将溃崩，雕像将从屋顶倾落，丧魂落魄的人群忙于逃命，背景的火山喷发着闪电般的狰狞火焰，吞食着周围的一切。这充满动势的构图、强烈的明暗光色对比、人物的痉挛性的动作、他们惊恐的神态及绝望的表情，都加强了画中的悲剧性效果。画家表面上画的是庞贝末日，实际上暗示着自己祖国俄罗斯的历史变迁，为了表明这不是历史上的悲剧，而是俄国社会现实，他有意将自己的形象画在左面亮区一组人物当中，头上顶着油画箱的年轻人正是画家自己，表明祖国的社会动荡正是画家亲身经历的事件。《庞贝城的末日》完成于1833年，1834年在意大利米兰展出时轰动了整个社会，而后赴巴黎震动画坛，最后回到彼得堡，表明俄罗斯美术的凯旋。普希金说它是"俄罗斯画坛的初日"，果戈理庄严宣称它是世界性的创作，创作的思想"属于我们世纪的最完善的趣味"。布留洛夫的这幅作品没有主角，所有人物都是历史的参加者，所有登场人都强烈地感觉到不可避免的历史变迁和震荡。

2. 艾伊瓦佐夫斯基（Иван Константинович Айвазовский，1817—1900年）

艾伊瓦佐夫斯基（1817年生于斐奥多西亚，1900年卒于斐奥多西亚），风景画家，海景画家。出生于黑海岸边小城中的一个小商人家庭。早在童年时代就表现出对素描和写生的兴趣。1833—1837年在彼得堡美术学院的风景画和战争画班学习。毕业时获得最高荣誉——"大金质奖章"。1840—1844年在意大利生活并工作。1844年回到俄罗斯后被授予"院士"和"海军总司令部画家"的称号。曾多次参加俄罗斯海军军事演习。艾伊瓦佐夫斯基喜欢描绘大海。他一生所画的几千幅画，大部分是海景。描绘俄罗斯海军史和大型海战在他的作品中占有相当重要的地位。1847年他成为彼得堡皇家美术学院的风景画教授。1865 年在斐奥多西亚创办了自己的美术学校。他也是彼得堡美术学院和罗马、巴黎、阿姆斯特丹等欧洲美术学院的名誉院士。1880 年他在斐奥多西亚开办了博物馆，并留下遗嘱将自己毕生的创作留给这座生他养他的城市。画海能手艾伊瓦佐夫斯基早在 19 世纪中叶就名震全俄罗斯乃至全欧洲。他善于表现海景，特别善于描绘海上夜晚的风景。那无边宽阔的海面，晚霞落日的水气，狂涛骇浪的烟云，在暴风雨袭击中的船只，显示出大自然巨大的威力以及人向大自然顽强搏击的精神。《九级浪》是艾瓦佐夫斯基最成功的作品之一。3 米长的大型油画，表现了罕见的惊心动魄、气势恢宏的九级浪景观。微弱的太阳光透过浓密的海雾照射到海面上，巨大的海浪撞沉航行的大船，几个船员爬在船骸上为求生存而进行顽强的搏斗。

艾伊瓦佐夫斯基的海景画是通过表现大自然的力量，借以传达俄国人民的大无畏英雄主义精神。普希金和俄国作曲家格林卡称他是海洋的热情歌手，令英国风景画家透纳赞不绝口。

《九级浪》

艾伊瓦佐夫斯基创作中最成功的是这幅《九级浪》。根据俄罗斯民间传说，海上每次发生风暴总是以第九级浪头最险恶、最可怕。九级浪到来，轻则摧帆断桅，重则船覆人亡。所以，要躲过它的巨大摧毁性威力几乎是不可能的。画家的立意就是要表现人们征服这九级风浪。它描绘了断桅上的人们战胜惊涛骇浪的无畏勇气和决心，表现了人与自然拼搏的顽强意志和壮观景象。天空云雾浓重，透过云层的阳光洒在大海巨浪上，映照得灿烂透明，这给挣扎在死亡线上的人们以光明与信心。画家表现光与色的笔触，完全融化在海浪中，给人以身临其境之感。整个画面宏伟壮丽，是一首充满高昂激情的大海抒情诗篇。

3. 萨符拉索夫（Алексей Кондратьевич Саврасов（1830—1897 年）

萨符拉索夫生于莫斯科一个不富裕的小商人之家，在莫斯科绘画雕塑学校接受了绘画教育，他热爱俄罗斯的自然风光，并完美地反映在自己的画布上。他的代表作是《白嘴鸦飞回来了》（«Грачи прилетели»，1871），代表了他思想水平，是俄国风景画的里程碑。萨符拉索夫是巡回展览画派中著名的风景画家，他的风景画对后来的俄国风景画家的创作有着较大的影响。俄罗斯大自然的歌手列维坦曾说："从萨符拉索夫开始，出现了风景画绘画中的抒情性，出现了对自己祖国大地的无限热爱。"（1877）、萨符拉索夫的油画《初春》（《Ранняя весна》，1888）视觉独到，层次分明，笔法简练，色彩明快，把初春的自然美景刻画得入木三分，给人以身临其境之感。

《白嘴鸦飞回来了》

萨符拉索夫 41 岁时创作了这幅代表他思想和水平的作品，它是俄国风景画的里程碑。车尔尼雪夫斯基把它与柴可夫斯基的钢琴组曲相媲美，斯塔索夫说它具有俄国现实主义的划时代意义。在寒冷的俄国，白嘴鸦归巢象征着春天的到来。尽管大地还在沉睡，积雪还没融尽，可是万物已经苏醒。白嘴鸦最先感到春天已降临这深沉的大地。这幅画使人呼吸到初春新鲜的空气，如临其境。画家在自己的画中注入了对祖国、对俄罗斯大自然深深的眷念之情。当这幅画在第一次巡回展览会上展出时，那种和平宁静和荒凉原野即将苏醒的气息感动了许多人，得到大众很高的评价。

这幅画被当时的评论界誉为具有划时代意义的现实主义作品。在这幅画中，萨符拉索夫以淳朴的感情描绘了俄罗斯北方农村的早春，伏尔加河边的积雪还没有完全融尽，白桦树上的白嘴鸟窝中已经有了生机，不远处的木屋、简陋的篱笆和乡村小教堂，整个大地一片寂静，唯闻树上叽叽喳喳鸟儿的欢叫声，似乎在告诉人们，春天已经来啦。这幅画用笔用色都非常淳朴、自然和严谨。

4. 希施金 （Иван Иванович Шишкин，1832—1898 年）

希施金是俄国 19 世纪巡回展览画派最具代表性的风景画家之一。希施金出生在维亚特卡省的一个商人家庭，他自幼就生活在森林之中，对森林怀有深厚的情感，也使他获得有关森林的许多知识，从学画起就立志画大森林。他一生为万树传神写照，描绘俄罗斯北方大自然的宏伟壮丽，探索森林的奥秘，被人们誉为"森林的歌手"。他 20 岁时来到莫斯科，考入绘画雕刻建筑专科学校，入莫克里茨基工作室学习。毕业后升入彼得堡美术学院，入画家伏罗比约夫画室学习5年，前后9年的艺术学习，使他的绘画基础非常扎实。28岁以优异成绩获得金奖，走出校门，赴德国和法国深造。33岁又获彼得堡美术学院院士称号，1873年被聘为教授。希施金的风景画多以巨大的、充满生命力的树林为描绘对象，那些摇曳多姿的林木昂然挺立，充满生机。繁木菁林，疏密有致，大森林的美与神秘，被渲染得淋漓尽致，可谓美不胜收。希施金所描绘的林木，无论是独株，还是丛林都带有史诗般的性质。林木的形象雄伟豪放，独具个性，显示出俄罗斯民族的性格。

被誉为"森林歌手"的希施金是巡回画派风景画方面重要的代表人物之一，他一生与森林为伍，为万树写照，他所创作的众多森林风景画巨作，以宏伟的景观，深邃的内涵，显示出俄罗斯风光所具有的叙事诗般的风采，令人感到大自然的旺盛生命力和坚不可摧的巨大力量。他的画风写实而细腻，松树刻画得既挺拔高大、气势雄伟，又精细入微，层次丰富，使画面具有极强的视觉穿透力。

《麦田》

金色的秋天，在广袤无垠的麦田中耸立着一排高大挺拔的松树，高低不一，错落有致，枝繁叶茂，它们生长在肥沃而辽阔的俄罗斯土地上，似乎体现出俄罗斯民族倔强豪迈的性格。这幅画构图简单但立意深刻，具有纪念碑意义。

《松树林》

希施金最爱画密密松树林边繁茂的小灌木和野花小草。在这幅画中前景是给森林带来生命的小溪，岸边是倒毙的枯树，而远处是一派参天林木。天上有飞鸟，林间有小黑熊，这使宁静的自然充满生命的活力。

《松树林之晨》

早晨的大森林，朝雾弥漫，阳光刚从树梢射进密林，人们呼吸到了潮湿的空气，嗅到了青苔的芳香，顿时感到清新凉爽，心旷神怡。在这宁静的大自然中，动物世界也充满人性和人情意味，腐朽的老树上，几只小熊和母熊团聚一起，母熊看着小熊嬉戏顽耍（据说熊是萨维茨基画的），它揭示了宇宙万物生生不息的规律。画家完全沉浸在这大自然的诗情之中。

5. 普基列夫（Васи́лий Влади́мирович Пу́кирев，1832—1890 年）

普基列夫是俄国现实主义画家，他出身于图拉省的一个农民家庭，一个偶然的机会进入莫斯科绘画、雕塑和建筑学校，后留校任教。他的成名作是《不相称的婚姻》，这是俄国第一部真人大小的风俗画，当时只有历史题材画才允许。因为这部作品他被美术学院授予教授称号。

在《不相称的婚姻》（«Неравный брак»）中，所有人物都画得很大，有的如真人大小。作者将自己的肖像也纳入画中（图右双手交叠于胸前者）。普基寥夫于 1863 年在美术学院展出此画时，还是莫斯科绘画学校的应届毕业生。正如评论家斯塔索夫在报刊上指出，此画好不容易才得到官方的认可，画中没有火灾，没有杀戮，没有……画的只是在教堂里神父"毕恭毕敬地给洒满香水的将军——活的木乃伊，与为了官衔和金钱出卖青春的，哭泣的姑娘举行的结婚仪式"。画家用自己的笔画出了自己的亲身经历，那老新郎确有其人，同老头并排站着的新娘，则是普基寥夫的未婚妻的像（难怪周围亲友团的画像那么丑陋），作者至死也没有忘记这一沉痛打击。

6. 克拉姆斯柯依（Ива́н Никола́евич Крамско́й，1837—1887 年）

伊凡·尼古拉耶维奇·克拉姆斯柯依出生在俄国中部伏龙涅什省奥斯特洛戈日斯克城一个贫寒的市民家里。童年当过听差和乡里的记事员，1853 年随一流动照相师修理相机底板，因一偶然的机会来到彼得堡，于 1857 年考入彼得堡皇家美术学院。离开学院后，克拉姆斯柯依与 14 个同学租了一座大宅，宣布成立"彼得堡自由美术家协会"。这样，经过 1864—1868 年的实践，1870 年，克拉姆斯柯依与几位莫斯科画家共同发起、筹备了以普及民主艺术为目的的"巡回艺术展览会"，即"巡回展览画派"，这个画派主张将艺术拿到民间去展览。克拉姆斯柯依的画誉逐渐响誉全国，生活得到了改善，经常出入上流社会。为了富足，他整天不停地画，以致未到 50 岁，就已衰老多病。1887 年，在给一个叫拉乌赫普斯的医生画肖像时，倒在画前，离开了人世。

他是肖像画家和艺术理论家，"巡回展览画派"的思想领袖，他创作了一个俄国作家、画家和社会活动家画像的画廊：托尔斯泰、涅克拉索夫、谢德林、希施金等。他善于描绘人的内心情感和复杂心境。他的名画《在荒野中的基督》、《列夫·托尔斯泰》等都以深沉的目光和真切的面部表情深刻地揭示了人物的心理状态，表现了人对社会的责任感和道德义务感。作为肖像画家的克拉姆斯柯依，始终注意对人的外貌、人的头部和面孔，特别是眼神的刻画，他所画的肖像，目光总是盯着观众，这给人留下难忘的印象。克拉姆斯柯依不仅是画家，还是杰出的理论家和社会活动家。在他的创作中，非常注重艺术的民族风格、独创性和深刻的思想内容，他对俄国画坛和青年画家影响很大。

《荒野中的基督》

克拉姆斯柯依是位关心社会疾苦、善于思考社会人生的画家。画家借用基督的形象，影射当时的知识分子在真理与名利诱惑之下难以抉择的境况。在《荒野中的基督》（«Христос в пустыне»）这幅画中，克拉姆斯柯依描绘了这样一个场景：一个基督身处荒野的孤立之中，他在 40 天断食期间，受到恶魔的诱惑，思想十分深沉，百思难解的困惑，压得他透不过气来。画家通过陷入苦苦思索的基督姿态，表现了一个思想家愿献身于社会的精神和毅力，同时也流露出他对罪恶社会的万般无奈，这正是当时进步知识分子的心理状态。画面近景乱石铺陈，远景空旷无垠。黎明时光，地平线上升起一抹朝霞。这清冷的色调，烘托出基督内心的痛苦与孤独，同时也隐含着俄国社会的黑暗与没落。

《希施金像》

这幅希施金肖像，不仅真实地再现了这位俄罗斯大自然"歌手"的外貌特征，而且深入到这位风景大师的内心世界。希施金长着一副络腮胡须，性格幽默开朗，总喜欢两手插在上衣口袋里。为了展示其精神气质，画家采用半身特写构图，使形体语言更为集中，表现出希施金朴实得就像俄国的农民一样。他冷眼看着这个世界，思索着自然和人生的奥秘，再用他的画笔传达给人民大众。

《无名女郎》

我们面前的这位典型的 19 世纪俄国知识女性，她侧身端坐，转首俯视着这个冷酷无情的世界，显得高傲而又自尊。这种姿式语言表明画中人物与这个世道格格不入，冷眼审视，不屑一顾，又不愿与之合流的神情，这隐含着当时一部分民主主义知识分子对社会的态度。这幅女子肖像显示的美在于性格表现，也体现了画家的美学观。我们面前这位女子没有华丽服饰和贵夫人的打扮，而是入时得体，是上流社会有文化、有修养、品位极高的知识女性打扮。色调浓重且有变化，冷漠、深沉、俊秀的面孔鲜明突出，格外庄重、典雅而高尚。画家以现实主义思想、古典造型手法塑造了一位 19 世纪俄国新时代女性的完美形象。克拉姆斯柯依创作的这幅肖像，与托尔斯泰笔下的安娜·卡列尼娜是同一时期，因此有人说他画的这位无名女郎就是安娜·卡列尼娜。也有人说她是位演员。这幅肖像画形象塑造具有极大的感染力，是世界美术史上的肖像画杰作。

《无法慰藉的悲痛》

画家 47 岁那年儿子不幸夭折，丧子之苦久久折磨着他，于是构思创作这幅悲剧性的画。他曾先后三易其稿，最后成功地塑造了一位因失掉儿子而悲痛欲绝的母亲形象。画中的母亲身着及地黑色长裙，肃穆凝重，增加了画面的悲剧气氛，黑色衣裙与背后墙围的横向黑色正好形成一个十字形结构，这在构图上更具有视觉的悲剧感。无数为民主革命而献身的先烈，使母亲饱尝失子的痛苦。这幅《无法慰藉的悲痛》是画家为丧子的母亲创作的一首挽歌。

7. 库因芝（Архи́п Ива́нович Куи́нджи，1841—1910 年）

库因芝是浪漫主义的大自然歌手，他的一生很不寻常，1841 年生于一个贫困家庭，父亲是鞋匠，六岁成为孤儿，到处做童工，饱尝了生活的艰辛。

他极有绘画天赋，主要靠自学，多次考皇家美术学院却不中。他是"巡回展览画派"成员，早期受艾伊瓦佐夫斯基影响，他的作品《第聂伯河上的月夜》一经发表，立刻引起轰动。

一提起库茵芝，人们会很快地联想到《白桦树丛》和《第聂伯河上的月夜》，库茵芝曾分别以这两幅画举办过两次独幅画展，都引起极大的轰动。《白桦树丛》，明媚的阳光照射到白桦树林间，几棵蓬勃生长的白桦树构成画面的主体，洁白的树干异常鲜明，十分诱人。画面给人以简洁、明快、丰富、多情，极富诗的意境。《第聂伯河上的月夜》，在黑沉沉的夜晚，一轮皎洁的明月高挂在天空，伴随着微亮的云层，一缕银光照在平静的湖面上，大自然显得是那么恬静、幽雅。库茵芝在处理这两幅画时构图和用色都非常大胆，他那浪漫主义的表现手法，获得罕见的艺术效果。列宾曾用"触动观众心灵的诗"的评语来赞美库茵芝的画。

《第聂伯河上的月夜》

库因芝于1880年在彼得堡举办了一个非常独特的个人画展，展览会上只陈列《第聂伯河上的月夜》（«Лунная ночь на Днепре»）一幅作品。这个史无前例的举动一时间轰动社会，人们云集展览会争相观赏这幅奇妙的夜景画。在观赏这幅画时，人们都以为月光和水平面上的反光是配置灯光而产生的效果，足见画家对月色真实感的描绘技巧达到何种程度。这幅画的主题就是月光，所以画家竭力表现云层中的光、水面上的反光和笼罩在大地上朦胧的光，不同层次的光共同谱写了一首俄罗斯月夜的交响乐曲。

《白桦林》

别出心裁的库因芝总喜欢表现格调清新、明暗对比强烈、光线刺目的画面。《白桦林》（«Берёзовая роща»）就是这样一幅作品。画家以纯净的色彩、明亮的色调、肯定的笔触使画面上充满了灿烂的阳光，洋溢着愉快、乐观和热情的气息。他精心设计的画面上，远景林木浓密处于背光阴影中，近景又是一片浓重的阴影，使初升的太阳集中照射画面中间部分。数棵粗细不等的白桦树干疏密相间、错落有致地组合在受光的草地上，极富音乐节奏感，就仿佛美人在绿茵芳草上翩翩起舞，丽姿招展，令观者心旷神怡。

8. 列宾（Илья Ефимович Рéпин，1844—1930 年）

列宾是俄国 19 世纪后期到 20 世纪上半期最伟大的画家，他以其无比丰富的创作和卓越的表现技巧，把俄罗斯现实主义绘画艺术发展到高峰。他是巡回展览画派的代表。列宾出生在哈尔科夫省丘吉耶夫村一个屯垦士兵家庭，自幼酷爱绘画，列宾自小身体瘦弱，父母让他跟丘古耶夫的圣像画师学画圣像。1863 年秋末，列宾到彼得堡求学，先在美术家奖励会举办的业余学校补习，第 2 年 1 月通过考试，20 岁时成为皇家美术学院的学生。先随克拉姆斯柯依学画，在学院里受到严格的绘画基础训练。

《伏尔加河上的纤夫》

《伏尔加河上的纤夫》（«Бурлаки на Волге»）是列宾早期的一幅油画作品。27 岁的彼得堡美术学院学生列宾，一天在涅瓦河上写生，突然发现河的那头有一队人像牲口似地在河岸边蠕动，走近才看清是一行拉着满载货物大船的纤夫。他又把目光转向涅瓦河大桥上往来人群的红男绿女和热烈豪华的场景。这是两个完全不同的世界，年轻画家感叹道："啊！这就是俄罗斯。"因此萌发了创作纤夫生活的构思。他利用暑假与风景画家瓦西里耶夫一起去伏尔加河考察民情和写生，画了很多真实纤夫的形象和素材。用 3 年的时间创作完成这幅世界名作。在宽广的伏尔加河上，一群拉着重载货船的纤夫在河岸艰难地行进着，正值夏日的中午，闷热笼罩着大地，一条陈旧的缆绳把纤夫们连接在一起，他们哼着低沉的号子，默默地向前缓行。残酷的现实将他们沦为奴隶，其中有破产的农民、退伍军人、失去信任的神父、流浪汉等，然而在每个奴隶的心中都燃烧着一把不屈的火焰，他们祈盼着世道的改变。画面以一字形排列，由远及近。11 个人分 4 组，最前面一组中领头的那个老者叫冈宁，此人原是神父，后被免职沦为纤夫，他是大家的领路人。他有智慧和组织才能，他朴实坚韧且有善良性格。第一个最卖力气弯腰拉纤的红头发男子，一看就是破产的敦厚农民；而那个戴小帽嘴上叼烟斗，还戴一副墨镜的男子是个痞子，在万般无奈的情况下，也混到这个队伍中，他偷懒，避重就轻，纤绳都是弯着的；画家还有意描绘了一位孩子，他从没吃过这般苦，身体后倾而用手极力推着纤绳板以减轻痛苦。孩子的脖颈上还挂着一个十字架，他是上帝虔诚的奴仆，但上帝也无力救助他。后面的每个纤夫都有各自不同的血泪史。画中每个人都有很鲜明的个性特征，是俄罗斯劳动者的群像典型。单纯的画面揭示了深刻的社会本质。画家注重人物的形象细节描绘，充满深刻的文学性和视觉的绘画性，一切思想都通过具体形象来展现，甚至河滩上的脚印和遗弃的纤夫用的杂物，都表明过去和未来。斯塔索夫说就凭这张画，列宾就可以跻身于世界一流大画家之列。

《库尔斯克省的宗教行列》

列宾在莫斯科生活 6 年之后又回到彼得堡，和斯塔索夫恢复了密切的交往。就在这个时期创作了这幅载入俄罗斯画史的作品《库尔斯克省的宗教行列》（《Крестный ход в Курской губернии》）。画家通过浩荡的群众性宗教行列，描绘了当时俄罗斯社会各个阶层和各种身份的人物群像，行列里的中心人物是戴着头巾、手捧圣像的女地主。旁边是脑满肠肥的御用商人，他们也满怀着同样的权威意识。走在中间留着长胡子的傲慢的祭司长身着锦缎祭服，他是一切统治者的神圣代表。画中不同人物衣着打扮不同，行为姿态各异，简直是俄罗斯的缩影。画家的画笔触及了所有人，村长、警官、农民和乞丐挤满了画面，他们有着各式各样的社会心理负担。数百人的宗教行列是以地主和祭司为排头，农民和乞丐只能靠边行走，尤其在前头刻画一位跛子乞丐和农民妇女，那个拿小棍子的当差不准跛脚孩子走近行列，这一切都表明了画家的态度。原来画家只重视场面的光与色彩表现，托尔斯泰看后指出画中没有重视人物本身的刻画，没有画出作品的基本思想。列宾接受了，完成后的这幅画描绘了烈日下行进的群众，在这里光的照射，更加强了对人物的形象刻画，深刻地揭示了人物和时代的本质。这幅画以鲜明的色彩，开放运动的构图，给观众巨大的视觉冲击。

《不期而至》

《不期而至》（《Не ждали》）表现一位被流放多年的革命者突然回家的瞬

间在他家庭所引起的惊愕反应。这是一个中产阶级知识分子家庭，从室内的摆设和墙上挂的俄国进步诗人舍甫琴科的肖像上，可见画中革命者是信奉民主主义的，他经过多年流放回到家里，以审慎警惕的目光看着家人。这是一位受过折磨但从未屈服的革命家，他从遥远的西伯利亚回来，身着囚衣，已精疲力尽了。画中描绘最生动的是两个孩子，男孩的表情由惊奇转而识别出这位毛胡子就是自己的父亲，他那微张的嘴刚要叫出"爸爸"，而小女孩则显出对陌生人惧怕的神情，这个细节表明这位革命者被捕时，在男孩的幼小记忆中还有印象，而小女孩可能还躺在摇篮中，孩子的两种神态生动地表现出两种符合年龄的表情。母亲的神态与儿子对视，瞬间的沉默之后将爆发骨肉相聚的喜悦。画家曾多次修改构图，最终定下的这个画面选择佣人打开房门，流放的革命者刚跨入室内的一刹那场景，由此而展现的一切如一幕戏剧，画中人物和场景的布局产生均衡和呼应的效果，构成一幅严谨有序的自然场面，富有动感。瞬间的沉默和宁静，可见画家对革命者深厚的同情，对社会和人物深刻的理解，画中每一个人物，既具典型性又有鲜明个性。

9. 苏里科夫（Васи́лий Ива́нович Су́риков，1848—1916 年）

苏里科夫生于克拉斯诺雅尔斯克，祖先是哥萨克人。21 岁考入美术学院，在学生时代就成为历史题材大师。它把历史浪漫主义传统进行了革新，创作了一系列优秀作品。苏里科夫是"巡回展览画派"中的著名历史画家。他对俄罗斯民族的历史极感兴趣，创作了许多历史题材的巨幅画作。其特点是真实地反映俄国的历史性冲突，以壮阔的群众场面见长。他的画作从思想深度和艺术表现力上都属于俄国绘画史上最优秀的作品。主要作品有《近卫军临刑前的早晨》（«Утро стрелецкой казни»）、《女贵族莫洛佐娃》（«Боярыня Морозова»）、《缅希柯夫在别留佐夫镇》（«Менбшиков в Березове»）、《斯切潘·拉辛》（«Степан Разин»）等。其中油画《近卫军临刑前的早晨》以高超的现实主义手法，惟妙惟肖地勾画出近卫军妻子绝望而无助的面部表情和悲痛欲绝的内心世界，表达了画家对革命者无与伦比的同情和道义上的支持。

《近卫军临刑的早晨》

这幅历史画取材于彼得大帝实行政治改革中发生的事件。当西欧已进入发达的资本主义时，俄国还处在落后的农奴制社会。1689 年彼得一世在俄国执政，决心实施改革以改变落后面貌。新政措施以新法管理国家，兴办工厂，改组军队，设立常备军和海军，全盘移植西欧文化等。这些改革使国家强大了，但它破坏了旧有体制和传统，更加重了人民的负担，严重地伤害了民族自尊心，引起了旧势力的反对。当 1698 年彼得大帝秘密出国访问时，他的近卫军趁机谋反，彼得大帝立即回国进行镇压。这幅画就是真实地描绘在莫斯科皇宫广场上处决近卫军的情景。这是一幅构图宏大、人数众多的画面，画中人物体现了两种敌对势力的尖锐冲突：画幅的右面是以彼得大帝为代表的改革派，彼得为捍卫改革成果，为使国家强大，在外国使节支持下，在他的常备军保护下，在实施具体改革的缅希柯夫帮助下，对造反者严厉镇压，他骑在马上稳重如泰山，是一位自尊自信的英雄；而在他目光所视的另一面则是被行刑的近卫军士兵和来诀别的亲属，以及围观的群众，近卫军是在保守势力的怂恿下起来造反的，他们想维护自己的旧有传统和古老习俗，捍卫自己民族的自尊，所以他们个个也表现出宁死不屈的精神气质。画家塑造了一群具有鲜明民族性和个性的人物典型形象。画面左边那个红胡子的近卫军怒视彼得大帝，而转首的彼得，也以目光相对，在这猛烈的心理决斗中，表现了两个阵营互不妥协的坚决性。在这幅画中双方虽然是敌对的，但在画家的心目中他们都是英雄，彼得是捍卫改革的英雄，而近卫军则是捍卫民族自尊的英雄。他赞成彼得改革也同情近卫军，为此他在人群中画了一些妻子、母亲与儿女来刑场绝别的悲惨场面，着重画了孤儿寡母的形象，令人伤心同情。为了表达画家的同情心，将自己的女儿——画中那个戴红头巾的可爱小女孩也画在其中。

《缅希柯夫在别留佐夫镇》

缅希柯夫是彼得大帝的宠臣，也是彼得大帝实施改革的谋划者和执行人。他出身卑贱，但才智过人。彼得执政后委他以重任，升至元帅，辅助彼得立国治业，功勋卓著。彼得过世后他将年幼的彼得二世接回家中抚养，并将自己的长女许配于他。不料，在安娜女皇和德国使臣的阴谋策划下，俄国政局发生变化，缅希柯夫一家被流放西伯利亚。途中妻子过世，他最终居住在别留佐夫小镇自建的小木屋中，与儿女们共同生活。画家所描绘的正是一家团聚在低矮寒冷的小木屋内的情景。缅希柯夫一家人围坐在一起，听二女儿读着《圣经》，儿子显得无聊而摆弄烛泪；大女儿多病偎依着父亲身体。其实谁也没有听《圣经》，都沉浸在各自的思绪之中。重点突出塑造缅希柯夫的形象，他侧身端坐，侧面头像在单纯的背景映衬下犹如浮雕一般显得凝重，他那曾掌握过俄国大权的手摆在膝上，依然那般有力，威势不减当年。紧锁的眉头又隐含着他内心极度的不平静，这是一位英雄的悲剧。这幅画的色调压抑、沉闷，几件昔日宫中摆饰使这狭小的空间显出一丝昔日荣耀的光辉。

《女贵族莫洛卓娃》

女贵族莫洛卓娃是沙皇的亲属，她年少时守寡，拥有农奴八千人。她是当时狂热的"分离派"旧教徒，因为激烈地反对沙皇的宗教改革，被沙皇阿历克塞·米哈依洛维奇亲自下令逮捕，并流放到远离莫斯科的帕洛夫斯克，关在地牢里，后因饥寒交迫死去。由于莫洛卓娃笃信旧教，疏财仗义，救济贫民，还为残疾人和狱犯缝制衣服，施舍乞丐，因此深得民众爱戴，素有普济众生的美誉。而维护旧教又使沙皇不安，因此被捕流放。画家选择押解莫洛卓娃赴流放地途经莫斯科街道的情景。这是一幅场面宏大、人物众多的历史画面。画面由莫洛卓娃乘坐的雪橇向纵深飞驰而过，画面自然分成两个部分：右半部是一群旧教的信徒，曾获得过莫洛卓娃施舍的流民乞丐，他们赶来送行。其中有人掩面悲哀哭泣，尤其在近景处特别典型地描绘了两位虔诚的追随者，一位老妪和一个乞丐。他们心目中的莫洛卓娃无比崇高神圣。那个乞丐举两个手指与莫洛卓娃对应（新教用三指划十字，旧教用两指，这手势表明坚持旧教习俗的决心）。人群中个个显得悲哀，他们中有贵族有平民，都身着民族特色服装，都是旧教的捍卫者。而画面左上方描绘了一组新兴资产者和拥护新教的人物，他们喜笑颜开。画中主体形象是莫洛卓娃，这位近于疯狂的贵族女子，由于长期的苦苦修行，使得她面颊清瘦，脸色苍白。但她神情傲慢，顽固地坚持自己的信仰。在她那被黑衣包裹的身体和微露的面孔上，嵌着两只放射出复仇光芒的眼睛，仍然显示出清教徒那迷人的魅力。画家为了使雪橇在画中飞奔而过，就在雪橇边画一男孩，他的飞跑姿态立刻使雪橇飞驰起来。这幅画表现出苏里柯夫伟大的历史画家的气质。画中几乎找不出概念化的人物形象，也没有两个人是相同的表情。好奇的、害怕的、惋惜的、嘲笑的、讥讽的、关怀的、惊恐的和看热闹的等，画中人各尽其态。这幅画人物塑造的成功远远超过画中莫洛卓娃本身，他们都具有典型的普遍意义。

10. 瓦斯涅佐夫（Вйктор Михáйлович Васнецóв，1848—1926 年）

瓦斯涅佐夫出生于维亚特省乌尔松县农村的一个贫困的神甫家庭。童年艰苦的生活，宗教家庭环境的熏陶，使他从小就迷恋俄罗斯的风土人情，崇拜英雄人物。他入读彼得堡美术学院后，开始用画笔延续童年的梦。他自小具有绘画天赋。1867 年，瓦斯涅佐夫来到彼得堡，在克拉姆斯柯依领导的美术奖励协会附属的美术学校学了一年。1868 年，进入彼得堡美术学院。

瓦斯涅佐夫是俄国绘画史上占有特殊地位的一位巡回展览派画家。他的作品题材与众不同，喜欢描绘俄罗斯民间传说中的英雄人物，或史诗和民歌中传颂的男女主人公。构图新颖，色彩绮丽，形象富有幻想性，为俄国广大观众所喜爱。这位画家的画风，大致是从 19 世纪 80 年代开始形成的。1880 年，他根据 12 世纪古俄罗斯文学名著《伊戈尔·圣斯拉维奇与波罗威茨人大战之后》（简称《激战之后》），描写基辅公国时期伊戈尔王与南俄草原上的游牧民族波罗威茨人的战争场面。翌年，又创作名画《阿廖努什卡》，以俄罗斯民间故事为蓝本，展现一个农村姑娘的形象，一个孤苦伶仃的女人的命运。画面极富幻想性，形象抒情感人，惹人爱怜。他自称是"带有幻想色彩的历史画家"。在他的此类题材中，数《三勇士》最具代表性。三勇士——居中的伊利亚·穆洛密茨、左边的道布里尼亚·尼基奇契和右边的阿廖沙·波波维奇是俄国人民家喻户晓的三个传说中的民族英雄。

《三勇士》

瓦斯涅佐夫从青年时代就开始创作富有传奇色彩的描绘俄罗斯古代勇士的系列作品。《三勇士》（«Три богатыря»）就是他的代表作。三勇士在俄国家喻户晓。画中描绘的是中世纪俄罗斯三个英雄人物尼基季奇、穆洛梅茨和波波维奇。在这幅作品中描绘了出身于不同民族的三个英雄，他们骑着不同颜色的战马，各具雄姿，气度非凡，充分体现出俄罗斯民族不可战胜的英雄本质。为了使画中形象具有真实感，画家在刻画古代传说中的三勇士时，运用了现实生活中的形象，背景取自莫斯科近郊的景色，画中的三匹马都是以阿勃拉姆采沃庄园里的骠马写生创造的。构图上三勇士居中，有顶天立地之感。背后是起伏的山峦，人的头部映在天空，使三勇士更显得庄严和雄伟。人物的组合疏密有致，横呈的长矛又使整个画面极其紧密和完整。这一作品之所以具有永久的艺术魅力，就在于它表现了英雄民族和人民的独立精神。

他在 295 厘米×446 厘米的大幅画面上，塑造了俄罗斯民间传说中三位雄壮、机警、威武的民族英雄。描绘他们身着盔甲骑马巡逻时的情境，左边的道布里尼亚·尼基季奇，手握长剑随时准备迎战强敌；右边阿廖沙·波波维奇正在拉弓搭箭；中间的伊利亚·穆洛梅茨，把长矛横立于马背上，抬起右手遥指远方，守望着边疆。作品采用特写的手法，把勇士们拉近置于高山之巅，加上背景上的一抹白云，突出了他们铁塔般的身躯、矫健的身手、机警的神情和凛然不可侵犯的雄姿。冷灰色调的处理、泛着蓝光的戎装、武器和随风摇晃的茅草营造出深沉、肃杀的气氛。前景几株破土而出的小树象征着俄罗斯人民在"勇士"的呵护下茁壮成长。

《阿廖努什卡》

瓦斯涅佐夫 33 岁时在第九届巡回画展上展出了这幅画。这是以俄罗斯民间故事为题材的富有诗意的绘画作品。画中描绘了一个农村贫苦少女的形象。传说阿廖努什卡是一个质朴善良又美丽的姑娘，失去父母成了孤儿。她从小就饱尝了人世间的不公和悲哀，后来由于女巫的捉弄，使她失去了弟弟，又离开了自己的恋人。画家将孤独的少女置于密林深处的池塘边，抱膝陷入沉思，上帝啊！你为何这么不公平，善良的人为什么落到如此境地？少女的不幸与周围自然景色构成充满悲悯的诗意。画中蜷曲的少女姿态和冲向天际的林木互相映衬，显得格外真实感人。

《骑着灰狼的伊凡王子》

擅长描绘民间故事的瓦斯涅佐夫在这件富有幻想的作品中抒发了自己鲜

明的思想感情，表现出对不幸者的同情、对邪恶的仇视、对光明和正义的歌颂。王子带着美丽的公主奔向光明，永远脱离黑暗。画面以深重密林作背景突出明亮的人物，画中人驾驭着灰狼由右向左奔驰，极富运动感。

11. 列维坦（Исаáк Ильйч Левитáн，1861—1900 年）

19 世纪后期俄罗斯风景画最后一位大师是列维坦。列维坦是俄国 19 世纪下半叶最杰出的风景画家。他出生在立陶宛山城基巴尔塔一个犹太人家庭，父亲是铁路上的低级职员。列维坦幼年时父母就双亡，生活无着落。12 岁时进入莫斯科绘画雕刻学校半工半读，师从萨符拉索夫和波连诺夫。

1884 年列维坦终以优异成绩毕业，作品在"巡回展览画派"展览会上展出，特列恰柯夫以重金购买了他的毕业创作。从此他以独具风格的风景画家登上俄国画坛。1891 年 30 岁时正式加入"巡回展览画派"。37 岁开始回母校执教，是位优秀的教授画家。列维坦的风景画一般以农村的平凡景色为题材，赋予大自然以特殊的含义。24 岁的年轻画家与大作家契诃夫成了莫逆之交，在契诃夫的启发下，列维坦更加接近具有民主思想的人物，使自己的风景艺术更具时代意义。19 世纪 90 年代，俄国民主运动高涨，影响着画家的思想。他和契诃夫一样，在作品中表现出激动和喜悦的情绪和对生活的信心。列维坦创造的作品总是有纪念碑式的构图和朴实简练的艺术语言。他对自然景物进行高度的概括，创造出俄罗斯大自然具有深刻思想的综合形象。契诃夫说："他是一个伟大的独树一帜的天才，他的作品是那么清新有力，本该引起一场变革，可惜他死得太早了。"他一生历经坎坷，但在他的画中却充满希望、欢乐，闪烁着"能使疲倦的心灵愉快起来的阳光"。

《弗拉基米尔卡》

有一次列维坦带着学生在西伯利亚写生，发现有一条被废弃的道路，还残存着路标，他问一位学生这是什么路，学生告诉他这是一条通往西伯利亚流放地的古道。列维坦站在路上，脑海中即刻浮现出一队队被沙皇士兵押送的流放者，听到革命者低沉的呼号和叮当的镣铐声，他陷入深深的思绪之中……他收集了大量素材，创作了这幅《弗拉基米尔卡》（«Владимирка»）。

画上，压得很低的视平线使画面显得辽阔深远，远方被阴云所笼罩，遗弃的路标，荒凉的原野、墓碑，增加了悲凉气氛，它形象地告诉人们这是一条布满苦难、鲜血和眼泪的道路。画家在这极单纯的艺术形象中，对苦难的俄罗斯革命者寄予了无限的同情。

《弗拉季米尔卡》表现一条漫长而没有尽头的路。阴霾的天空，无精打采游动的云块，十字路口孤独的墓碑和路标，标志着这条道路的历史特征。列维坦通过艺术的概括，传达了19世纪末期知识分子对俄国现实生活的不满和内心的压抑和痛苦。因此这幅画被评为"俄国的历史风景画"。

《傍晚钟声》

《傍晚钟声》（《Вечерний звон》）创作于1892年。夕阳的余晖映照在乡村蜿蜒的小河旁，也映照在耸立于杂树丛生的林间教堂上，教堂悠扬的钟声，穿越宁静的旷野，掠过如镜的水面，在人们耳边飘荡，格外清脆嘹亮。这是画家31岁时的作品，表达了他向往和平安静，欲从激荡不安的生活中解脱出来的心境。

《深渊旁》

《深渊旁》（《У омута》）这幅风景画取材于民间故事。传说从前有一磨坊主的女儿与一青年农民相爱，父亲对女儿的婚事极为不满，便买通当局将青年征去终生服兵役，姑娘得知后深感绝望，便殉情从这木桥上跳进深渊。画家被这位刚烈女子的故事所感动，他精心地观察和描绘了这个景色。据说诗人普希金还在此构思过名诗《女水妖》。在一个傍晚，画家从自己的阳台向远处眺望，似乎看到那里沉沉的死水潭上的幽灵，几根粗大的圆木架起的桥跨过死沉的水潭伸向对岸的浓密灌木丛，神秘而不可测，令人望而生畏。他决意画下这景色以寄托自己的哀思，使这幅画渗透着情侣的忧怨，饱含着姑娘的痴迷的深情，也蕴藏着大自然幽谧的情愫。

《金色的秋天》

列维坦在19世纪90年代中期画了一些抒情性作品，杰出的有这幅《金色的秋天》(《Золотая осень»)。画家运用潇洒稳健的笔触和色块，高度概括地描绘了俄罗斯金黄色秋天的自然景象。这幅画是一首秋天的颂歌。秋高气爽，令观者心旷神怡。

《三月》

《三月》(«Март»)是一幅俄罗斯农村平凡的初春景色，晴空万里，林木返青，数株枯黄的树梢也吐出嫩绿的小芽，隆冬的冰雪开始溶化，散发出一阵阵寒气。灿烂的朝阳映照在小木屋上发出耀眼的光芒。大地从沉睡中苏醒，万物更新，大自然充满生机。列维坦以神奇的笔触和色彩，描绘了这难以用言词表述的景象，创造了一个永恒的春天。

◎ 思考题

1. 俄罗斯最早的著名画家是谁？请说出他的代表作。
2. 格列克是什么人？他对俄罗斯绘画有何影响？
3. 18 世纪下半叶最为著名的肖像画家是谁？请说出他的代表作。
4. 请说出俄国风俗画的奠基人魏涅齐安诺夫的著名画作。
5. 画家勃留洛夫的名画叫什么名字？
6. 请分别说出伊凡诺夫和费多托夫的代表作。
7. 简述俄罗斯 19 世纪的 "巡回展览画派" 的画家及其代表作品。

参 考 文 献

［1］Балакина Т. И. История русской культуры, М., «Изд. Центр», 1995.

［2］Шульгин и др., Культура России 19-20 вв. М., «Простор», 1996.

［3］李明滨. 俄罗斯文化史［M］. 北京：北京大学出版社，2013.

［4］李勤编. 俄罗斯艺术家随笔［M］. 北京：东方出版中心，1998.

［5］王仰正，赵爱国，周民权. 俄罗斯概况［M］. 上海：上海外语教育出版社，2006.

［6］吴克礼主编.俄罗斯社会与文化（学生用书）［M］.上海：上海外语教育出版社，2009.

［7］姚海.俄罗斯文化［M］.上海：上海社会科学出版社，2005.

［8］朱达秋，周力.俄罗斯文化论［M］.重庆：重庆出版社，2004.

第三讲　俄罗斯的民俗与礼节

世界上每一个民族都有自己的民俗文化和传统礼节，它们扎根于民族心理之中。俄罗斯作为一个历史悠久的国家，其民族在长达千余年的历史变迁和发展中，形成了自己独特的文化传统和民族习惯。了解这些别具特色且丰富的民俗民风，对我们进一步认识俄罗斯会有很大的帮助。本课主要介绍罗斯人的婚丧嫁娶、衣食住行和禁忌信仰等方面的风俗习惯以及社交方面的基本礼节。

第一节　婚 嫁 习 俗

俄罗斯人的婚嫁习俗是在漫长的历史过程中渐渐形成的，其中有自然环境的因素，但更多的则与其宗教信仰有关。

俄罗斯人传统的婚俗有一套较为复杂的礼仪，要经过说媒、相亲、订婚和婚礼等几个必不可少的阶段。

说媒（сватовство） 俄罗斯人传统婚俗中的婚姻通常是从说媒开始的。说媒一般由专职媒婆去做，也可以是男方的叔、伯或大哥偕同他们的妻子担任，还可以是自己的父亲或教父、教母。按照习惯，说媒要选"黄道吉日"，一般选在单日，即1、3、5、7、9号等日子，但不能选不吉利的13号。媒人通常受男方的委托到女方家去求亲，并要避开外人，所以一般在晚上进行。媒人到女家时，先要用手或臂膀轻轻地碰一下门框，然后再敲门。进屋后要先对圣像（икона）画个十字再开口。媒人一般同女方双亲单独面谈，女方本人不能在场。开场白是老客套，如"我来你家不为吃、不为喝，是专告好消息，是为说媒而来的"、"你们家有个好闺女，我们有位好小伙儿，真是天生的一对儿"等此类的话。如果女方双亲同意这门亲事，就和媒人一起绕着桌子走3圈，再对圣像画十字，然后双方商谈男女方相亲的日子，习惯上安排在7天之内进行。

相亲（смотрины） 传统的相亲一般是男方相女方。相亲这一天，媒人要把小伙子及其父母领到姑娘家，与姑娘及双亲见面。男女双方见面后，小伙子及其父母要到穿堂（проходная）或门廊（крыльцо）上进行商议。此时，姑娘的母亲会端来一杯蜜糖水递给小伙子。如果小伙子一饮而尽，就表明他对姑娘中意，婚事告成，倘若他只用嘴唇碰一下杯子，并把杯子退回去，那就表明他没相中。按照习俗，相中之后双方要寒暄、祷告一番，并围着桌子绕行3圈，然后坐下来喝茶和商定彩礼事宜。彩礼一般包括首饰、衣服、家具、生活用品等，在农村还包括牲口在内。俄式炉子（русская печь）是俄罗斯家庭生活富裕的象征，所以，在男女定亲时，有"看炉子"的习俗。

订婚（обручение） 俄罗斯人非常看重订婚仪式，认为这是一件十分严肃的事情。订婚仪式因地区不同而稍有差别。在城市，男女双方一起到结婚登记处办理订婚手续，以从法律上确定双方关系并决定结婚的日期。登记后，在女方家里举行庆祝晚会。女方的餐桌上要放一束含苞欲放的玫瑰（роза），以象征未来生活充满幸福；还要摆上冒着热气的俄式茶炊（самовар），以预示未来生活充满活力。当然，邀请亲朋好友一起来喝订婚酒是少不了的。酒宴上的菜应由未婚妻亲手制作，以显示自己有能力操持家务。在农村中，通常由女方的双亲在家门口主持庆贺仪式。男方的父母向女方的父母献上"面包和盐"（хлеб-соль），女方的父母用双手接过后，吻一下面包，以示诚心接受和感谢。接着，新娘走上台阶向大家行鞠躬礼，并宣布自己已经订婚。大家鼓掌欢呼表示祝贺。晚上，年轻人会聚在一起，做各种游戏和娱乐活动。按照习俗，姑娘订婚后，一般不再参加家务劳动。她开始缝制嫁妆，等待结婚之日的来临。

嫁妆（приданое）　俄罗斯不少地区至今仍保留着送嫁妆的习俗。送嫁妆一般由媒人或女方的姨母主持，由 5 辆敞篷马车组成送嫁妆队伍。第一辆车上安放着圣像和茶炊，一个男孩用托盘端着用彩带装饰的糖和用丝线扎着的一包茶叶；第二辆马车坐着女方的教母，端着镀金的银盐碟或瓷器；第三辆车装着男方送来的彩礼，如衣服、卧具、日用品等；第四辆车上装的是一般的家具和必不可少的毛毯；第五辆车搭乘媒人、女方的姨妈和母亲等人。车队到达男方家时，由男方的母亲或已婚的姐姐出来迎接。相互寒暄后，由媒人和女方的姨妈一起铺结婚用的新床。按照习俗，她们要在毛毯下面放一个煮熟的彩蛋或一个木头做的彩蛋，以预祝新婚夫妇早日生儿育女。

告别（прощание）　按照俄罗斯人的习俗，姑娘在出嫁前夕要举行向少女时代告别的仪式。通常的形式是新娘在家里举行告别晚会。此时，新娘请来自己童年时代的女友，跟她们一起唱有关民歌，接着是洗澡并与家神告别。洗完澡后，新娘要把头上的彩带分别送给女友，以示与少女时代告别。

婚礼（свадьба）　在俄罗斯人的婚俗中，最热闹和最具特色的场面莫过于婚礼了。按照所举行的仪式，婚礼可分为传统和新式两种。

俄罗斯人的传统婚礼多在教堂举行，古朴而隆重，有数不清的礼仪贯穿始终。结婚那一天，新娘要与女友们一起去洗澡。女友们一边给新娘梳妆打扮——戴花环，编辫子；一边唱起告别歌曲，等候新郎来迎亲。新郎本人则要在伴郎、好友、媒人和婚礼主持人的陪同下前去接新娘。传统的新郎迎亲，夏天乘三匹马的大车（тройка），冬天则乘三匹马的雪橇（сани）。车身用彩带、鲜花、花环装饰，从车身到车辕还要系上铃铛。新郎的男友们一路上拉着手风琴，弹着吉他，迎亲车队在欢快的乐曲和铃铛声的伴随下，向新娘家进发。按照习俗，新娘家在预定的迎亲路上要设置一些障碍物，如堆放长杆子等。迎亲车每遇到一处障碍，车上的伴郎就要用葡萄酒或各种小礼物"赎回"这些竿子，以买通行路。到达新娘家门外时，会再次出现赎买道路的场面。新郎进入大门后，还有赎买新郎座位的活动。这是民间的一种风俗。两位新人坐定后，双方的父母要向新人祝福，随之准备去教堂举行正式的结婚仪式。在迎亲车队去教堂进行婚礼前，新娘及其家属照例要哭嚎，象征姑娘从此离开娘家。这也是整个婚礼的转折点。因为按照习俗，姑娘只能在离开娘家去教堂举行婚礼时才能哭，此后不能再有悲痛哭泣的声音，而只能有欢笑声。在教堂举行婚典既隆重又讲究。一般要雇用教堂的唱诗班为新婚夫妇唱赞美歌。如果在春秋举行婚礼，有钱的新娘新郎还必须踏着鲜花步入教堂。当新郎挽着新娘来到教堂经台前时，神甫（священник）开始读祷告文，唱教堂赞美歌，并喝 3 杯淡葡萄酒向新婚夫妇祝福，然后把婚冠戴在他们头上。最后，神甫拉着他们的手，由伴童手举蜡烛在前面引路，绕经台一圈。当新郎新娘互相交换结婚戒指后，婚典即告结束。从教堂出来后，新郎和新娘一同乘车回新郎家。此时，新郎的父母手捧"面包和盐"在家门前迎候从教堂归来的新婚夫妇，并为他们祝福。新人们照例要吻双亲 3 次以示敬意。然后举行婚宴。传统的婚宴要摆成"Π"字形进行，正中坐着新婚夫妇。如果新娘有长兄，就由他首先为新郎新娘祝酒。此时新娘头上披着一块方巾，一般不参加大家的娱乐活动。而宾客们则会在宴席间一次又一次地高喊"苦啊！""苦啊！"（Горько! Горько）这是来宾要求新郎新娘相互亲吻的专用语。过去对姑娘来说，结婚是痛苦生活的开始，而现在喊"苦啊"是反语相祝，冀望新人婚后生活甜蜜幸福。此时，新郎新娘在宾客们的喊叫声中频频接吻。当婚宴端上各种甜食或蜜糖饼干时，来宾们就起身跳舞。舞会通常在子夜结束，有的甚至通宵达旦。

现代俄罗斯人的婚礼已经发生了很大的变化，不少烦琐的陈规陋俗已被废除，增加了不少新的内容。新婚夫妇在结婚那一天都要买上一大束鲜花，穿上新婚礼服，要乘坐小轿车。在莫斯科和其他城市，每逢节假日都能看到结婚彩车。在一些农村，彩车旁边往往还有摩托车队护送。举行婚礼时，男女傧相同样也要穿礼服。女傧相们身穿颜色艳丽的拖地长裙，紧紧跟在手持鲜花、身穿白色礼服的新娘后面。莫斯科的现代婚礼多在"结婚宫"（Дворец бракосочетания）举行，讲究一点的要去教堂。婚礼仪式开始后，新郎新娘手挽手在主持人的引导下走在前面，双方父母、证婚人、男女傧相和来宾等跟随其后，沿着铺有红地毯的阶梯缓缓进入结婚宫大厅，举行隆重的登记仪式。登记仪式的内容包括：回答主持人提问，表白自愿结婚的心愿，在结婚证书上签字，主持人正式宣布男女双方结为夫妻等。然后新郎新娘要互相交换戒指，接过结婚证书和贺信，绕场一圈，接受大家的祝贺，并与来宾拥抱亲吻。随后新婚夫妇在傧相陪同下，双双来到胜利广场或麻雀山（原列宁山），饱览莫斯科秀丽的景色。有的还去烈士墓，献上他们新婚后的第一束鲜花。按照习惯，结婚当天晚上还要举行庆祝晚会。

第二节　生育习俗

俄罗斯人的生育习俗是在特定的自然条件——幅员辽阔、人口稀少、气候寒冷，社会环境——历史上连绵不断的战争，尤其是第二次世界大战，造成大量人口死亡，以及宗教信仰等多种因素作用下渐渐形成的。

俄罗斯人传统的生育观是"有子即福，多子多福"，但不是无节制的生育。生养孩子是一般家庭的普遍愿望，但随着社会的变迁以及受西方生活方式的影响，不愿生育的夫妇数量却越来越多。因此，俄罗斯一直奉行鼓励生育的政策，从 1944 年起就颁布法令，对生育和养育 10 个或 10 个以上子女的母亲授予"英雄母亲"（мать-героиня）称号。同时规定，对婚后不生育者处以"罚金"。由于俄罗斯现在地广人稀，为了有效缓解人口减少危机，俄罗斯鼓励女性多生多育，也设定了很多的福利。首先就是生一个孩子政府就会补助 7000 美元作为补助鼓励金。同时生孩子和做检查一系列都不用花费任何的费用，全部由国家承担。孩子的疫苗费用同时还有体检的费用都是国家来承担，为家庭减少了很大的压力和开支，由于俄罗斯的教育制度和医疗制度相对完善，为国民也带来了很多的福利。生下来的孩子每个月都会收到政府的补贴2000 元。同时对女性也是非常地照顾，在俄罗斯女性怀孕到生子可以享受 3年的带薪休假。俄罗斯是休产假时间最长的国家之一。

然而，实际上这一政策并无多少人响应。近 10 多年来，人口自然增长率一直呈下降趋势，并出现负增长。

　　但按照传统习俗，生养对俄罗斯妇女来说是件值得高兴和庆贺的事，许多人往往以挺着大肚子而感到自豪。而且，妇女怀孕后要照常劳作和操持家务，直到分娩那一天才停止。俄罗斯人自古就有在无人居住的地方生孩子的风俗，认为知道分娩日期的人越多，产程就越困难，还可能招来邪恶。传统分娩通常有接生婆服侍。孩子生下来后，要大摆酒宴。按传统，宴席上要吃蜜饭（кутья），以象征新的生命给家庭带来幸福和甜蜜。东正教徒还要带新生婴儿到教堂去洗礼（крещение）。婴儿的洗礼通常在命名日（именины）进行。按照习俗，俄罗斯妇女产后一般不"坐月子"，也没有禁忌，如不能碰冷水、吃冷食等。一般生孩子7天后，就与一般人一样开始操持家务了。

第三节　衣食住行习俗

　　与婚嫁习俗相比，俄罗斯人的衣食住行习俗的形成更是与其特定的自然环境和生活条件紧密相关。

一、服饰习俗

　　今天的俄罗斯人，其穿戴与欧洲其他国家的人已差异不大，都流行现代服饰。但它的传统服饰却别具一格，且不同的地区和不同的民族都有不同的服饰和穿戴样式。

　　传统服饰（традиционная одежда）　　总的来看，俄罗斯的传统服饰比较简单古朴。相比之下，女人的服饰要比男人的复杂和繁琐一些。女子的传统服装，一般是用麻布做的有垫肩的长袖衬衫，颜色以白色和红色居多。红色衬衫一般作为节日盛装穿用，但不同地区妇女的装束习惯并不相同。在南部地区，妇女习惯在衬衫外面穿一条毛织花条格的长裙子，并束腰，上面穿围裙和棉袄。按照传统，穿这种裙子的人，意味着已经结婚，所以第一次穿时，还得举行一定的仪式。已婚妇女的头饰比较讲究，要戴一种很重的且十分复杂的"索罗卡"（сорока）头饰，把整个头包裹起来。这种头饰由 7~8 块布做成，重达 7 公斤。按规矩她们甚至在自己的丈夫面前也不能卸下这种头饰，也不能把自己的头裸露给外人看。因此，谁卸下妇女的头饰则被认为是对她们的侮辱。有一种迷信说法，不戴"索罗卡"头饰的妇女，会造成庄稼歉收，人畜死亡。在北部、中部和东部地区，从 15—16 世纪起，就用一种叫"萨拉凡"（сарафан）的无袖长衫代替毛织裙。无论是姑娘还是已婚妇女，都穿这种长衫。它很长，式样也很多，一般由各种颜色的棉布缝成，并饰有扎带和扣子。轻柔流畅的线条是"萨拉凡"的特色，穿上后能突出身材。民歌中把穿这种服装的女人喻为"雌天鹅"（лебёдка），意为美丽动人。直到今天，在俄罗斯的中、东部地区仍可见到这种服饰。北部和中部地区的姑娘一般戴头饰。传统的头饰有双角帽和头冠。姑娘戴开顶式的，头顶和辫子可以显露出来，而已婚妇女则戴封顶式的，能把头发全部裹起来的头饰——"盾形头饰"（кокошник）。按照习俗，已婚妇女不能向外人显露自己的头发，不然就是不忠贞的表现。头饰上通常镶有各种珍珠。珍珠在俄罗斯人的眼里是十分珍贵难得的装饰品。在冬季，由于气候寒冷，妇女们一般穿呢子筒裙，外加一件皮外套，多由貂皮、狐狸皮、兔皮和白鼬皮做成。而现在则多穿各种皮大衣或短皮大衣。脚穿高筒皮靴或毡靴。总的感觉是，上身穿得暖和，下身穿得单薄。

尽管现代俄罗斯妇女的服饰已有了很大变化，但仍保留着许多传统的装束和饰物，如裙子、皮靴和头巾等。变化最大的是妇女肩上一般都披一条披肩（шаль）和带各种花纹的头巾（платок），这似乎成为现代妇女服饰中的必备之物。俄罗斯妇女最时尚的头巾是带有抽象线条或印有古代版画的丝巾。传统的头巾是莫斯科城郊的帕夫洛夫斯基波萨德镇（Павловский Посад）制作的，因此，又称"帕夫洛夫头巾"（павлово-посадские платки）。

北部地区的卡累利阿女人（карелки）喜欢穿裙子。高加索地区的民族妇女服饰以其样式奇特、绚丽多彩而著称。较统一的女式服装是长过膝盖的无领丁字形衣服，前面开襟。下穿长至踝骨的灯笼裤（шаровары），外面有时再穿一件束腰敞怀的衣服，头戴一顶把头发全部遮在里面的帽子，外加披肩和头巾。西伯利亚地区女人的传统服饰与男人的没有多大区别，是一种斜襟

（衣襟从左向右掩）的羊皮袄，现在多改为毛皮外套。

俄罗斯人传统的男子服装，是斜襟长袖衬衣（рубаха-косоворотка），穿时在衬衣外面系一根腰带。衬衣一般都用麻纱布、白棉布做成，也有用色彩鲜艳的花布做成。裤子不肥，是用白布或染色的花布或呢料做成的。家境富裕的人，还穿一种较肥大的灯笼裤，戴礼帽（шляпа）。在寒冷的季节，男人们一般穿灰色粗呢子外衣或毛皮外衣，头戴毡帽，脚穿高筒皮靴。在农村，有些人用布裹足，再穿上毡靴或用树皮做的鞋。高加索地区的男装多为丁字形衬衫、灯笼裤、束腰敞怀的短棉袄和长袍。长袍的胸部两侧缝有子弹夹。脚穿皮靴、毡靴或平底软皮鞋（чувяки），头戴羊皮高筒帽（кубанка）。毡呢斗篷（войлочный плащ）更是高加索男子的独特服装。

现在，俄罗斯人的传统服饰主要用于节庆、文艺演出或隆重集会，平时人们基本穿现代服装。而少数民族的服饰变化要小得多，许多民族至今仍保留着旧时的着装传统。

装扮习惯（наряды и украшения） 爱美之心，人皆有之。俄罗斯人也爱美，且自古就有自己的标准。按照传统，俄罗斯美男子的形象是"体格魁梧，宽肩，浅色头发，善良而又强壮，对爱情专一"；美女的形象是"圆脸蛋，白皮肤，蓝眼睛，褐色的头发，长辫子，走起路来平稳，说话声音悦耳，长相动人，忠贞，爱劳动，性格开朗，不反复无常"。为了美，俄罗斯人习惯用各种饰物打扮自己。例如，俄罗斯男子自古爱留胡须。胡须被认为是一个男人成熟和美的标志。再如，俄罗斯人崇尚美发，认为褐色的头发或浅色的头发是最标准的发色，其次是金发，最讨厌的是红发，认为这是与众不同的不合群的发色。由于历史的原因，俄罗斯还有许多黑发者，他们大部分是东斯拉夫人与非斯拉夫民族结合的产物。这在俄罗斯南部和远东地区尤为多见。

俄罗斯男女着装平时一般都比较随便。妇女一般都穿裙子，但年轻的姑娘尤其是学生也穿长裤，中年和老年妇女只在家中或比较随便的场合才穿长裤，在上班和参加社会活动时则都穿裙子。男子多穿西装和夹克衫。但不同的场合则要求不同的着装，超出这些规范以外的服饰通常会被认为是粗俗的、不礼貌的。比如接待客人时，主人不能穿家常的长衫，也不能穿艳丽、刺眼或超过客人的服装，以免给客人留下不好或过于轻佻的印象。但在接待亲戚或关系非常密切的人时，可以穿得随便些。在电影院里或博物馆和展览会上，可以穿得普通一些，但去剧院看演出，一定要着装整齐，甚至要盛装打扮。

俄罗斯妇女一向以其"壮"和"胖"而闻名于世，一般妇女到中年（许多人结婚生完孩子）后就开始"发福"。因此，妇女们很注意选择色调合适、款式新颖得体的服装来扬自己身材高大之长，补自己身材肥胖之短。穿长裙时，一般系腰带。此外，俄罗斯妇女还喜欢穿高跟鞋或皮靴，并很注意选颜色和式样都与服装配套的鞋。手提包是俄罗斯妇女服饰中一件必不可少的附属品。耳环、项链和戒指也是俄罗斯妇女传统的必饰之物，因此，只要条件许可，几乎人人都佩戴，包括未婚女子，甚至中小学生。她们认为戴耳环是为了显示美和追求美。此外，俄罗斯女性都有使用化妆品的习惯。

二、餐饮习俗

每个民族都有自己的饮食习惯。俄罗斯人传统的饮食既简单又复杂。说简单，是指他们没有像中国人这样悠久的饮食文化，也没有中国人的餐桌上如此丰盛的菜肴和非常讲究的礼仪；说复杂，是指俄式西餐并不像人们想象的那么单调，其制作方法和工艺颇有讲究，其中主食面包的花样和饮酒、喝茶的功夫等，堪称世界一流。

饮食习惯（пища и питьё）　俄罗斯人的传统主食是面包（хлеб）。面包的品种很多。按制作的原料分，可分为用面粉做的面包（пшеничный хлеб），用黑麦做的面包（ржаной хлеб），用黑麦精粉烤制的面包和用玉米面烤制的面包（пеклеванный хлеб）等。按式样分，可分为大圆面包（каравай）、面包圈（бублик）、挂锁形面包（калач）、小圆面包（булка）、"8"字形小甜面包（крендель）、长方形面包（хлеб в форме）、椭圆形面包（батон）、小圆面包圈（баранка）等。其中圆形大面包最具代表性，俄罗斯人款待宾客时捧出的"面包和盐"中的面包就是这种面包。所不同的是，俄罗斯中部和北部地区的人大多吃黑麦面做成的面包，即通常说的"黑面包"（чёрный хлеб），这是俄罗斯"正宗"的面包；南部和东部地区的人吃的大多是小麦面做的面包，即通常说的"白面包"（белый хлеб）。除了面包之外，俄罗斯人还喜欢吃各种油炸和烙制的食品，如发面煎饼（блин）、馅饼（пирог）、烧饼（лепёшка）、煎奶渣饼（творожник）等。此外，俄罗斯人特别喜欢喝粥（каша）。俄式粥是介于汉民族的粥与烂饭之间的一种非流质性食物，主要是由玉米面、小米等熬制的，其最大特点是和牛奶、奶油等一起煮。西伯利亚人还爱吃饺子（пельмени），饺子都是肉馅的，以牛肉和羊肉为主，通常用鸡汤来煮。

传统的菜肴主要有罗宋汤或称苏卜汤（суп）（用酸白菜、蘑菇、土豆块、牛肉或猪肉熬制的，吃时可加奶油）、甜菜汤（борщ）、清汤（бульон）、香肠（колбаса）、鱼子酱（икра）、盐渍鱼（засолённая рыба，如咸鲱鱼селёдка）等。其中鱼子酱最为有名，营养价值极高，驰名国外，而黑鱼子酱（чёрная икра）又是其中的上品。

最普通的饮料是克瓦斯（квас），热饮料是茶（чай）。传统的烈酒是伏特加（водка），此外还有家酿啤酒（пиво）、家酿白酒（самогонка）、露酒或药酒（настойка）、白桦酒（берёзовка）和各种葡萄酒（вино）等。俄罗斯人以爱喝烈性酒而闻名于世。

俄罗斯人的饮食习惯很有特色，一般是先上凉菜，多为各种色拉（салат），然后再上三道主菜。

第一道菜（первое блюдо）是菜汤即罗宋汤（或称苏卜汤）。菜汤样式很多，除上文说的甜菜汤、清汤外，还有鱼汤（уха）、白菜汤（щи）等。也有用牛奶和克瓦斯做的汤。其中最受欢迎的是罗宋汤（或称苏卜汤），多由白菜、酸白菜、荨麻、酸馍做成，其品种可达60余种。上第一道菜时，同时还端上酸奶油（сметана）和荞麦粥（гречневая каша）等食物。往菜汤里加粥是俄罗斯人传统的菜肴，民间有"菜汤加粥，我们的食粮"（Щи да каша—пища наша）之说。

第二道菜（второе блюдо）多为鱼、鸡、牛肉、火腿蛋和各种蔬菜。蔬菜通常不单独炒，而是和肉类、鱼类伴做。在第二道菜中，鱼是必吃之物，俄罗斯人把吃鱼视为本民族菜肴的一大骄傲。鱼菜的种类很多，有炸鱼、熏鱼、烤鱼、炒鱼、红烧鱼，还有用香菇、牛奶、酸奶油等伴汁的煎鱼等。

第三道菜（третье блюдо）为甜食和各种饮料（果汁、可可、咖啡、糖茶等），最值一提的是糖水果子，一种由干果加糖煮成的饮料。也可以吃冰淇淋、蛋糕、饼干等。俄罗斯民间有"吃完甜食就送客"（После сладкого провожать гостей）的习俗，其原因就是甜食是他们用餐时的最后一道菜。

俄罗斯人的整个进餐过程都可有伏特加佐餐，饭后有时还喝香槟酒。此外，饮食的口味较怪，爱吃油腻和酸味的菜，用餐时间也较长。伏特加和克瓦斯（квас）在俄罗斯人的饮食习俗中占有特殊的地位。可以认为，它们分别是俄罗斯"国饮"酒和饮料的代名词。伏特加是一种精馏乙醇（含量约为40%～56%）和水的混合液，用活性碳处理而成。饮伏特加酒，对俄罗斯人来说恐怕是生活中最大的乐趣之一。婚丧嫁娶、生日喜庆、家人团聚、朋友相约等，都少不了伏特加。俄罗斯人对酒的渴求与其说是民族性使然，还不如说是基于"生理"上的需要。伏特加对普通俄罗斯人来说，就是他们的液体面包，它比其他各种闻名的传统食品——鱼子酱、香肠等更为重要。这是一种民族传统。俄罗斯的一般家庭比较体面的待客方式是：先倒一杯伏特加，再端上一小盘鱼子酱、黄瓜与番茄，然后是一道熏鱼与罐装豌豆，再端上一块自烤的蛋糕，自始至终以伏特加为佐餐。

俄罗斯人的酒量惊人，而且不习惯饮酒精浓度低于40度的"淡酒"。因此，豪饮伏特加已成为很难纠正的习俗（苏联时期警察局设有专门的禁酒办公室），以致酒精中毒者甚多。伏特加最大的特性是：即使将它放在北极的室外冷冻，也不会结成冰块。因此，最懂得饮伏特加的俄罗斯人，总是先将该酒放在窗口，将它冰冻到结冰点，使瓶内的伏特加变成"液态"的冰酒，然后再拿进室内，开瓶享受烈酒的美味。

除了喝酒以外，俄罗斯人也特别爱饮一种叫"克瓦斯"的清凉饮料。克瓦斯是俄罗斯民间最古老的发酵饮料，多以麦芽、面包屑或果汁为原料制作而成。据传早在公元9世纪之前就已问世，并曾作为宫廷贵族的专用饮料。经过漫长的岁月，才流传到民间，便逐渐成为俄罗斯"国饮"，有"俄式饮料"（русский квас）之称。

俄式克瓦斯一般分面包克瓦斯（хлебный квас）和果汁克瓦斯（квас из фруктового сока）两大类。前者最为多见。面包克瓦斯是以特殊烤制的面包或谷物淀粉糖化液为主要原料，经发酵制成，具有面包香味，并含有较多的碳酸气（即二氧化碳气）。果汁克瓦斯碳酸气由发酵工艺本身产生，一般以各种果汁为原料，并以果实名称命名，如樱桃克瓦斯（вишневый квас）、苹果克瓦斯（яблочный квас）、草莓克瓦斯（земляничный квас）等。克瓦斯不但工厂大量制作，而且家庭中也可以做。

饮茶和茶炊（чаепитие и самовар）　俄罗斯人自认为，他们是世界上最爱喝茶的人，因为98%的俄罗斯人都有饮茶的习惯。相传早在17世纪上半叶，俄国大使奉沙皇之命赠给蒙古汗100只黑貂。蒙古汗以4普特（пуд，1普特等于16.38公斤）的茶叶回赠。大使觉得吃了亏，抱怨说，沙皇用100只珍贵的黑貂换来的只是一些干树叶子。蒙古汗听说后，明白了其中的意思，便急忙派行家前往莫斯科，当场为沙皇和宫廷里的人煮茶。从此，这一饮料备受沙皇及其大臣们的欢迎。

从前，茶叶对于俄罗斯人来说是极其昂贵的饮品，只有贵族和富人才能享用，后来才逐渐在民间普及。而如今，俄罗斯人每天都离不开茶。喝茶如同喝俄式饮料克瓦斯一样，成为他们日常生活中必不可少的组成部分。

俄罗斯人喝茶，不仅是一种嗜好，而且有其鲜明的民族特色。他们首先习惯喝甜茶（чай с сахаром），即往茶里加方糖的茶，有时还加果酱、奶油、柠檬汁等。

俄罗斯人喝茶与其说是为了解渴，倒不如说是为了充饥。喝茶时，一般都要伴以品尝糖果、糕点等甜食小吃。早餐时喝茶，通常还要吃夹火腿或腊肠的面包片（бутерброд）、小馅饼（пирожок）、奶渣饼（ватрушка с творогом）。早餐一般喝奶茶（чай с молоком）、果酱茶（чай с вареньем）。午餐后一般喝甜茶、柠檬茶（чай с лимоном）、果酱茶。晚间，来客人时喝茶，要端上蛋糕、大馅饼等，直喝到宾主满意为止。

俄罗斯人喜欢喝浓茶（крепкий чай）。喝茶时，通常先在小壶中泡好茶汁，然后往杯里注入浓茶汁，再兑水冲至一定浓度。传统的茶具很小，几乎与中国人用的大酒盅的大小相似，不带把。品起茶来如同中国人喝酒一般。上了年纪的人尤其喜欢这样喝。

俄罗斯国内基本不产茶，茶叶大多从国外进口。俄罗斯人尤其爱喝红茶（чёрный чай）和中国的茉莉花茶（жасминный чай）。而如今，英国和德国茶也已成为人们喜爱的上等茶。

俄罗斯人独特的饮茶习俗是与其特制的煮茶工具——茶炊分不开的。他们认为茶炊中煮的茶要比茶壶里泡的茶味道好，特别是用铜茶炊和用碳而不是用电加热煮出来的茶。

俄罗斯的第一批茶炊问世于 18 世纪初，主要产地是距莫斯科 180 公里的图拉市（Тула），该市因此有"茶炊之都"之美称。因此俄语中有一句俗语——"去图拉不必自带茶炊"（Со своим самоваром в Тулу не ездят），转义为"多此一举"。传统的图拉茶炊多用银、铜、铁等各种金属材料和陶瓷制成。其形状各式各样，有圆形的、筒形的、锥形的、扇形的，还有锅式的、花瓶式的、球状的，甚至还有专供新娘用的茶炊和保温茶炊。茶炊内部一般分为三格，第一格盛茶，第二格盛汤，第三格还可以盛粥。形状近似金、银质奖杯。所以，茶炊在俄罗斯人眼里不仅可供喝茶，而且还作为工艺品陈列，供人观赏。

茶炊是俄罗斯家庭的必备之物，几乎每个家庭都有一具或两具茶炊。按照传统，有没有茶炊是判断一个家庭的屋子是否漂亮的标志。此外，茶炊还是俄罗斯人殷勤好客的象征，几乎在任何时间和任何场合都可以摆上茶饮。

三、居住习俗

俄罗斯人的居住习俗也很独特。在如今的俄罗斯，尽管现代化住宅很多，它们无论从外观上还是从内部陈设上都看不出与西方发达国家有什么不同，但在广大的农村和边远地区，俄式板房也随处可见。许多俄罗斯人（尤其是老人）至今仍保留着传统的居住习惯：喜欢用俄式炉子做饭取暖，烧垃圾，喜欢到俄罗斯别墅度假休息和在传统住房的黑澡堂洗蒸汽浴等。

俄式板房（русская изба） 俄罗斯人的传统住宅是木架结构，用圆木建成，故称为板房。屋顶大多是两面斜坡。这种传统住宅不久前才受城市的影响而改用砖瓦结构。起居室（спальня）、厨房（кухня）和放杂物的房间通常连在一起。欧洲地区的传统住房，则由正房（комната）、穿堂（проходная）和仓房或称储藏室（клеть）三部分组成。其中北方的住宅地板离地面要高得多，一般离地 2 至 3 米。这主要是由于北方气候寒冷决定的。房屋的地也是木制的，地板下面的结构称为"底屋"（нижний этаж или цокольный этаж），可用来储放蔬菜、粮食和烧柴等。在农村，"底层"还用来饲养家畜。在南方，要养家禽家畜则要另盖棚舍。室内陈设在各地区都大同小异，几乎家家都有传统的用碎布块拼缝的花被，有用桦树皮编织的带盖的圆篮，门前还铺有约 0.5~1 米宽、长度不等的擦鞋垫等。室内最值钱的家什是俄式炉子，这是旧时俄罗斯人财产的象征。

俄罗斯别墅（русская дача） 俄罗斯别墅是俄罗斯人特有的一种城郊私人住宅，也是俄罗斯人崇尚自然、向往田园生活的真实反映。俄罗斯别墅是俄罗斯人传统生活方式的产物，因此它不只是个人身份和财产的象征，而是安逸和清静的代名词。中国人概念中的"别墅"是指住宅以外的专供游玩休养的园林房屋，而且多半修建在依山傍水、风景秀丽的地方，是供避暑、避寒和休养的建筑物。而俄罗斯别墅则以其小巧玲珑、陈设简单为主要特征，多修建在郊外的山坡上、林中旷地、林边和湖边等，是人们度周末和消夏的场所。城市的许多家庭在郊外都拥有自己的别墅。别墅结构多为木质的小屋，最小的只有 10 平方米左右。有的还是临时搭起的帐篷。外观色彩鲜艳，并饰有图案，室内陈设十分简单，都是些供主人临时用的轻便型家什。每到夏季来临，各城市郊外的别墅群（дачный посёлок）是人们度周末和避暑的好地方，这种别具民族风情的别墅生活，给快节奏的城市生活带来了安逸和宁静。人们在别墅的湖边垂钓，在林中游玩，或进行日光浴和其他体育活动。但也有的人则是在别墅地里从事副业劳动，如种土豆、蔬菜等。一到冬季，别墅一般就关闭闲置起来了，主人也是偶然去照看一下。

俄式炉子（русская печь） 俄式炉子是俄罗斯传统家庭所特有的家什之一。它不是指贵族家庭中的荷兰式瓷砖炉子。俄式炉子相当大，多为方形，几乎占整个房间的 1/3。在家中砌如此大的炉子，是同它在俄罗斯民族日常生活中所起的作用分不开的。它陪伴着人们度过漫长而严寒的冬天，同时可用来熬汤、煮粥、烤制面包、烙馅饼等。此外，俄式炉子还有其特殊的用途，那就是可以用来焚烧家庭垃圾，因而俄罗斯民间有"不让垃圾出门"（не выносить сор из избы）的说法。后来，这种习俗便在语言中变成了固定用语，即把"不让垃圾出门"喻作"家丑不可外扬"。

俄式炉子多砌在房门左边。旧时，俄国贵族家庭风靡跳舞，因此每个家庭都要练学跳舞，而房门就是学舞者的起点，于是，俄语中又产生了"从炉子跳起"（танцевать от печки）的惯用语，意思为"从头开始"。炉子作为俄罗斯农舍的中心，它是家庭舒适与和睦的象征；炉子又是尊敬老人的象征，因为这里是属于老人坐的"合法"位置。在俄罗斯的许多童话中，都有坐在炉子边的老人形象；炉子还是俄罗斯人热情好客的象征。接待客人时，他们会要把炉子上烧的、炉子里烤的食物都拿出来款待客人。如果客人冻得发抖或被雨雪淋湿，会被让到炉子边烤火。因此，俄罗斯人常说"坐在炉子上的不是客人，而是自家人"（Кто сидел на печи, тот не гость, а свой），以显示主人的殷勤好客；此外，炉子更是家庭财富的象征。在过去俄罗斯的婚嫁习俗中，男女定亲时有女到男家"看炉子"的风俗。

黑澡堂（чёрная баня） 俄罗斯人洗蒸汽浴的习俗与众不同，洗澡时，不仅用蒸汽熏洗，还要用桦树浴帚抽打身体，洗澡地点就是传统的民间黑澡堂。传统黑澡堂一般为木质结构，多盖在河边、湖边或池塘边。澡堂内的炉灶因为没有烟囱，木柴燃烧起来产生的黑烟全部散发在室内，故在民间称为"黑澡堂"。澡堂通常由蒸汽室（парилка）和更衣室（предбанник）两部分组成。浴室内砌有一个长约 1 米多，宽不到 1 米的大炉灶。灶堂上置铁板或架铁条，以便堆放石块。炉上置一只大锅，锅旁靠墙处堆放一些小卵石。浴室中间是 2~3 层供人躺的木板架。洗澡时，烧热锅里的水，此时小卵石的温度也随之升高，然后再往小卵石上浇一些热水（最好是克瓦斯），室内顿时产生蒸汽。洗澡的人躺在木板架上，受蒸汽熏，并一边用经过挑选的嫩绿的桦树枝条抽打身体的背、大腿等部位，一边数落着"浴帚赛金钱呀"（Ветник дороже денег）之类的话。洗毕后，为使身体凉爽些，再到更衣室用凉水冲身，有的还赤身裸体地到室外的雪地上打几个滚，然后再到浴室继续蒸洗。

在黑澡堂洗澡，不仅能蒸去人身上的污垢，更可以加速血液循环，使人感到浑身轻松无比。无怪乎当人们看到有人洗完蒸汽浴时，要致以"洗个轻松的蒸汽浴"（С лёгким паром!）的祝语。传统的洗澡顺序是先老后少，先男后女。

第四节　崇拜与禁忌习俗

俄罗斯人的崇拜与禁忌习俗多源于宗教。在基督教传入之前，古罗斯人崇拜的是原始宗教——多神教（язычество）。他们祭祀天地，崇拜自然界的各种神灵。虽然基督教传入后废除了多神教，但源于多神教的许多崇拜活动却依然世代相传，它的宗教学说，在许多方面已经演变为俄罗斯民族的社会信仰和民间习俗。

一、崇拜

古罗斯人的崇拜习俗显然与图腾（тотем）有关，一些植物和动物以及自然物和自然现象等，被视为"神灵"加以祭祀。后来，基督教逐渐取消原始的图腾崇拜，转而使人们信仰上帝之子耶稣基督（Иисус Христос）及与其生平有关的一切物体。但无论如何，俄罗斯人至今仍崇拜自然界中的某些动植物，它们也或多或少与基督教教义有关。

植物崇拜（растительный культ）　俄罗斯人对植物的崇拜主要有以下几种：

桦树（берёза）　自古以来，桦树就同俄罗斯人的风俗紧密相连。古代俄罗斯人用桦树来烧饭和照明，用它的皮来写字，其汁液又用来治病和酿酒等。桦树的特殊功能使得其国人顶礼膜拜，被称为"俄罗斯树"（русская берёза）、"新娘树"（берёза-жена）、"新年树"（новогодняя берёза）、"快乐树"（радостная берёза）、"吊丧树"（плакучая берёза）等。桦树受人崇拜的原因，除上述独特功用之外，还被认为它是众多树木中最先发芽吐绿的树木之一，它有一种神奇的力量，能够促使万物生长并披上绿装。这种十分简单的思维哲理，使俄罗斯民间自古就产生了许多与桦树有关的习俗：桦树枝叶被砍来装饰庭院、门廊和房间，用以驱邪避灾；桦树枝还对民间的婚俗中的相亲具有特定含义——在相亲的人面前，姑娘若拿着桦树枝，则是同意出嫁的表示，但如拿松树或枞树枝，则是拒婚的表示；桦树被教堂用作照明，据说可以解脱人的痛苦和避邪符咒；洗澡时，用桦树枝条做成浴帚抽打身体，被认为有益于身体健康等。

柳树（верба） 俄罗斯人崇拜柳树源自古代，由于那时人们对节气的认识还处于低级阶段，只能根据自然景观的变化来判断季节的更迭，于是，春天最先发芽的柳树便成为人们崇拜的对象。漫长而严寒的冬季使人们度日如年，苦不堪言。人们相信这是神的力量在使他们受苦受难。久而久之，期盼着有一种新的力量的出现，使冬天早日离去，春天早日到来。在白雪皑皑、冰天雪地的大地上，突然冒出柳树细嫩的绿芽，这给大地带来春归的气息。于是，人们相信，柳树在自然界中有一种"特殊的力量"，这力量足以冲破冰雪的桎梏，给人们送来温暖和希望。民间的这一信仰后来被教会所利用。复活节（пасха）前的周日被命名为"柳树礼拜日"，即"崇枝主日"（Вербное воскресенье），以用来纪念耶稣进入圣城耶路撒冷。在民间，柳树崇拜更是随处可见。例如，许多人认为吃9棵柳树芽可以预防疟疾病和其他疾病；不育妇女吃圣化过的柳树幼芽后就可以怀孕；农牧民要给牧畜喂柳树叶，认为这样可以保证牲畜一年不得瘟疫等。

花草（цветы и травы） 俄罗斯人崇拜花草与传统的农作节气有关。每逢夏至节（День летнего солнцестояния）来临，花草盛开，人们习惯在这一天采集野花野草，目的不是为祈祷丰收，而是为治病。俄罗斯人认为，夏至节前夕的花草，具有"超自然的属性"和"魔术般的力量"，因此可以医治百病。同时人们还相信，这些花草只有在附上"巫医"才懂得的咒语之后，方能对人体起作用。所以，采集时，必须"秘密"地在深夜进行。也有的妇女根据巫婆的指点，在这一天夜间去"埋藏财宝"的地方采集"毒草"，据认为这种草是一种男性兴奋剂，专治男性病。俄罗斯人崇拜的花草主要有花楸（рябина）、母菊（ромашка）、蕨（папоротник）、千屈莱草（плакун-трава）、仙草（тирлич-трава）、艾草（чернобыльник）、荨麻（крапива）等。

禾捆（сноп） 在俄罗斯农村迄今仍保留着庆祝丰收的古老传统：收割时，农民要举行"开镰"和"收镰"仪式，即在第一捆和最后一捆小麦或黑麦上绑上彩带、鲜花和花环，围着它们载歌载舞。然后把它们带回家中，放置在圣像前或墙角处，加以祭奠，并一直保存到圣母节（Покров пресвятой богородины）（俄历 10 月 1 日，公历 10 月 14 日），有的家庭还要将其存放到来年春播。这就是俄罗斯民间的禾捆崇拜形式。第一捆禾捆通常被俄罗斯人视为具有"特殊的力量"，用其谷粒做成种子，据说发芽率好，产量也高。最后一捆禾捆的意义与第一捆的不同，它的"神力"主要表现在对农家本身及其主人起作用，据说它能保佑人们吉祥如意，免遭天灾人祸。

动物崇拜（животный культ）　俄罗斯人崇拜的动物主要是熊（медведь）。俄罗斯人和许多少数民族——汉蒂人、曼西人、埃温克人、尼夫赫人等一样，自古就对熊怀有特殊的崇拜心理。在他们的心中，熊是心地善良的"人"，它生性憨厚，对人友善；熊是森林之王，是动物大家族中的"祖先"，没有熊，就没有其他动物；熊是甜食家，美食家，人能吃的东西它几乎都吃；熊还是人类的"亲戚"，它可以死而复生，并懂得人类的语言和认识所有的亲戚（人）。因此他们给熊冠以"老人家"、"兄弟"、"恩人"、"未婚夫"等多种美称。民间有"梦中见熊，嫁日将至"（Видеть во сне медведя — к свадьбе）的说法。传统观念上的熊是杀不得、吃不得的，对杀死的熊要进行传统的祭祀活动，以求得上帝的原谅和保佑。

俄罗斯人对熊的崇拜心理源于古代的多神教。那时，人们把熊等自然界的动物当作"神"供奉。由于熊憨态可爱，不主动伤害人类，更由于熊的皮肉等十分珍贵，从而渐渐成为俄罗斯人崇拜的偶像。今天，它在俄罗斯人心目中的地位，就如龙在中国人心中那样神圣而不可侵犯。

二、禁忌

禁忌作为民间的一种习俗，反映着一个民族的文化、历史和传统。俄罗斯人的禁忌，有些源自原始宗教迷信，有些则出现在近代，还有些是受西方其他民族的影响所致。

交际中的禁忌（табу в общении）　交际中，俄罗斯人通常有以下忌讳：忌交叉握手。很多人相见时，要相互握手，但俄罗斯人握手忌形成四手交叉，即越过另一双握着的手与另一个人握手，这样会被认为是十分不吉利的事。

忌议论妇女长相。交际中不能随便（无论是当面还是背后）议论某一位妇女的长相，尤其对生理上有缺陷的妇女。

忌询问妇女年龄。俄罗斯人和许多西方国家的人一样，交际中忌直截了当地询问妇女的年龄，否则会被认为是对她的不尊重。

忌恭维身体健康。爱恭维别人和爱听恭维话是俄罗斯人（尤其是妇女）的一大特点。但恭维范围只限于对对方的穿戴、身材、气色以及生活起居等方面，而绝对不能说"您很健康"、"您精力真充沛"等赞语。按照迷信的说法，这是对人的一种诅咒，会给人带来不吉利。因此，每当听到这些话时，俄罗斯人便会紧蹙眉头，啐唾沫。

忌隔着门槛交谈和握手。在俄罗斯人眼里，门槛是有特殊意义的地方，因此，客人来访，忌讳隔着门槛与其交谈，也不能隔着门槛握手和传递东西，否则就认为会有不幸的事情发生。

忌一根火柴点 3 支香烟。俄罗斯人和美国人一样，认为一根火柴连续点 3 支香烟会给人带来灾难，所以给人点烟时，总是到第 3 个人时就另外擦一根火柴。如果用打火机点烟，则给第 3 个人重新打一次，这已成为一种礼貌的习俗。

忌提前祝贺生日。俄罗斯人认为，提前祝贺生日是不吉利的，因为"人有旦夕祸福"，也许被祝贺的人会突然在生日前遭遇不测，而活不到生日那天。

忌用手指点对方。交际中用手来指点对方在俄罗斯人看来是十分不礼貌的举止，甚至带有指责和侮辱的性质。因此，出现这种情况时，俄罗斯人会毫不客气地要求对方放下手指。

忌做"不速之客"。俄罗斯人到别人家做客或拜访，一般都必须事先预约，忌讳搞突然袭击。突然登门造访，会给人措手不及，使主人感到尴尬和不悦。

数字禁忌（табу цифр и дат）　世界上许多民族对数字和日期有忌讳，俄罗斯人也不例外。

忌"13"。俄罗斯人认为，"13"这个数是不吉利的，因此，请客避免宾主共 13 人，重要的活动从不安排在 13 日，出门旅行也回避 13 号，结婚办喜事更忌 13 号。究其原因，一般认为这是出自于基督教义。

忌"星期五"。"星期五"在俄罗斯人眼里也是个不吉祥的日子。如果星期五碰巧又是 13 号，那这一天就是诸事不宜的"煞日"了，被称为"黑色星期五"（чёрная пятница）。据古文献记载，夏娃和亚当偷吃禁果被逐出天堂乐园的日子即星期五，耶稣的受难日也是 13 号星期五，所以，星期五主凶，自然会受到基督教的忌讳。

忌双数。俄罗斯人把双数（чётные числа）视为不吉利的数字，如祭悼亡人时，送花多为 2、4、6、8 枝，但并不忌讳 10 及其倍数百、千、万等。在俄罗斯人看来，双数是同魔鬼联系在一起的，因此是"鬼数"，而单数则表示吉祥和吉利，如为结婚和喜庆活动准备的礼品数均为单数，其中尤以 1、3、7 最为吉祥。认为"1"代表开始，标志着从无到有；"3"是人们喜欢的数字，似乎代表父、母、子；"7"最受人推崇，认为是最完整、最幸福、最吉利的数字：上帝创造万物是在 7 天内完成的，因而有一周 7 天之分；人一生中的智慧有 7 次；耶稣说原谅他人 70 次；圣母玛利亚有 7 件欢乐的事和 7 件悲哀的事；基督教的主祷文有 7 个部分等。因此，俄语中有许多成语、谚语都和 7 字有关。

生活中的禁忌（табу в жизни）　日常生活中，俄罗斯也有很多忌讳，主要有：

忌坐桌角吃饭。无论是在自己家里就餐，还是宴请客人，俄罗斯人都忌讳坐在桌角吃饭。因为传统的习俗认为，坐桌角吃饭是件不吉利的事，会给人带来厄运。

忌看见兔子或黑猫横穿道路。在俄罗斯民间风俗中，兔子和黑猫被视为不祥之物。如果外出偶然看到一只兔子或黑猫穿过道路，意味着将有不幸的事情要发生。这时，行人要马上折下一根树枝，捋去树叶，折成两截，扔在道路两旁，这样才可以逢凶化吉。

忌左脚先下床（вставать с левой ноги）。古代时，俄罗斯民间有一个风俗，即迷信"兆头"，认为早晨起身下床，如果右脚先下地，这一天便万事如意，遇难呈祥，若是左脚先着地，这一天便凶多吉少。这一习俗一直延续至今。在日常生活中，如果有人突然感到心绪不宁，烦躁不安，动不动就发脾气、生闷气或遇到倒霉的事，人们就会半真半假地说他早晨"左脚先下床"了，所以才心绪不佳，做事不顺。

忌用死人触摸过的东西。俄罗斯人的祖先对死人有种特别的恐惧心理，迷信人死后会在彼世生存，所以禁忌用死人用过和触摸过的东西，特别是洗尸体的用品。如今，这一习俗在许多农村地区依然可见。

忌亲人离家远行时打扫房间。如果家里有人要外出，在其动身后的这一天里，留在家里的人不能收拾和打扫房间，特别不能扫地或刷洗地板，否则的话，将会使出门远行的人在旅途中遭到挫折或不幸。

忌就餐时照镜子。就餐时不可照镜子，也不能戴着帽子坐到餐桌旁，这些都被俄罗斯人认为会招致不幸。

忌打翻盐罐。在餐桌上，不可以把盐罐直接递到别人手里。如果有人要求给他一个盐罐，只能把它放到离这个人较近的桌面上。一旦打翻盐罐，则被认为将发生争吵或造成家庭不和。为摆脱凶兆，俄罗斯人总习惯将打翻在地的盐拣起，并洒在自己的头上，认为这样可以免灾除祸。

忌把面包底朝天倒放。将面包底朝天倒放在餐盘上，或把面包拿在手里玩弄，都被认为会导致贫穷和遇上倒霉的事。同样，俄罗斯人还忌讳把生面团或面粉等抓在手里玩耍。

忌在房屋里吹口哨。无论在自己家还是别人家里吹口哨，都会遭到主人训斥，因为此举被认为将使这家人变穷或没有钱花。

忌妇女不戴头巾进教堂。进东正教堂做礼拜或参观等，男士必须脱帽，女士必须要戴头巾或帽子。女子头上不戴东西进入教堂，会被认为破坏教规。

忌考试前理发。学生在临近考试时，通常忌讳进理发馆理发，或剪指甲、洗头等，认为这将会使考试一团糟。

三、社交礼节

人与人之间的交往离不开一定的规则和礼仪，这是民族文化使然，也是民间习俗最为集中的体现。俄罗斯人的社交礼节主要有：

打招呼礼节　打招呼是指见面时表示问候的话语、动作或手势，是对交际对方善意友好的表示，也是言语礼节的重要内容之一。俄罗斯人与相识的人见面时，一般要打招呼或问好，见面不打招呼被认为是不礼貌、不友好或没教养的行为。

一般说来，俄罗斯人最常用"您好"（здравствуйте）这个词来与人打招呼或寒暄，它几乎可以在任何时间、任何场合作为见面时的第一句话来招呼任何人。该问候语一般与尊称形式"您"连用，称呼对方时也多用"名字+父名"的形式。如"您好，谢尔盖·瓦西里耶维奇！"（Здравствуйте，Сергей Васильевич！）。

"早安"（Доброе утро），"日安"（Добрый день），"晚安"（Добрый вечер）也是俄罗斯人见面时用得最多的问候语，它们在用法上与"您好"没有严格的区别，属于一种"中性"的寒暄语言，回避了打招呼时用"你"还是"您"的选择问题，因此适用于各种年龄和层次的人。但从历史的演变过程看，它们又都是有教养的知识阶层或绅士之间常用的问候语言，用它们来问候对方，可以不失自己的身份和地位。按照俄罗斯人的习惯，通常把5：00~12：00称为早晨，把12：00~17：00称为白天，把17：00~24：00称作晚上，24：00至次日清晨5：00称作夜里。因此，在使用"早安"、"日安"、"晚安"这些问候语时，要与上述时间相对应。

尽管俄罗斯人在见面打招呼时最爱用"您好"一词，但并不是一天中在所有场合都说这句话。他们在打招呼时有不重复使用一个词的习惯。如果早晨见面时已说过"您好"这句话了，中午或晚上两人再次相遇时就会采用别的问候形式。如中午时可以说"日安"，晚上再次见时就说"晚上好"，其他情况下只说"我们已经问过好了"（Мы уже поздоровались.），"我们已经见过面了"（Мы с вами уже виделись），甚至可以点点头以示招呼。

俄罗斯人在见面打招呼时，一般面向对方，态度友好，以示对对方的尊重。从礼仪上讲，如果相逢的是一对男女，一般男方要先向女方问好；如果年龄和辈分上有差别，通常是年轻的或晚辈向年纪大的或长辈先打招呼；如果有两对相互熟悉的夫妇在大街上相遇，通常情况是与丈夫相伴的两位夫人要首先相互问候，然后再向对方的丈夫问安好，最后才轮到两位丈夫开口。

另外，俄罗斯人还习惯用"祝词"来表示问候。如遇见从外地归来的亲朋好友时，就常说"祝归来"（С приездом！）；节日期间打招呼时常用"新年好"（С Новым годом！）、"节日好"（С праздником！）、"预祝节日好"（С наступающим праздником！）；遇到乔迁的亲友时，常说"祝您乔迁之喜"（С новосельем！）等。如遇到朋友正在吃饭，或在餐厅、食堂遇见熟人，俄罗斯人就一般不用"您好"这个词来打招呼了，更不同于中国式的"您吃饭了吗？"的问候方式，而是说"祝胃口好！"（Приятного аппетита！）朋友、熟人之间的意外相逢，俄罗斯人常爱说些高兴或惊讶的话来表示对对方的问候。最常见的词语有"真突然！"（Какая неожиданность！），"真是令人愉快的意外！"（Какая приятная неожиданность！），"整整一个世纪没有见到你了！"（Целую вечность не видел вас！），"久违了"（Сколько лет，сколько зим！），"我看到谁了！"（Кого я вижу！），"真没想到碰到您！"（Не ожидал вас встретить！），"哪阵风把您刮来了"（Какими судьбами！）等。

脱帽礼节 在俄罗斯人见面礼仪中，男士有脱帽的习俗，以示对对方的问候和尊敬。脱帽礼源于西欧，后被俄罗斯上层社会所接受，发展到近代，就成为整个社会的一种见面礼仪了。

由于气候的关系，多数俄罗斯男士喜欢在春、秋、冬三季戴帽子。正式场合戴礼帽（шляпа），其他场合戴便帽（шапка）或礼帽兼而有之。

俄罗斯人脱帽礼有两种形式，一种是掀帽（приподнять шляпу），另一种是脱帽（снять шляпу）。如：

男士在街上与熟人侧身而过，一般用手轻轻掀一下头上戴的礼帽即可，以示敬意，并应侧身说一声"您好"。当然，如果这位男士此时戴的不是礼帽而是便帽，就不必做掀帽动作了，通常只说声"您好"，或点头示意。

若两人在公共场合相遇，男子必须摘帽问候，离别时再戴上帽子。应邀出席晚会或到朋友家中做客，进门时必须首先摘帽，并将其挂在主人规定的地方。

与人相识或告别时，必须脱下帽子；与女士或上了年纪的人交谈时，也必须脱帽。上述两种情景只有在下雪和下雨时可以例外。

男士在室内、公共场所必须脱帽，包括在俱乐部、咖啡馆、剧院和休息室或机关的走廊里，甚至在电梯里，有女士在场时更是如此。只有一种情况例外，即进大百货商店时可以不脱帽。

握手礼节　握手作为世界上一种通用的常见礼节，俄罗斯人也十分讲究，认为这是人际间交流和沟通的渠道，是友善和尊重对方的表示。

通常情况下，男人之间见面打招呼时要相互握手，即便从房间这头走到那头也要握。女人之间握不握手比较随便，但男女青年被介绍给长者或长辈时则都要握手。当然，优先权在后者。

男女之间握不握手，要根据双方的意愿来定，严格地说，通常要由女方来决定。一般只有等女子伸出手后男子方可伸手。根据礼节，俄罗斯人握手时要脱下手套，身体站直，两眼直视对方，微笑致意，相互间保持一步左右的距离。与亲近和熟悉的人握手，可以用力晃动，表现出坚定有力和充满热情；关系特别亲近的人，一面握手还一面拥抱和亲吻；与不认识的人握手时，时间要短、要轻，不能摇晃对方的手；男子与女子握手时，往往只握一下女子手指部分；一般不与初次见面的女子握手，取而代之的是鞠躬或点头行礼；俄罗斯女子与外国人尤其是西欧人握手时，胳膊和手指都放得很松，以备有的男人把握着的手举到嘴边亲吻。

亲吻礼节　俄罗斯人的亲吻礼节大体可分为情爱的吻、礼节的吻、崇敬的吻和友谊的吻等几种类型，它是随着基督教传入俄罗斯后才慢慢形成的。教徒进入教堂时，按规定要虔诚地吻圣像；行圣餐礼时，要吻圣杯。此外，教徒还要吻十字架、圣经和神甫的手等。俄国沙皇时代，吻礼极为盛行。当时，沙皇把赐人以吻视为最高奖赏。"十月革命"后，这一礼仪有所变革，但作为见面时的一种问候形式，却一直延续至今。

在传统礼仪中，亲吻只限于夫妇、情人或长辈与晚辈之间。在正式和隆重的场合，如节日里，这一礼节使用的范围要广得多。至于怎么吻，在什么场合吻，吻哪里，吻几次等细节问题，俄罗斯人是有讲究的。一般来说，亲吻礼要按不同的地位、关系、场合而有所不同，分别吻额、颊、手或唇，吻错了地方就是失礼。一般的吻礼有：

国家领导人或其他有地位的人在隆重场合相遇时，或友好国家的外宾见面时，一般要拥抱亲吻，以示尊重和友好，并吻或挨面颊两次，通常是先右后左；长辈吻晚辈表示疼爱和关心，一般只吻面颊三次，先右后左，再到右。

晚辈吻长辈表示尊重，一般吻面颊三次，先右后左，再到右。

长辈，尤其是隔代长辈表示对晚辈、尤其是孙子辈疼爱和赞许时，吻额头三次。

妇女之间好友相逢时，要拥抱，有时也接吻，可吻面颊，也可吻唇，次数不等。

夫妇和情侣之间见面和告别时，行吻唇礼，既可在室内，也可在室外，如机场、码头、车站和家门口等。

亲兄弟姐妹久别重逢或分别时，拥抱接吻，次数不等。

在文艺界，特别是演员之间，亲吻十分普遍，一般人员见面时，要在吻面颊的同时，还接吻，而且男女无别。

新婚夫妇如在教堂举行婚礼，互换戒指后要接吻；在喜宴上喝了交杯酒，男方此时要主动亲吻女方的唇，这是婚宴达到高潮的仪式。

向亲属遗体告别时，要亲吻遗体的额或脚。

值得一提的是，亲吻礼俗中还有一种吻手礼，这是一种古老而庄重的礼节，在"十月革命"前的上层社会曾十分盛行。如今，在隆重或正式场合，亲吻已婚女子的右手也被认为是端庄、有礼貌的行为。俄罗斯妇女通常把男人对她施吻手礼视为荣耀。但这种礼节一般只适用于对已婚女子，亲吻的规矩也颇为讲究：一是不能把女子的手抬得过高，这样有失高雅，应尽量躬下身去吻；二是吻时只用嘴轻轻碰一下，切忌吻出响声；三是吻的部位为女子的右手背，而一般不能吻戴手套的手。

道谢礼节 俄罗斯人很喜欢道谢，哪怕是很小的事情，都要道声"谢谢"（Спасибо）。甚至在家庭成员之间，父亲给儿子倒了一杯水或丈夫为妻子拿一件衣服等，对方都要道谢。在日常交往中，在熟悉或不熟悉的人之间更是经常用道谢来表示对对方的尊敬和感激之情。

道谢作为俄罗斯人的一种日常礼节，生活中到处可见，以下是被公认为必须致谢的场合：

受到别人恭维和赞美时；

接受邀请或祝贺时；

拒绝他人请求或邀请时；

受人帮助或得到某种支持时；

得到某种方便或实惠时；

因主客观原因不能予以帮助时；

受到某人的忠告或劝告时；

打搅或麻烦他人时；

借他人东西归还时；

乘坐出租车到达目的地时。

俄罗斯人常说的道谢词语很多，最常见的有"谢谢"（Спасибо！Благодарю）、"非常感谢"（Большое спасибо）等。如果别人帮了大忙，可以用更文雅的语句加以道谢，"我十分感激您"（Я очень благодарен вам），"我真不知用什么话来感谢您"（Нет слов，чтобы выразить вам благодарность）。如果受人帮助或忠告，则要说，"十分感谢您的帮助"（Я вам благодарен за помощь）。老一辈人喜欢用"我特别感谢您"（Я вам глубоко признателен），"我深深地感谢您的忠告"（Я вам крайне благодарен за совет）等语句。

在听到别人道谢时，俄罗斯人一般说"别客气"（Пожалуйста），"没什么"（Не за что），"用不着谢"（Не стоит）或"随时为您效劳"（Всегда к вашим услугам）等语句来予以回应。如果与对方关系很好或很熟，又认为区区小事不值得谢，就说"瞧你说的，这点小事"（Ну что ты，какие пустяки）。

需要指出的是，道谢在俄罗斯人的交际中多半为礼仪上的需要。如接受和拒绝别人的邀请，俄罗斯人也都习惯先说一声"谢谢"，然后再说明是接受还是拒绝的理由。

待客礼节　俄罗斯人对待客人热情大方，十分注意言谈举止和礼节礼貌。对特别尊贵的客人习惯用传统的"面包和盐"（хлеб-соль）的方式来招待，以表示自己的热情及对客人的欢迎和敬意。

面包是俄罗斯民族生活中不可缺少的食品。在俄罗斯人的眼里，它是生命的源泉，也是获得温暖、欢乐、和睦和幸福的保证。他们用各种最美好的语言来赞美面包，于是俄语中便形成了许多与面包有关的成语、谚语和俗语。如"只要有面包，一切都会有的"（Хлеб будет，так и всё будет），"有面包就有歌声"（Будет хлеб и будет песня），"没有面包，一切食物都无味"（Без хлеба всё приестся），"面包吃得饱，活儿就干得好"（Каков у хлеба, таков и у дела）等，都深刻地表达出俄罗斯民族对面包的敬慕之情。因此，面包在俄罗斯被认为是最好的礼品。

盐在古罗斯时是一种稀罕之物，要从遥远的地方才能运到罗斯各地，价格颇为昂贵。因此，自古以来盐就被俄罗斯人视为来之不易的珍贵品，象征高贵、恩惠、神奇、精华等意义，并渐渐形成了用"面包和盐"来迎接宾客的传统。他们双手托着盘子，上面铺一块漂亮的绣花巾或白麻布，正中间放着一个大圆面包（каравай），面包上有一个装盐的小盐罐。然后把"面包和盐"用托盘递给贵宾，表示盛情欢迎和尊敬。这种礼仪犹如中国藏族人向客人敬"哈达"一样庄重。接受"面包和盐"礼遇的宾客，通常要先吻一下面包，然后掰下一小块，往盐里稍稍蘸一下，再象征性地当作世上最珍贵的食品来品尝。此时，还一定要对主人的盛情表示最衷心的感谢。

俄罗斯人好客，但待客时不会客套，一般询问客人是否需要喝点什么或吃点什么时，都是真心的。但如果来客不想吃喝，俄罗斯人也就不再敬让了。

送礼礼节　俄罗斯人在迎来送往和逢年过节时喜欢送礼，以表示对对方的友好和敬意。俄罗斯人在送礼时，十分讲究真实的情感和恰到好处的分寸。对礼物的选择总是刻意表现出与受礼者之间的私人关系和关心程度。通常情况下，俄罗斯人送礼不送特别贵重的东西，认为贵重礼品会给受礼者难堪和下不了台，也是一种看来带有"某种隐秘目的"的行为。

在正式场合，尤其是对外国朋友，俄罗斯人一般爱送具有民族特色的、可留作永久纪念的东西，常见的有民间工艺品，如"德姆科沃玩具"（Дымковская игрушка），"村姑套人"（матрёшка），"巴列赫小型精细画"（Палехская миниатюра），"霍赫洛姆彩画"（Хохоломская роспись）等，有时也送纪念章、图书画册、唱片、雕刻品等。如果私人关系特别亲近，也可以送诸如衬衫、领带、香水等私人物品。

应邀到别人家做客，或到医院探望病人，特别是时逢节日或对方是女性时，最好的礼物是送鲜花。按俄罗斯人的传统礼节，送花时只能送单数，以3、5朵为宜，不能送双数；也可送一束花，但要讲究花色。多以一色为宜，两种颜色也可以，但绝不能多种颜色混杂在一起。

送花以玫瑰（роза）、郁金香（тюльпан）、含羞草（мимоза）、天门冬（аспарагус）等为好，不能送野生的花，更不能将野生的和种植的掺混在一起送。赠送对象主要是女性，如果是男性，俄罗斯人则通常送上一盒蛋糕、一盒巧克力或一瓶香槟酒等。对男人来说，送香槟酒恐怕比送花更觉得实惠。

俄罗斯人不但爱送礼品，也比较注意接受礼品时的礼节礼貌。一是对赠送者都当面道谢，并对礼物表示赞赏，否则会被认为礼物不受欢迎或不尊重客人的情意；二是不能在没有道谢之前就把礼物拿到别的房间去，或把赠送的花随意摆放在不显眼的地方，而一定要把它插在花瓶里。此时，还要对花进行一番观赏，并再次致谢。

此外，还有做客礼节、用餐礼节、吸烟礼节、恭维礼节等，限于篇幅，难以赘叙。可谓五花八门，应有尽有。

◎ 思考题

1. 简述一下俄罗斯民间的婚嫁习俗。
2. 简述一下俄罗斯人的生育习俗。
3. 简述俄罗斯人的服饰习俗。
4. 简述俄罗斯人的饮食习惯。
5. 简述俄罗斯人的居住习俗。
6. 俄罗斯人有什么样的崇拜与禁忌？
7. 俄罗斯人的社交礼仪有哪些？

参 考 文 献

［1］Балакина Т. И. История русской культуры, М., «Изд. Центр», 1995.

［2］Шульгин и др., Культура России 19-20 вв. М., «Простор», 1996.

［3］李勤编. 俄罗斯艺术家随笔［M］. 上海：东方出版中心，1998.

［4］王仲正，赵爱国，周民权．俄罗斯概况［M］．上海：上海外语教育出版社，2006．

［5］吴克礼主编．俄罗斯社会与文化（学生用书）［M］．上海：上海外语教育出版社，2009．

第四讲　俄罗斯宗教

俄罗斯人笃信宗教，宗教赋予了俄罗斯文化独特的历史特点。随着社会历史的变迁，俄罗斯宗教文化与民族文化、宗教语言与民族语言已经融合为一体，不了解俄罗斯宗教就不能深刻、全面地认识俄罗斯民族精神和俄罗斯文化。因此，要想真正了解俄语和俄罗斯文化，就必须从俄罗斯所信奉的宗教入手。

俄罗斯是一个多民族的国家，其民族在长达千余年的历史变迁和发展中，形成了独特的文化传统和民族习惯，这里生活着 135 个民族，其中俄罗斯族占全国人口的五分之四。较大的少数民族有鞑靼人、乌克兰人、楚瓦什人、白俄罗斯人、车臣人和德意志人等。

俄罗斯是一个多宗教的国家，各民族的由于地缘关系都与宗教有着密切的关系，不同的民族在其历史发展过程中形成了独特的文化和宗教信仰。各民族信仰的宗教主要有东正教、天主教、新教、伊斯兰教、犹太教、佛教、萨满教等，加上其分支，种类可达到上百种。

俄罗斯是一个具有浓厚宗教传统的国家。一千多年的历史长河里，无论是最初的多神教还是后来持续久远的东正教，都在俄罗斯的广袤土地上找到了繁殖的土壤。它们的传播带给俄罗斯的不仅仅是宗教的信仰，还涉及政治、经济和文化艺术诸多方面，并以其强势的姿态给社会和生活打下了深深的烙印。俄罗斯民族的思维方式、价值观、民族精神、道德规范影响都受到了宗教的影响，特别是东正教，俄语中的很多成语的来源是《圣经》。他们笃信上帝的力量和安排，主张人必须要有宽容和悲悯之心，真诚地对待世间万物和人，因此想要了解俄罗斯人，学习与他们的相处之道，则需要搞清他们的宗教。虽然他们不是百分之百信教，但他们的生活或多或少同宗教社团或教会教区相联系，宗教已经成为他们生活的重要部分，文化自我认同的情结在他们的脑海中根深蒂固。比如，小时候就接受洗礼，跟着家长按时去做礼拜，吃圣餐，一年中要过许许多多的节日。俄罗斯人的生活也带有浓郁的宗教色彩，他们认为左主凶右主吉，认为左手握东西或递东西都是失礼的行为，说了晦气的话要向左面吐口水，以免被魔鬼听到，他们偏爱3、7等数字，是潜意识里受到圣父圣子圣灵三位一体，一周七天的影响。而周日正是俄语中的复活的同音词，也是做礼拜的日子。在俄罗斯的民间传说中，3和7都是常常会出现的数字，如英雄人物往往是皇帝的第3个儿子，路上走了3天3夜，或往返3次才完成使命。平时我们中文说的三思而后行，在俄语中说的是量七次再裁剪。

第一节　世界三大宗教以及宗教问题概览

宗教是支配人们日常生活的外部力量在人们头脑中的虚幻的反映，是人类社会生产发展到一定历史阶段出现的一种文化现象，属于社会意识形态范畴。在人类社会早期，由于科学技术水平低下，人类对人之外的世界充满了好奇和探索，对各种自然现象充满无知和恐惧，在盲目的情况下进而相信现实世界之外存在着超自然的神秘力量或实体，使人对上帝、神道、精灵、因果报应等产生敬畏及崇拜，把希望寄托于所谓的天国和来世，从而形成宗教和特殊的宗教仪式，其本质是一种精神寄托和终极关怀。

　　当今世界主要的宗教有基督教、伊斯兰教、佛教，这三种宗教并称为世界三大宗教。上述三大宗教中，基督教是世界上信仰人口最多的宗教，有30亿以上的人信仰基督教。伊斯兰教次之，佛教第三，虽然人数各有不同，但是各个宗教的信徒都是平等的。

　　基督教是对信奉耶稣基督为救世主的各教派的统称，亦称基督宗教。公元1世纪，发端于以色列、巴勒斯坦和约旦地区。是世界上信徒最多、分布最广的宗教。全世界有基督徒20多亿人，占世界人口的33%，遍布世界242个国家。基督教主要包括：天主教、正教、新教三大教派和其他一些较小教派。基督教形成后，使徒们以领受圣灵为"灵召"，以耶路撒冷为中心开始传教，建立初期基督教教会。4世纪末罗马帝国宣布基督教为"国教"。罗马教廷的所在地梵蒂冈，位于意大利罗马城的西北部梵蒂冈高地东坡、台伯河的西岸。此后基督教就完全变为罗马奴隶主阶级的统治工具。罗马帝国分裂后，基督教也分裂为东、西两个教派：东派以君士坦丁堡为中心，认为自己正统，称"希腊正教"，又称"东正教"。西派以罗马城为中心，西部教会标榜自己的普适性，称"罗马公教"，即"天主教"。西罗马灭亡以后，罗马教皇实际上控制了罗马城。756年，法兰克王国国王丕平为了酬谢教皇支持他篡位，将意大利中部的大片土地赠给教皇，这就是建立教皇国的开始。今天的梵蒂冈虽然面积不足半平方千米，但它却拥有一个主权国家所有各个方面功能，而且它的影响力远远大于它的领土范围。西欧国家封建化的过程和基督教在欧洲传播的过程是同步的，统治阶级利用教会这种有组织的政治力量，作为暴力工具的补充。教会则在统治阶级的支持下扩张，并日益成为封建统治阶级的一部分。16世纪欧洲出现宗教改革运动，天主教内部陆续分化出若干个派别，其中"新教"就是从这里分出，其特点是使用删减掉若干章节的《圣经》。后来"新教"在传入中国时，中国人直接将其翻译为"基督教"。其实，中国人所说的"基督教"一词，特指从天主教会分裂出来的新教。

　　基督教起源于耶路撒冷，然而却在欧洲兴盛，并由欧洲向世界各地传播。它集中于精神层面的思想及世俗层面的组织架构，对西方文明各方面都产生了影响的《基督教对文明的影响》的"基督教文化译丛"总序说:"两千年来,基督教一直在塑造着人类的文明,影响着它传到之处的文化。"基督教对人类社会的深远影响实际上大大超出了人们的所知和想象,在西方国家从奴隶制到封建制,从封建制到资本主义制度的更替过渡的历史时期,在促进民族融合、转变社会风气以及经济建设、文化建设等方面所起的积极作用是无可置疑的。特别是在中世纪西方国家中的地位,虽经历了教权与王权之争,但是 13 世纪达到教会权力的鼎盛,形成以罗马为中心、跨越国界的西欧天主教世界。哲学上则确立以托马斯·阿奎那思想理论为主体的天主教正统教神学哲学体系。恩格斯说:"中世纪是从粗野的原始状态发展而来的。它把古代文明、古代哲学、政治和法律一扫而光,以便一切从头做起。它从没落了的古代世界承受下来的唯一事物就是基督教和一些残破不全而且失掉文明的城市。"① 确实基督教文化作为中世纪西欧国家的主体文化,它对日后西方文化的发展和走向产生了及其深远的影响。时至今日主要发达的美欧国家,都是基督教文化主导的国家。尤其在欧洲、美洲、非洲、亚洲、大洋洲的广泛地区,无论是政治、经济、科学、教育、文化和艺术,基督教塑造了人类文明的方方面面。

　　伊斯兰教(包括逊尼派、什叶派)、它由麦加古莱氏部落的穆罕默德创立,公元 7 世纪初兴起于阿拉伯半岛。伊斯兰教诞生之地在 7 世纪处于社会大变动时期。四方割据,战乱频繁,内忧外患,危机重重。虽然犹太教和基督教也开始向半岛传播,但它们的学说并不适合这种形势。因此实现半岛的和平统一和社会安宁是阿拉伯社会的出路,穆罕默德以"安拉是唯一的真神"为口号,提出禁止高利贷,主张"施舍济贫""和平安宁",及时反映了当时社会的要求。661 年起,伊斯兰教进入阿拉伯帝国时期,历经伍麦叶王朝和阿拔斯王朝的对外扩张和征服,向阿拉伯半岛以外地区广泛传播,迅速形成地跨亚、非、欧三大洲的宗教。经济和学术文化得到空前的繁荣和发展,史称"伊斯兰教发展的鼎盛时期"。伊斯兰教分逊尼派和什叶派两大教派。目前,全世界穆斯林中 90%属于逊尼派,广泛分布在西亚、北非的大多数阿拉伯国

---

① 马克思恩格斯全集(第 7 卷)[M].北京:人民出版社,1959.

家；约 10% 属什叶派，主要分布在伊朗、伊拉克、巴林和阿塞拜疆等国家。截至 2009 年年底，世界人口约 68 亿人口中，穆斯林总人数是 15.7 亿，分布在 204 个国家和地区，占全世界的 23%，大多分布在阿拉伯国家以及中非、北非、中亚、西亚、东南亚和印度、巴基斯坦、中国等。

"伊斯兰"一词是阿拉伯语的音译，本意是"顺从"，"顺从者"的阿拉伯语叫"穆斯林"，是对伊斯兰教徒的通称。伊斯兰教从创立到 21 世纪初已有 1400 多年的历史，作为一种宗教信仰、社会意识形态和特殊的文化体系，传到世界各地后，很快与当地民族的传统文化兼容并蓄，并对这些国家的社会发展、政治文化、道德风尚和生活方式产生了深刻影响。伊斯兰教崇尚科学，"求知是每一位男女穆斯林的天职"带动了医学、数学、物理学、天文学、地理学、建筑学、艺术、文学以及历史学等领域的前所未有的进步。无论是欧洲人称为的"阿拉伯数字"，还是妇孺皆知的《天方夜谭》，都曾深刻影响着世界文明发展的轨迹，在人类历史发展进程中占有极其重要的地位。在 21 世纪，伊斯兰教是俄罗斯增长最快的宗教。

佛教（汉传佛教、藏传佛教和南传佛教）产生于公元前 6 世纪至公元前 5 世纪的古印度，距今已有 2500 多年，是由古印度迦毗罗卫国（今尼泊尔境内）王子乔达摩·悉达多所创。

佛，意思是"觉者"。"佛"是一个理智、情感和能力都同时达到最圆满境地的人格。佛又称如来、世尊等，倡导"止恶思善"、"普度众生"，佛陀所传的最根本的教义是"四谛"，即四条神圣的真理。四谛包括苦谛、集谛、灭谛、道谛。佛教信徒修习佛教的目的即在于通过禅修修行方法，发现生命和宇宙的真相，最终超越生死和苦、断尽一切苦厄，得到解脱。在本质上慈悲为本、方便为怀，具有非功利式普度众生以及天地万物和谐的哲学精神，通过北传、南传和藏传对不同国家、不同民族进行心智启蒙和文明先导，对促进世界文明发展和时代前进起到重要作用。目前，世界上佛教徒共 3.6 亿，占世界人口总数的 6%，分布在 123 个国家，信徒中 95% 在亚洲。在中世纪，佛陀本生的事迹通过中亚穆斯林学者的介绍传入欧洲，在西欧和东欧很多地区广泛流行。17 至 18 世纪欧洲的一些著名哲学家如斯宾诺莎、康德、黑格尔等人都已谈到了佛教。在中国，佛教自公元前二年（西汉哀帝元寿元年）大月氏使者伊存口授博士弟子景卢佛经，佛经开始传入中国；在这两千年间中国文化发展的主流正是儒、释、道三家文化，这两千年也正是中国传统文化灿烂辉煌、奇葩怒放的时期，文明的交融，促进中国佛教所具有的丰富、深厚的文化特质，使它在整个东方文明中具有特殊地位。

我们知道，世界历史是一部多种文明并存和相互碰撞、融合的历史，人类文明产生的宗教在日益密切的文化交往基础之上也得到了相互促进。从各宗教典籍里看，既有共性又有个性，佛教讲的多是"慈悲"；基督教、天主教讲的多是"神爱世人"；伊斯兰教讲的多是"安拉确实是仁慈的"，它们都倡导"仁慈博爱"。

当今世界，宗教问题是一个重大而特殊的问题。宗教冲突一般来说是对自己的宗教理解得不够深刻，而对其他宗教又缺少认知，彼此交流甚少，往往发生猜疑、误会、排斥，宗教摩擦就无法避免了。有些热点地区由于历史和现实的原因，长期存在民族矛盾和宗教冲突，这些矛盾和积怨有的已积淀了数百年，有的与领土、主权等问题纠葛在一起，再加上大国的利用和干预，形成了一些国家和地区的社会动荡和流血冲突。宗教和谐的途径是加强相互间的交流，最重要的是沟通，不同宗教常常往来和介绍，达到互相理解，这样就能化解冲突。

因此了解各国的宗教信仰，研讨不同宗教文明对话，对于构建和平相处、求同存异的世界命运共同体具有重要的意义。在新的历史条件下，希望以更丰富的内容和更有效的形式，促进各国思想内涵交流，为东西方文明的沟通，为整个人类文明的发展，发挥更大、更好的作用。

第二节　俄罗斯宗教的起源与历史发展

俄罗斯人属于东欧草原上东斯拉夫人的一支，历史悠久，加上独特的地理位置，千年文明之路经历了本土文明与东、西方文明冲击、碰撞和融合的轨迹。从历史上看，俄罗斯宗教传统既有本土宗教，也有外来宗教，还有外来教和本土教的融合教，在引言中我们已经提到，现在俄罗斯联邦境内共有10多种宗教，它们的传播和信仰带给俄罗斯的不仅仅是教义和仪式，其思想和精神还影响到了俄罗斯经济、政治、文化和艺术的建构和走向，以其独特的姿态给俄罗斯的社会和生活打下了深深的烙印。

俄罗斯的宗教从基辅罗斯时代到现代经历了大起大落，也经历了大刀阔斧的变化。

一、俄罗斯早期的多神教

俄罗斯地处东欧北段，独特的地理环境和生活环境造就了俄罗斯的原始宗教。俄罗斯国土辽阔，以森林、沼泽地和草地为主，生产方式以狩猎、捕鱼、采集为主，气候寒冷人烟稀少，自感力量弱小，希望得到神的庇佑和保护，远离冰冻和灾难。所以，在基辅罗斯时代东斯拉夫人信仰多神教，信奉的主要有太阳神、雷电神、兽神、家神、善恶神、天父等，差不多把所有自然现象解释为神的作用。有人将古东斯拉夫人的多神教信仰对象分为三类：第一类是"吸血鬼"和"保护神"，吸血鬼为男性，代表着恶的开端，保护神则是一些女性，太阳、水域、花朵及其他植物的图案就是保护神的象征；第二类是多产神和家宅女神；第三类是众神之首的别龙，别龙是雷神、战神，他统领着太阳神达日博格及财产与家畜的保护神霍尔斯、风神斯特里博格、水神谢马尔格尔、手工业及商业保护神莫科什。此外，古罗斯人还敬奉火神、天神等。供奉和祈祷的特点是这里没有庙宇和寺庙，认为只要虔诚，神在任何地方都能听到他们的祈祷，因为这种超自然的力量遍布各个角落。祭祀时会根据不同的神选择不同的地点，比如祭拜善神（白神），这是光明、善良、幸福的化身，会选择阳光灿烂的山顶空地举办欢快娱乐的宴会奉送供品，人们对诸神的崇拜祭祀活动和仪式已成为日常生活和生产活动的重要内容。后来，古东斯拉夫人的生产方式发生了变化，逐渐有了传统意义上的农业、手工业，相应地，他们崇拜和祭祀的对象也发生了变化，但对水神的崇拜却一直保留了下来。古罗斯多神教是罗斯人的宗教信仰，自产生之日起，一直影响和作用着罗斯文明的发展进程，而且影响着社会文化和人们的生活起居，比如，俄罗斯人周日不工作就源于古罗斯人多神教历法，每周五天，周五这天是供奉周五神（保护女性的神）的日子，在这天不容许做工、不容许洗衣做家务，否则惹怒神灵会遭难，后来基督教传入后，正好切合基督教的要求，所以俄罗斯人周日、节假日不工作成为一种不成文的习惯。

二、中世纪时引入基督教，把东正教定为国教

随着生产力的提高和社会的发展、社会意识形态与社会制度的变更，多神教越来越不适应罗斯大公的统治需要，不能得心应手地作为维护其统治地位的统治工具，俄罗斯宗教及时引入基督教，并把东正教宣布为国教。基督教在10世纪中叶由拜占庭传入基辅罗斯，公元998年基辅罗斯大公弗拉基米尔率先受洗加入东正教，命令全国居民在第聂伯河中受洗，皈依基督教，令全基辅的人接受基督教的洗礼，史称"罗斯受洗"。随后，弗拉基米尔大公开始在国内大规模推广东正教，大力兴建东正教教堂。11世纪末，基督教已传遍俄罗斯全境。这时，教会内部确立了教阶制度。教会首脑为大主教或都主教，都主教府设在基辅。至12世纪末，今乌克兰东部和南部、白俄罗斯及俄罗斯欧洲部分大多接受了东正教。15世纪下半叶，俄罗斯统一的封建君主专制制度已经形成，中央集权开始得到加强，这个国家的新的政治中心设在莫斯科。随着莫斯科地位的提高，都主教府又转移到那里。为什么会选择基督教作为国教呢？我们分析，有以下原因：

（1）基辅罗斯公国作为新兴国家，在东欧地区开疆拓土不断强大，需要统一全国信仰来巩固中央集权。

（2）基督教在"罗斯受洗"之前已经在基辅罗斯具有一定的影响力。

（3）随着黑暗的中世纪接近尾声，文艺复兴之风渐起，社会呼唤尊重人性，尤其是尊重女性、母亲、儿童，加强家庭观念，东正教教义正适应了这一需要。

（4）基督教国家在当时国际舞台上政治地位稳固。

（5）弗拉基米尔大公使团多方考察的结果（因为拜占庭的教堂金碧辉煌，进教堂如进天堂）。

"罗斯受洗"后，俄罗斯封建制度得到了进一步的加强和巩固，宗教的统一加速了斯拉夫各部落的统一过程，也扩大了大公的权力，成为俄罗斯文化发展的一个重要转折点，以至于沙皇时代几乎全部俄罗斯人都是东正教徒，从沙皇时期开始，东正教就被认为是俄国唯一真正的宗教。因此，背离东正教会的教派要遭受残酷迫害，不同意见者要被流放到西伯利亚。根据《俄罗斯帝国法典》的规定，父母要用东正教信仰教育孩子，如果按照其他基督教教派的仪式给孩子洗礼或使他们服从其他的圣礼和接受教育，父母要受到1~2年的监禁。俄国东正教会享有凌驾于人们之上的极大权威，甚至成为维护沙皇统治的暴力工具之一，沙皇俄国成为一个政教合一的国家。

三、伊斯兰教在俄罗斯传播

伊斯兰教最早在俄罗斯的北高加索地区传入，公元651年阿拉伯人首先进入到杰尔宾特镇（达吉斯坦），杰尔宾特镇在8世纪就建立了清真寺。922年俄罗斯境内的一个地区——伏尔加保加利亚州，宣布成为了一个伊斯兰国家。出现于10世纪的位于伏尔加河中游和卡马河的伏尔加保加利亚国与阿拉伯哈里发国家和拜占庭国家进行商业贸易，并和基辅罗斯有军事和商业方面的激烈竞争。根据俄罗斯官方出版的宗教材料，公元919年，伏尔加保加利亚统治者派使臣去觐见巴格达的哈里发，并请求哈里发派遣宗教人员促使整个国家皈依伊斯兰教。公元922年，伏尔加保加利亚的阿尔穆大汗宣布伊斯兰教作为伏尔加保加利亚的国教。这个时间点比第一个以东正教为国教的基辅罗斯早了60多年。

13世纪初，成吉思汗统一蒙古，之后开始了大规模远征。1219年进入中亚，越过大高加索山脉侵入顿河流域，1223年占领伏尔加河东岸。公元1237年，成吉思汗之孙拔都率军越过乌拉尔山脉，继而夺取了俄罗斯东北地区。公元1240年占领基辅，西南罗斯各公国也相继被征服。公元1241年伏尔加保加利亚被蒙古人征服，并成为金帐汗国的组成部分。公元1312年，金帐汗国宣布伊斯兰教为国教。在金帐汗国的伊斯兰化时期（1312—1480年），基督教公国附庸于穆斯林化的兀鲁思。在当时的俄罗斯土地上存在以下伊斯兰国家：伏尔加河中游的喀山汗国（1438—1552 年）、伏尔加河下游的阿斯特拉罕汗国（1459—1556 年）、西伯利亚汗国（15—16 世纪）、诺盖汗国以及位于现在乌克兰南部的克里米亚半岛的克里米亚汗国（1443—1783 年）。

　　一直到沙俄完成中央集权改革时，伊斯兰化的地区才逐渐臣服于一个统一的俄国。自 15 世纪末莫斯科大公不断入侵喀山。在 1552 年，伊凡四世征服了整个喀山，并在 1556 年攻占了阿斯特拉罕汗国。随后不断通过暴力的军事手段，将其他信奉伊斯兰教的国家并入了信奉东正教的沙皇俄国。被征服后的喀山、阿斯特拉罕、西伯利亚汗国等地区，伊斯兰教的影响力急剧下降，喀山和部分地区的鞑靼穆斯林居民或者在战争中死亡，或者被迫搬迁，在被占领地区大部分穆斯林被迫转向了基督教。

　　公元 1767 年，叶卡捷琳娜二世巡视喀山之后，取消了以往对信奉伊斯兰教的所有限制，允许建立清真寺和穆斯林公共建筑。伊斯兰教在俄罗斯的地位开始恢复。1773 年，颁布了"容许不同族群信奉一切信仰"的法令，这标志着俄罗斯开始实行宗教宽容政策。1788 年建立了俄罗斯伊斯兰教的第一个官方组织——奥伦堡伊斯兰教宗教会议，这是俄罗斯帝国官方的穆斯林机构，完全按照俄罗斯的政策行使职能。奥伦堡伊斯兰教宗教会议建立的目的是由国家任命穆斯林的神职人员，以便进一步控制在俄罗斯帝国内。

四、苏联时期宗教的转折起伏

　　"十月革命"后，苏维埃政权在意识形态领域坚持唯物主义，坚持无神论的观点，主张信仰共产主义，布尔什维克对待宗教的态度一直处于晴转阴、阴转晴的变化过程。

　　苏联初期，当局和官方政策对伊斯兰的政策是最积极的。因为为了瓦解俄罗斯帝国，布尔什维克党积极团结广大穆斯林民众，穆斯林居民也拥护支持苏联国家的建立。因此在苏联前期为穆斯林人民建立了鞑靼斯坦、巴什基尔等一批以穆斯林民众为主要基础的自治共和国。列宁时期非常重视宗教问题，1917 年列宁和斯大林在其共同签发的《俄罗斯各族人民权利宣言》中宣布"废除任何民族的和民族宗教的一切特权和限制"之后，又在人民委员会

《告俄罗斯和东方全体穆斯林劳动人民书》中宣布，俄国的穆斯林具有和俄国所有民族一样的权利，都是受到保护的，"今后，你们的信仰和习惯，你们的民族和文化机关都被宣布为自由的和不可侵犯的。自由地、无障碍地来安排自己的民族生活吧！你们有权这样作。要知道，你们的权利和俄国所有民族的权利一样，都会受到革命及革命机构——各级工农兵代表苏维埃的全力保护"。① 1918 年 1 月 23 日颁布了《关于教会同国家和学校同教会分离》的法令，该法令旨在处理政教关系，割断宗教组织和政治的联系，所有宗教在法律面前一律平等。1918 年 2 月 18 日，国家教育委员会也作出《关于学校世俗化》的决定，决定指出："宗教是每个人的个人信仰问题，国家在宗教问题上持中立态度，即不站在任何宗教信仰方面，不把任何特权或优先权同宗教信仰联系起来，不从物质上或道义上支持任何一种宗教信仰。"确定了将教会从国家政权中分离出去的新的政教关系模式，消除了中世纪以来形成的宗教特权以及对公民信仰所施加的暴力，同时也为苏联以后的宗教政策奠定了基础。

　　然而，从斯大林时期起，坚持宗教是"麻醉人民的鸦片"的理论，揭露任何宗教虚伪性为党的任务，苏联包括俄罗斯当局开始对宗教活动进行限制，制定了大量法令法规限制非正常的宗教活动，一切宗教组织和神职人员成为苏联政权打击、镇压的对象。1929 年 4 月 8 日，苏联全俄中央执行委员会和人民委员会颁布了《关于宗教组织》的决议。此决议是当时涉及宗教组织的一部最具体完整的宗教法，对宗教组织的申请、批准活动和使用的建筑物、财产等权利作了非常具体而又严厉的决定，加上苏维埃政府在意识形态领域开展群众性的无神论宣传和教育，20 世纪 20 年代末到 40 年代初的俄国东正教处于最为艰难与荒凉的时期，使得包括东正教在内的各种宗教的影响力大为下降。举一个例子来说明，莫斯科基督救世主大教堂是俄罗斯最大的教堂，1812 年俄罗斯战胜拿破仑统帅的法国军队后，亚历山大一世就下令建造这座教堂，直到 1839 年才竣工。教堂高 103.5 米，可容纳 1 万人。1931 年，斯大林宣布将其炸毁，并计划在原地建造世界上最高的苏维埃大厦，但后来仅仅是在大厦的基坑里修建了一个游泳池，这也是当时宗教政策过激的典型例证。

---

① 苏联科学院民族所，苏联的建立（1917—1924 年文件汇编）。

（在苏联解体后，为给莫斯科市 850 周年献礼，莫斯科市长卢日科夫花费 5 亿美元的市政预算，加上社会捐款，重新修建基督救世主大教堂。短短 3 年，新的救世主大教堂建成，成为莫斯科政府的政绩工程之一，也是当代俄罗斯政教关系和谐的象征。）但当时的代理大牧首谢尔盖带领俄罗斯东正教教会凭靠着坚韧的意志和丰富的经验最终度过了这一困难时期。1941—1945 年是苏联政府与教会关系正常化时期，卫国战争开始后，为了团结社会各民族各阶层民众一致对付侵略者，苏联政府调整了对宗教的态度，东正教也做出了积极的应对，声明教会忠于苏维埃祖国，坚决谴责德国侵略者的侵略行径，并且号召全体教徒捐钱捐物。1943 年 9 月 4 日晚间，东正教的三位最高领袖：尼古拉、谢尔盖和阿列克谢，与斯大林在克里姆林宫进行了对于东正教来讲具有历时性意义的会晤，也对东正教在卫国战争期间为国家所做的贡献给予了肯定和表彰。到 1949 年苏联有 14477 座教堂重新开放。1956 年政府允许出版《圣经》俄文版。这些政策取得了良好的效果，宗教活动处于正常状态，广大教徒自觉靠近党和政府，积极参加战后社会主义重建工作。1953—1966 年赫鲁晓夫展开了新一轮镇压宗教的活动。前期宽松的宗教政策，加上战争的冲击，信教人数急剧增长，斯大林在 1953 年 3 月 5 日逝世后，赫鲁晓夫执政后对宗教采取了"左"的政策，即"反宗教运动"。1958 年初，党政大权集于一身的赫鲁晓夫要求"动员群众，大胆和坚决地摧毁一切阻碍前进和守旧的东西"及"不符合社会主义准则的东西"。

其中东正教教堂减少得最为明显，为 43%。在关闭宗教场所的过程中，对于那些不愿意迁走的信徒，政府有时候通过武装人员强制其迁居，引起了教徒们对政府的强烈不满，在国际上也造成了恶劣的影响。

伊斯兰教的发展在苏联中后期阶段也受到了严重打击。由于宗教政策的偏离，无神论宣传的无限强化，俄罗斯的大多数清真寺和穆斯林学校或者被关闭或者被破坏。例如，20 世纪 30 年代的鞑靼斯坦，曾有 12000 座清真寺被关闭，90% 的毛拉被剥夺了履行宗教职责的权利。1923 年年初，关闭了中央穆斯林道德管理委员会所辖的宗教学校。1991 年，在全俄罗斯境内仅有两个穆斯林宗教管理机构，即位于西伯利亚的穆斯林宗教管理机构和位于北高加索的穆斯林宗教管理机构。

五、东正教复兴时期（1967—1991 年）

戈尔巴乔夫执政期间，苏联包括俄罗斯联邦对宗教的态度发生了变化，政府对宗教实行开放政策。1983 年 5 月苏联政府将莫斯科的达尼洛夫修道院转交给莫斯科牧首公署使用，同时许多大教堂都重新进行了修缮。1988 年 4 月 29 日戈尔巴乔夫同东正教的大主教和主教大会的成员举行会晤，此后不久制定并颁布了《信仰自由和宗教组织法》，以保障宗教活动的自由，允许宗教团体拥有法人资格，允许宗教自由传播，允许宗教界人士进入苏维埃参政议政。1988 年，对于东正教来说是意义非凡的一年，这一年是东正教传入苏联的第 1000 年，社会各界就"罗斯受洗 1000 周年"举行了盛大的庆典活动。在这种情况下，信教人数大幅度增加，宗教活动场所猛增，教会人士积极参加政治活动，宗教力量得到了加强和扩大。

1991 年，苏联解体之后的东正教在 1991 年叶利钦当选为俄罗斯第一任总理后，获得了更加迅速的恢复和发展。最具代表性的是《独立报》、《今日报》都在为东正教传播他们的思想，东正教在文学、军事等方面都拥有了一定的发言权。到 1995 年 12 月，仅莫斯科就恢复和新建了 326 个教堂，3 个男修道院和 1 个女修道院。每逢东正教圣诞节、复活节等重大节日，全俄东正教大牧首都要在莫斯科克里姆林宫主显圣容大教堂举行隆重仪式，灯火辉煌。

苏联解体意味着苏联的意识形态也随之解体，且由于俄罗斯的多民族性，俄罗斯形成了东正教为主教，其他多教并存的格局。

第三节　俄罗斯宗教的现有格局

目前，俄罗斯境内共有宗教派别 100 多个。据统计，全国有 56% 的民众信奉东正教，3% 的国民信仰基督教其他派别，5% 的国民为穆斯林，1% 的国民信仰其他宗教。此外，约有 31% 的国民申明自己为无神论者，其余 4% 的国民宗教态度尚不明朗。

一、东正教是俄罗斯第一大宗教

20 世纪末，东正教在俄罗斯的土地上重新发展起来，教堂数量增长，信徒数量增加，在俄罗斯的社会生活和文明建设中发挥着越来越重要的作用。俄罗斯超过一半的居民信奉东正教，教徒约有 7000 万，分 128 个主教区，分辖 1.9 万个教区和 480 所修道院。东正教会还建立了完备的神学教育体系，它拥有神学院 5 所，附属神职中学 26 所，教区神职中学 29 所。当代俄罗斯东正教可以毫不夸张地说，它们已成为俄罗斯公众生活中的一个重要组成部分。东正教教会的最高权力和管理机构是全俄东正教地方主教会议，其执行机构是主教公会，教会总部设在莫斯科郊外风景宜人的扎哥尔斯克大修道院。苏联解体后，俄罗斯社会出现了某种程度上的意识形态领域的真空，国家政权从政治稳定、经济发展和社会进步等角度出发考虑，开始大规模宣传俄罗斯的传统宗教——东正教的文化功能，东正教几乎成为俄罗斯的国教，俄罗斯文化开始带有明显的东正教色彩。1992 年起，俄罗斯恢复了东正教节日的庆祝活动，每逢圣诞节、复活节等重大节日，国家级领导人也经常出席这些活动以示尊重。尽管政府厚爱，但是经历过宗教观的历史变迁，人们更多地把东正教看作是生活方式或者是一种文化传统来对待。

二、在俄罗斯，伊斯兰教是第二大宗教

在苏联时期，伊斯兰教在俄罗斯是少数民族的宗教信仰，当今，俄罗斯伊斯兰教的信众和国外的伊斯兰教的信仰者开始出现精神上的重新统一，认为他们是世界伊斯兰教的一部分并且得到很好的发展。在当代俄罗斯，信仰伊斯兰教的民族很多，约有 40 个。据资料统计，1989 年穆斯林人口 1300 万，到 1993 年以后超过 2000 万，分布在伏尔加-乌拉尔地域和北高加索。穆斯林人口近年来增速很快，根据 2002 年的俄罗斯人口普查，在俄罗斯穆斯林民族的人数约达 1450 万人。其中印古什共和国（98%），车臣（96%），达吉斯坦（94%），卡巴尔达-巴尔卡尔共和国（70%），卡拉恰伊-切尔克斯（63%），巴

什科尔托斯坦共和国（54.5%），鞑靼斯坦（54%）为穆斯林居民。

根据俄罗斯社会调查机构"列瓦达"在 2012 年 12 月 17 日的统计数据，2009 年俄罗斯信仰伊斯兰教和东正教的人口数分别占人口总数的 4% 与 80%，到 2012 年俄罗斯信仰伊斯兰教的人口数量增长到人口总数的 7%，而信仰东正教的人口数量下降到 74%。根据情况变化，2012 年 12 月 17 日，莫斯科当局同意在不同行政区域划出 6 个地区建设清真寺。自 1991 年以来的 20 多年间，俄罗斯清真寺的数量从 300 座增加到 8000 座；穆斯林宗教学校超过 60 所。这些数量的变化，意味着文化上的非俄罗斯族化的程度不断增加，意味着俄罗斯文化趋于多元化。

三、佛教是俄罗斯的第三大宗教

在过去的几个世纪里，俄国的佛教经历了较为曲折的发展历程。在 16 世纪末期，佛教从蒙古传播到冰雪覆盖的西伯利亚。起初，蒙古的佛教僧侣和西藏同伴在马背上带着帐篷，来到西伯利亚和任何他们发现有人居住的地方，搭好帐篷，在里面供上释迦摩尼像，然后开始传教，这就是临时的佛教寺院"杜甘"。到了 17 世纪，佛教在西伯利亚已经打下坚实的根基。到 19 世纪这些临时的寺院才修建成永久的木质建筑，尤其是在奥纳河、乌拉河、色楞格河和安加拉河等西伯利亚河流的沿岸，这就是众所周知的佛教寺院"扎仓"。很快，它们就成为佛教传播的中心，尤其在西伯利亚的布里亚特以及卡尔梅克牢固地确立了佛教的根基。在 19 世纪上半叶，佛教在布里亚特已经十分普及，鉴于佛教日益增长的影响，俄国统治者决定将佛教信徒纳入法律管辖范围。为此，1741 年开展了一项全面的调查，结果显示共有 11 座佛教寺院和 150 个喇嘛。这一年成为俄国佛教传播史的转折点，沙皇扎林娜伊丽莎白·彼得罗夫娜通过一项法令，宣布佛教为俄国的官方宗教之一，另外三个官方宗教是东正教、伊斯兰教和犹太教。同时，免除了喇嘛的税赋，并且为他们向游牧民族传播教义提供便利。随着佛教成为俄国的官方宗教，在布里亚特民众中俄国的影响得到相当大的提升，佛教的根基继续加强。在 1741 年佛教获得官方承认前，第一座扎仓于 1707 年在萨拉图斯克建立，在随后的两个世纪里，布里亚特佛教寺院的数量达到 47 座。进入 20 世纪以来，佛教呈现出一个新的形态，不同的佛教哲学和医学学派在西伯利亚很多地方繁荣发展起来。在此时，卡尔梅克的佛教寺院数量达到 100 座，而那里的喇嘛都是卡尔梅克人。历史进程表明，尽管俄罗斯佛教生存环境比较恶劣，但它凭借对信仰的执着仍然能够生存下来。1917 年"十月革命"之后，俄国佛教又遇到了生死存亡的危机。特别是斯大林时期，许多寺院被关闭和解散，许多佛学院学生转入苏维埃学校学习。1989 年，戈尔巴乔夫倡导的"新思维和公开性"为佛教带来了新生。这时，苏联佛教徒开始自行组织起来。1991 年，在俄罗斯官方承认佛教 250 周年时，举行了一个盛大的庆祝活动。这次活动是由布里亚特共和国政府主办的。随后，被摧毁的古老寺院得到重建和复兴。到 2000 年，布里亚特有 28 座寺院，卡尔梅克有 16 座，图瓦有 9 座，阿尔泰有 1 座，最重要的 1 座在圣彼得堡。佛教依然在俄罗斯文化中占有一席之地。俄罗斯的佛教分大乘和小乘两派，佛教教徒主要分布在布里亚特、图瓦和卡尔梅克三个共和国以及伊尔库茨克州和赤塔州的布里亚特民族区。这些地方的主体民族乃至民族国家都是伴随着佛教的传播而形成的。全俄境内的喇嘛总计有 300 多个，佛教教徒大约有 50 万。此外，在俄罗斯其他地区的 14 个城市，还分布着 30 多个佛教区。其中，圣彼得堡有佛教区 8 个，莫斯科有 5 个。仅莫斯科市就拥有佛教徒约 1 万人，俄罗斯佛教团体由教务会议选举的"佛教理事会"领导，中心设在布里亚特共和国首都乌兰乌德市伊沃尔金喇嘛寺。

四、天主教、新教、东正教同为基督教的教派，俄罗斯天主教包括罗马天主教和希腊天主教（亦称东仪天主教）两派

20 世纪 80 年代末，俄罗斯境内有天主教区 12 个。1994 年和 1997 年分别增至 128 个和 169 个。俄罗斯天主教的信徒主要是生活在俄罗斯的立陶宛人、乌克兰人、拉脱维亚人、白俄罗斯人、爱沙尼亚人等。在俄罗斯的基督新教中又分为许多派系，最有影响的教派是路德教、浸礼会、基督复临安息会和福音五旬节会等。俄境内的路德教以莫斯科为中心，将俄欧部分约 40 个教区联合在一起。1993 年，俄罗斯的浸礼会包括 994 个教区，拥有教徒 7.4 万人。

莫斯科是俄罗斯浸礼会的一个中心，这里有浸礼会教区 9 个，团体 20 个，教徒 5200 人。

五、犹太教是在民族迁徙过程中传入俄国的，已有数百年历史，它是俄罗斯犹太人的民族宗教

1989 年，俄罗斯有犹太人 53.68 万。1993 年，俄罗斯犹太教会获得了从事宗教活动的自由。他们对犹太教规定的传统习俗和礼仪比较重视，遵守严格。俄罗斯有犹太教国际组织的代表处，还有犹太人同乡会组织。1992 年注册了一所犹太教学校。目前，俄罗斯境内有犹太教传统教区 42 个。

六、除了上述宗教，在俄罗斯萨满教是一种原始的宗教，主张多神崇拜，以崇拜自然为主，拜火、拜山、拜日月星辰、拜动物、拜祖神等

"萨满"意译为"巫"，因为通古斯语称巫师为萨满，故得此称谓。该教不仅举行祭祀神灵的宗教活动，还给人"驱邪治病"，萨满曾被认为有控制天气、预言、解梦、占星以及旅行到天堂或者地狱的能力，祭祀活动很多，可以祭祖、为婴儿抓魂、为死人送魂、求雨止雨、占卦、跳神等。信仰萨满教的主要有西伯利亚和北部的涅涅茨人、曼西人、汉特人、埃温克人、雅库特人、楚科奇人、科里亚克人、北阿尔泰人以及西布里亚特人等。

七、此外，俄罗斯还存在着历史上从东正教会中分离出去的旧礼仪派以及从国外传来的新兴宗教等

据统计，在俄罗斯司法部注册的新兴宗教几乎超过了 100 种。俄罗斯的新兴宗教来源不一，规模也迥然不同，可以看到各种宗教的地域分布纵横交错，经过许多世纪以来多种民族文化互相交融、相互影响，在俄罗斯版图上形成了多民族、多元化的宗教大合唱。

但是，不论如何变化，一个事实已经形成，那就是：俄罗斯国家始终是

一个多民族的、经过许多世纪以来多种民族文化互相交融、相互影响，在俄罗斯联邦广阔领土上逐渐形成的具有独特性质的国家联邦，在这一领土上的各民族人民都是国家主人。

第四节　俄罗斯东正教的特点

东正教源自希腊文明的救世主信仰根源，因成为罗马帝国东部一脉相承的拜占庭帝国、俄罗斯帝国的国教而闻名。东正教在莫斯科大公国、沙皇俄国、俄罗斯帝国兴盛的同时，以"第三罗马帝国"的国家教会和独立教会身份，逐渐取代希腊正教地位，成为整个东正教会内部话语权最大的一位。1961 年，俄罗斯正教会作为东正教最大的教会，加入世界基督教会联合会。

东正教从拜占庭帝国传入俄罗斯后，迄今已有一千余年的历史，在其传播和发展过程中，适应俄罗斯的国情，形成了自己的鲜明特点，具体表现为：其一是俄罗斯东正教与多神教的混合，虽然"罗斯受洗"之后东正教成为国教，但是基于俄罗斯多神教的基础，在相当一段时间里属于两者融合阶段，因此在俄国史学界有"双重信仰"的说法，即在罗斯受洗后几百年内罗斯人既接受基督教的信仰，又不放弃对多神教诸神的崇拜。"在城市里，多神教的庙宇虽然已被拆除，但市民家中仍习惯地敬奉着多神教的偶像；在基督教波及的乡村，人们在教堂里作完礼拜后，马上赶回仓房、树林或河边去祷告，生怕得罪了多神教古老的保护神"。在人们的意识和生活中，新旧两种宗教密切地互相交织在一起，旧的多神教成为新的东正教不可分割的部分。就像 H. 加里科夫斯基指出的那样："罗斯人虽然已经受洗，但仍崇拜和祭祀日月、雷电、河流、山木一级护佑铁匠的火神，崇拜和祭祀别龙、霍尔斯、斯特利博格、达日博格、别列普鲁特、莫科什以及山妖、夜叉和吸血鬼……"即便是在罗斯彻底基督教化后，多神教的某些习俗依然保存了下来，俄罗斯人甚至将多神教的祭祀仪式和风俗习惯渗透到基督教中，与之融为一体，基督教在俄罗斯传播和演变，成为独具俄罗斯特色的东正教。

东正教的信仰特点是重视对圣徒、干尸和圣像的崇拜。在俄罗斯东正教的信仰实践中，圣徒崇拜有着特殊位置。圣徒是东正教对已故东正教教徒册封的尊号，指被正式承认对国家和教会有卓越贡献、品德圣洁和信仰虔诚的东正教徒。在每一天的礼拜中，教会都会根据教历的记载对当日所纪念的圣徒进行特别的祈祷，崇拜他们的功绩和祈求他们的庇护与帮助。而在广大信徒的心目中，这些圣徒则与上帝和耶稣一样占有十分重要的位置。为了获得自己所崇拜圣徒的庇护或是帮助，他们会不辞辛苦、不远万里到圣徒干尸所在地进行朝拜。对圣徒的崇拜和敬意是从拜占廷教会那里承袭来的，这是因为圣徒的众多功绩受到俄教会的赞许和敬仰。随着时间的推移，圣徒崇拜逐渐在俄罗斯广为流行。于是，在俄罗斯出现了自己的"国产"圣徒，如尼古拉·托特活耶茨、格奥尔基·巴别托洛谢茨等。在封建割据时代，除了有全俄的圣徒外，还有地区性的圣徒，即只是在个别公国范围和王公领地内的圣徒。为了自身的利益，每个王公保护自己的圣徒，因此，要求人们对圣徒加以崇拜。按照东正教会的说法，干尸是圣徒的遗骨，作为崇拜之物具有神力、创造奇迹的能力，具有庇护、保佑的作用。在东正教里，"遵守教规者"或圣徒的尸体、遗骨常常因有神迹而不腐烂被视为干尸。干尸崇拜是东正教会巨额财富的来源，每年来教堂朝拜圣徒干尸的香客络绎不绝，给教会带来大量钱财，直到今天，教会仍在宣扬这种干尸崇拜。在东正教会人士看来，圣像跟圣徒、干尸一样，可以显灵，能起保卫者、庇护者的作用。对圣像进行崇拜，可以保护人们的生命、财产不受侵害，可以战胜一切敌对者。罗斯教会以君士坦丁堡教会为榜样，制作了一些"显灵的圣像"，这些圣像在罗斯居民中产生了重大影响，到了封建时代，圣像崇拜在俄罗斯有增无减。一些"显灵的圣像"被俄教会广泛宣扬，并大批复制。比如，喀山的圣像，约在1576年曾与喀山义勇军一道反击波兰人入侵莫斯科，教徒们确定是这幅圣像帮助季米特里·帕沙尔斯基王公将敌人从莫斯科赶出去。米哈依尔·费多洛维奇沙皇专为这幅圣像确定了一年有两个节日，以示纪念。因此这幅圣像名声大震，以致彼得大帝于1710年迁都时也用它来为自己的新都壮声威。圣像在今天依然是教会在思想和心理方面影响教徒的重要手段。

俄罗斯东正教的教义特点像基督教其他两派（天主教、新教）一样，它们都是宣扬一神论的上帝、三位一体（圣父、圣子、圣灵）、原罪、救赎、天堂地狱、末日审判、忍耐顺从、爱等，相信耶稣基督死后升天堂，永享幸福，否则要下地狱，永受苦刑。东正教教义内容除反映在《圣经》里以外，还主要反映在《信经》里。《信经》是东正教权威性的基本信仰纲要。信徒受洗入教时的必读经文。在东正教的教义中，圣母崇拜是十分重要的一条。信徒们认为，是圣母马利亚孕育了世间的一切，并保佑尘世中的一切生灵。而且，圣母马利亚还是智慧和爱的化身，她的聪明才智化解了一切苦难和折磨。圣母崇拜对俄罗斯社会有广泛的影响，从社会生活到俄罗斯文学艺术，处处都体现着圣母在东正教中的重要地位。但东正教和其他两派的教义也有不同的地方。东正教坚守古教义和古礼仪，基本不做什么调整，不太强调传教工作，对与天主教和新教开展交流和对话也不大热心。强调通过祷告时的沉思默想来达到与上帝的直接交通，很注重这种个体性的和不可重复性的信仰体验。

"仪式"在东正教中占重要的位置。通过"仪式"信徒能与教会保持关系。东正教的神学家认为，宗教仪式是教会对教徒思想发生影响和作用的重要手段。俄罗斯东正教宗教仪式，与天主教一样也有七大圣礼：受洗、涂圣油、受圣职、告解、婚配、终傅、圣体血。东正教的信徒受洗，都要浸到水中，这样可以洗除原罪和本罪，并且可以得到"神的恩惠"，从而再生，之后才有资格领受其他的圣礼；涂圣油，需要经过主教祝圣之后才能被使用，这是在刚受洗后施行的；受圣职是当有人担任神职时，所举行的圣礼；告解又称为"忏悔"，当信徒犯错时，可以通过此行动赎罪。东正教会规定：七岁以上儿童，需要先忏悔告解后，才可以领圣餐；婚配，按照相关仪式在教会内举行婚礼；终傅是在信徒临终前所行的仪式；圣体血又称"圣餐礼"，是最重要的一项圣礼，东正教会每周日都会举行一次圣体血。

俄罗斯东正教的组织机构特点。牧首制是东正教会所实行的以牧首为最高领导的制度。具体职别和职责是：牧首是东正教会内最高级的主教，享有以下权力：管辖一至几个大教区，召开主教会议，制定宗教法规，任免各教区主教等事宜。都主教是主要都市及所属地区教会领导者。主教有大小主教之分，大主教有权监督其他主教，召集教区会议，任免所属主教。督主教指古希腊神庙中的祭司长，也是拜占庭帝国州府的执政者。主教属于基督教会中的高级神职人员，通常为一个教区的主管负责人，有权祝圣神甫，是所有教职的总称。副主教是没有辖区的主教，协助主教处理日常教务工作。大司祭意为首席神甫，是司祭神职中的高级职称。神甫中的长老，大教堂的主持人，通常指一个教区的主管神甫或主要教堂的堂长。修士大司祭意为修道院的长者，是俄罗斯东正教会内高级修士的称号。通常授予东正教男修道院主持人，地位仅次于主教。主持司祭是俄东正教修道院院长，其地位在修士司祭之上，主教之下。

俄罗斯东正教祭拜仪式特点。东正教的祈祷方式是拇指、食指和中指指尖并拢，按照上下右左的顺序进行，而不是基督教的上下左右顺序。入东正教教堂内祷告的俄罗斯妇女往往会先在门廊口用围巾覆盖头发，教堂内部装饰华美，墙和穹顶上均以圣经故事壁画覆盖。在内部摆设方面，天主教堂或新教教堂往往会摆放长椅，供前来做礼拜的人就座参加礼拜仪式；而东正教堂内部则是在各个角落放置圣像和烛台，不同的圣像（耶稣、圣母、天使和圣人等）往往被认为可以对应信徒不同种类的现世需求，如治愈疾病、姻缘、求子和戒酒等，信徒根据自己的愿望，点燃蜡烛插到对应圣像前的烛台上，然后面对圣像在胸前划十字架，同时祷告祈求保佑。东正教教堂的十字架和基督教不同的地方是在十字架的上下各多了一条横杠，上横在耶稣头的上方，下横是耶稣放脚的地方。信奉东正教的俄罗斯人喜欢佩戴金、银或铜质、木质的十字架，旁人不能随意摆弄，因为十字架象征他们的命运。

俄罗斯东正教对皇权具有依附性。沙俄帝国是个政教合一的国家。政教合一制度是指政权和教权合二为一的政治制度，沙俄期间统治者为了维护和加强自己的政治统治，需要作为意识形态的东正教为自己服务，反过来东正教为了扩大影响、争夺势力，也需要沙俄统治者的支持。就这样掌握教权与掌握政权的两大集团既彼此争夺权势，又相互依赖和利用。这说明双方都需要相互支持、相互依靠。俄罗斯历史表明，教权依附皇权是非常主要的。公元 988 年，当时的基辅大公弗拉基米尔接受了传自拜占庭帝国（东罗马帝国）的基督教作为国教，基辅罗斯公国作为新兴国家，在东欧地区开疆拓土不断强大，需要统一全国信仰来巩固中央集权。10 世纪时在希腊罗马文化影响下，处于东欧的基辅罗斯公国和东斯拉夫人有必要"宗教趋同"。东正教宣扬忠君爱民，始终是沙皇专制中央集权政治体制的支持者，是维系俄罗斯多民族帝国统一主要的精神支柱，是沙皇俄国对外侵略扩张的重要助手。1453年，拜占庭帝国灭亡后，拜占庭的东正教首脑就为俄国沙皇所取代，沙皇接受了拜占庭的东正教王冠，并被视为统一东正教帝国的直接继承者，东正教在沙俄帝国像在拜占庭帝国一样，其特点也是政教合一。18世纪，沙俄彼得大帝以教会牧首尼康企图与沙皇争权，加强了皇权对教权的控制。1721年，彼得大帝发布特令，废除牧首制，设立东正教事务管理局，局长由沙皇指派，将教会置于沙皇直属官吏的监督下。至此教权置于皇权之下，这样使东正教会成为沙俄帝国机器的一个组成部分，使神职人员成为沙俄政府的附庸。从此，沙皇被尊为俄国东正教会的最高领导和东正教的最高保护者。正如马克思所指出："东正教会变成了国家的普通工具，变成了对内进行压迫和对外进行掠夺的工具。"

第五节　俄罗斯东正教节日

俄罗斯民族是一个崇尚喜乐的民族，一年有很多节日。俄罗斯东正教属于基督教分支之一，在俄罗斯成为国教已经有千余年历史，宗教节日旨在直接影响教徒的思想、感情和心理上的信仰，并且东正教与俄罗斯传统精神文化结合，衍生出许多节日。东正教节日是为了纪念最有意义的事件和最受尊敬的人物。据统计东正教节日总数超过了一年的天数，就其对象来说，有纪念主、圣母、圣徒的节日；就节日日期而言分固定时间和不固定时间两种；就隆重程度而言分大、中、小。

俄罗斯复活节被称为节中之节，早在古时俄罗斯人就对复活节极为推崇，东正教徒说："太阳比星辰高出多少，复活节就比其他俄罗斯传统节日重要多少。"复活节，是俄罗斯风俗中最为隆重和令人欣喜的宗教节日，它的隆重体现了东正教的信仰精髓，即颂扬耶稣，象征着大地回春、万物复苏，象征着善良战胜了邪恶。对于虔诚的东正教教徒来说，复活节更是一个节日大典。对于俄罗斯人来说，复活节不仅仅是一个宗教性的节日，它更是一个全民性的节日。复活节的庆祝日期是按照旧历（俄历）来确定的。因此，时间总是不一样的。通常这个节日今年是在4月份，但有的年份也会在5月初。一般来说这个节日总是发生在星期日。按照教义的规定，复活节之前是谢肉节，教徒要进行斋戒，在斋戒期间，教徒们不能吃荤，不能进行娱乐活动，不能嫁娶……复活节的象征之一便是鲜艳的彩蛋，一般放置在特意栽培的嫩草上。另一比较讲究的是诱人美味的面包，精心选用牛奶、黄油和鸡蛋、面粉，佐料中添加以葡萄干、果脯等，烤制结束后再抹上甜甜的鸡蛋糖衣，洒上各种颜色的谷粒，预示着全家幸福美满，万事顺意。复活节晨祷从23点30分开始延续到凌晨4点，一般要互相庆贺基督复活。复活节前夜，一般都去教堂参加庆典，所有的教堂里都显得很拥挤。黎明时分，在祈祷仪式结束之后，人们都返回自己的居所。这时，餐桌上已经摆好了各类俄罗斯美食，才能开始复活节进餐。严格地说，面包与彩蛋必须到教堂去受洗。进餐时从彩蛋吃起，先互相碰碰，看谁的更为坚硬，然后再吃掉。当然，茶是少不了的（俄罗斯人喜欢红茶，尤其是热气腾腾的红茶）。在复活节的第一天，人们通常要聚会，邀请亲戚。除了必不可少的菜肴外，还有其他许多美味的食品：烤鸡、辣根、鱼冻、俄罗斯沙拉、许多可口的俄罗斯腌菜，如蘑菇、黄瓜和白菜等。餐桌上必不可少的是伏特加、白兰地和葡萄酒的芬芳。节日第二天要接待朋友或是出门做客。拜访客人时人们通常携鲜花、糖果或彩蛋。彩蛋的制作已经成为俄罗斯的一项传统造型艺术，这些彩蛋或是木制、蜡制、石制，或是用陶瓷、水晶制成。在今天的艺术沙龙中，也可以寻到精美绝伦的装饰彩蛋，它们是真正的艺术品，如著名的"法贝热"彩蛋。这样的庆典会持续一周，每个人都希望拿出更多的时间去休息和从事各种娱乐活动。当复活节过去之后，人们开始庆祝"复活节后第一周"，其中"红山坡"活动最有风趣。"红山坡"即漂亮山坡，象征着冬去春来、万物复苏。这一天，人们在不高的、积雪已经融化了的山坡上游戏和散步，在"红山坡"上，常常会举办婚礼。大家相信，在这一天结婚的夫妻关系最为牢靠、最为紧密。很多人认为，在这一天不仅举行的婚礼格外稳固，而且，那些和婚礼有关的相亲和说媒也更为顺畅。这样，所有未婚的男子和未出嫁的姑娘们都会出来散步、游玩。"复活节后的日子"，是恋爱和相识的节日。这一天的到来，也就意味着复活节周结束了。除了东正教的12大节日：圣诞节、主领洗节、主进堂节、圣母领报节、主进圣城节、主升天节、圣三主日、主显圣容节、圣母升天节、圣母圣诞节、举荣圣架节、圣母进殿节等外，还有许多纪念"有灵"圣像的节日。

俄罗斯圣诞节是俄罗斯正规的节日，这天要全国放假一天，圣诞节是为了纪念耶稣诞生的重要日子，也是基督教最古老的节日。公元4世纪，西方教会统一确定在12月25日这天，基督教要举行盛大的庆祝活动。俄罗斯的圣诞节是1月7日，不是12月25日，对于信奉东正教的俄罗斯而言，如今公历1月7日是俄历（也称儒略历，它是现在各国通用的公历的前身，因罗马统帅儒略·恺撒于公元前46年决定采用，故名儒略历）的12月25日。在俄罗斯，恰逢公历元旦，所以往往和新年的各种庆典结合在一起，非常热闹，圣诞节的仪式和内容是祈求新的一年里的幸福和丰收。1月6日是圣诞前夜，西方叫平安夜，这天教徒要全天禁食，直到晚上才能开斋，按照习惯圣诞节前夜要吃圣诞鹅。圣诞人物在西方是圣诞老人，在俄罗斯是严寒老人和雪姑娘，传说中严寒老人会带着魔法杖和没有封底的礼物袋，是慷慨善良的象征。雪姑娘是青春永驻、快乐常在的象征，现在一般都由年轻人扮演。家长通过电话预约她过节时给家中孩子恭贺新年，赠送礼物，雪姑娘已经成为圣诞节不可缺少的受孩子们欢迎的角色。俄罗斯圣诞节非常隆重的是圣诞树和圣诞装饰，圣诞树即圣诞枞树，分为圣诞枞树和新年枞树，常用杉、柏等常青植物做成，象征着健康长寿。教徒在圣诞节前夜就开始装饰圣诞树，通常枞树上挂满各种精美的小饰品，每年圣诞节期间俄罗斯各地的大型建筑和超市都要装饰数层高的圣诞树，充满了节日的气氛。

俄罗斯圣诞节传统佳肴包括肉冻（冷杂拌汤）、俄式饺子、小烤猪、酸白菜汤、肉饼等，当然喝伏特加酒和吃黑面包是少不了的。俄罗斯的圣诞节和新年时间差距小，两个节日虽然相近，但菜色却截然不同。新年的传统佳肴有俄式土豆沙拉、香槟、夹鱼子酱的面包片、菜饼或肉饼、肉排、甜点、橘子等。

主领洗节（亦称主显节、显现节）：据《新约》记载，耶稣三次显灵，第一次是诞生时，东方三博士（占星家）来朝拜，第二次是开始传道受洗时，圣灵化为鸽子降在他头上，第三次是参加迦拿城婚筵时将水变酒。俄罗斯东正教重视第二次，节期定为儒略历1月6日，公历1月18日或19日，教徒们在这天举行水被除仪式。

主进堂节（亦称献主节、奉献节）是纪念圣母玛利亚把耶稣奉献给上帝的日子，节期为儒略历 2 月 2 日，公历 2 月 14 日或 15 日。据《新约》记载，圣母玛利亚在生育耶稣满洁净期后，带耶稣前往耶路撒冷圣殿，为自己行洁净礼，并将耶稣献给上帝。

圣母领报节（亦称天使报喜节）是圣母玛利亚在这一天从天使处领知了上帝的旨意，她将由"圣灵"感孕而生耶稣。教会规定圣诞节前 9 个月为此节，即儒略历 3 月 25 日，公历 4 月 6 日或 7 日。

主进圣城节（亦称棕枝主日、圣枝主日）是纪念耶稣最后一次进入耶路撒冷的日子，在复活前一周的星期日。《新约》记载，耶稣受难前不久最后一次骑驴进耶路撒冷城，相传城里的群众手执棕枝欢迎他。庆祝这个节日时教堂一般都用棕枝装饰。

圣三主日（亦称三位一体节、三一主日）是敬拜圣父、圣子、圣灵三位一体的上帝的节日，教会规定在复活节第 50 天后的第一个主日即星期日为此节。

主升天节（又称耶稣升天节、耶稣升天瞻礼）是纪念耶稣基督升天的节日，在复活节后第 40 日，东正教定在公历 5 月 14 日至 6 月 16 日或 17 日之间过节。据《新约》记载，耶稣复活后和门徒们共同生活，到了第 40 天，被一朵云彩接升上天，因此教会规定复活节后 40 天进行庆祝。

主显圣容节（亦称耶稣显圣容日、仪容显光日）：东正教一直重视这个节日，教会定于儒略日 8 月 6 日，公历 8 月 18 日、19 日庆祝。据《新约》记载，这天耶稣带领彼得等人到高山祈祷时，"脸面亮如旭日，衣服洁白如光"，有摩西显现与耶稣说话。

此外，俄罗斯东正教还把主割礼节、约翰节、天使节、新年、谢肉节、桦树节都作为生活中不可缺少的部分来对待。

第六节 俄罗斯教堂

教堂是基督教举行弥撒礼拜等宗教事宜的地方，按照级别分类有主教坐堂、大教堂（大殿）、教堂、礼拜堂等。作为宗教活动传播的主要场所，教堂大多历史久远，基辅罗斯的石建筑中最具代表的是基辅的圣索菲亚教堂。

12世纪中叶，古罗斯处于封建割据时期。各地王公为了取得教会的支持，不惜耗费巨资，大兴土木，建造大教堂。这些教堂建筑结构简单但实用，并开始注重美观漂亮的外观造型。

12世纪后半叶，古罗斯出现了塔式教堂，其中斯摩棱斯克的天使长米加勒大教堂就是这种教堂的早期范例。古罗斯各个公国的教堂开始把地方特色和拜占庭和基辅建筑艺术结合，基本上形成了俄罗斯祭祀建筑的圆筒形塔式教堂建筑模式。

13世纪下半叶，因为蒙古鞑靼人的入侵和罗斯周边封建主的扩张，大量建筑精品被毁掉，但是在没有破坏的城市诺夫哥罗德等地仍然进行着宗教建筑的建设。由于教堂很多是由大贵族、大商人出资兴建的，因此建筑在继承古罗斯传统时，进一步用新的表现方法来适应定制人的不同要求。科普纳的尼古拉教堂正是这种探索的表现。教堂正面摒弃了原先的棱柱间隔方式，改为一个整体，墙皮也由原来单纯的石灰墙皮变成石灰加石子墙皮，半侧祭坛由三个减到一个。教堂坚实有力，体现出诺夫哥罗德建筑艺术的风格。

14世纪下半叶至15世纪，库利科沃会战反败为胜后，莫斯科在古罗斯的主导地位被各地所承认。这时的东正教会鼎力扶持莫斯科大公，大公因此对东正教会非常依赖和提携，在各地建立了很多东正教堂。建筑物墙体主要用白石砌成，规模并不是很大，石头建筑在莫斯科崭露头角，莫斯科的石砌大教堂受弗拉基米尔的建筑影响较大。

15世纪末至16世纪，教堂建设开始与西方文艺复兴时代的建筑艺术接触。角锥式教堂的出现是16世纪俄罗斯建筑的最高成就，它最大限度地体现出基于木头建筑学的俄罗斯传统的民族特色，标志着以莫斯科为首都的俄罗斯中央集权国家的确立。

俄罗斯东正教的教堂屋顶造型最具有俄罗斯风情，有钢盔形、半圆形、椭圆形、梨形，我们最常见的是洋葱头形，比如莫斯科红场的圣瓦西里教堂。教堂圆屋顶的数量不等，分别具有特殊的宗教意义，一个代表耶稣基督，三个则代表圣父、圣子、圣灵三位一体，五个代表耶稣基督和四福音书的作者马太、约翰、马可和路加，七个代表基督教的七大仪式，九个代表天使的九个级别，十三个代表耶稣基督和十二位门徒等。

东正教教堂的色彩也是有寓意的，金色顶象征着基督，蓝色的屋顶象征着圣母，绿色的屋顶象征三位一体的神灵，银色也是象征某位圣人等。

据历史学家的考证和建筑史界公认的标准来看，俄罗斯的教堂建筑风格被称作斯拉夫式教堂艺术风格，以与拜占庭式教堂艺术风格相区分。它是拜占庭式教堂艺术与罗马教堂艺术、古罗斯神庙建筑艺术相结合的产物。现在分别介绍一些较为著名的教堂：

喀山大教堂位于圣彼得堡的涅瓦大街，由俄罗斯建筑师安德烈·沃罗尼欣设计，于1801年8月开始奠基仪式，教堂以古罗马圣彼得教堂为原本，历经10年于1811年竣工。喀山大教堂是圣彼得堡的标志之一，专为存放俄罗斯东正教的重要圣物——喀山上帝之母圣像而建造。这个建筑的平面图呈十字形，中间上方是一个圆筒形的顶楼，顶楼上是一个端正的圆顶，它的外貌具有典型的当时帝国风格的特征。由于教堂的正门面向东方，侧面临涅瓦大街很不美观，所以，在教堂北面竖立94根科尼斯式半圆形长柱长廊，宏伟壮观，形成一个半圆形广场。教堂前的广场上有一座花岗岩喷泉，还有两位俄国统帅库图佐夫和巴克莱·德·托利的纪念雕像。喀山大教堂的内部更像一座宫殿。色彩明亮、轻快，内部以柱列分隔，长形主堂高大宽敞，中央穹顶辉煌华丽，仰视可见一幅圣母图，周边饰以《圣经》里的人物雕刻和水彩壁画。进入教堂右侧是库图佐夫将军墓。墓上部摆放着从法国军队手中夺得的战利品——几面军旗和钢盔。另外在军旗之间，还挂着一幅《喀山圣母像》，讲述了保佑莫斯科远离立陶宛、波兰联军入侵灾害的故事。其建筑材料被视为俄罗斯天然石材博物馆。主要装饰材料为从圣彼得堡地下开采的孔石。孔石的多孔结构使其比较容易加工，主要用于教堂的外墙饰面、打造柱顶、檐壁和门楣。内部装修沃罗尼欣则使用了卡累利阿大理石、当地的斑岩和碧石。教堂内部由56根带有镀金柱顶的圆柱装饰。雕画装饰由俄罗斯著名艺术家亲手打造，喀山大教堂内外都有雕塑和浮雕装饰。青铜圣徒像由斯捷潘·皮梅诺夫、伊万·马尔托斯和瓦西里·德穆特-马利诺夫斯基打造。墙壁则由包括卡尔·布留洛夫和弗拉基米尔·博罗维科夫斯基在内的著名画家的画作装饰。喀山大教堂曾是罗曼诺夫王朝的皇家教堂，建造之时起到了继承此前位于此地的圣母圣诞大教堂喀山圣母（她被视为王朝的守护神）圣像复制品以及皇家教堂的作用。皇室成员的婚礼、谋杀亚历山大二世未遂案后的感恩祈祷以及罗曼诺夫王朝建立 300 周年庆典均在这里举行。据说喀山大教堂供奉的喀山圣母像，在每次显灵后都会神秘消失，但是俄罗斯人相信当俄罗斯再次出现灾难的时候，喀山圣母还会再次出现。1801 年，为了安置《喀山圣母像》，沙皇保罗一世下令建造了这座教堂。据传说，喀山圣母像曾经多次显灵，第一次显灵是在伊凡雷帝对蒙古作战的时候，圣像显灵使当时的蒙古大军不战而逃。第二次显灵是在俄法战争时期，俄军元帅库图佐夫在反攻前到喀山教堂的喀山圣母前祈祷，圣母托梦给库图佐夫，俄罗斯将出现从未有过的寒流。而之后出现的寒流，使拿破仑的军队冻死过半，战斗力全无，拿破仑被迫仓皇逃回法国，使沙俄取得了俄法战争的胜利。第三次显灵是在第二次世界大战时期，东正教大牧首向喀山圣母像祈祷，圣母再次托梦给大牧首，说寒流将再次出现，这次寒流也使德军冻死过半，由于德军认为在入冬前就能结束战事，所以冬季装备准备不足，坦克和其他车辆都因为低温而不能开动，而苏联红军则士气高涨，最终苏联取得了莫斯科保卫战的胜利。

救世主大教堂位于莫斯科，是目前世界上最高的东正教教堂，也是最大的东正教教堂之一。拿破仑战争后，沙皇亚历山大一世于 1812 年 12 月 25 日下令修建，其目的是为了感谢救世主基督，并纪念在战争中牺牲的俄罗斯人民。1831 年完成设计，8 年后奠基。室内的壁画与圣像画都经过细心雕琢，教堂内的雕塑用了 17 年才完成，壁画的描画用了 23 年才制作完成。整个教堂有 5 个镀金的葱头状圆顶，中央圆顶高 102 米。大教堂对面是彼得大帝的塑像，一条被抬起来的高高在上的船，大帝拿着图纸，站在船头。"十月革命"后，苏维埃要在这位置建造苏维埃宫，下令拆除该宫。1931 年 12 月 5 日，救世主大教堂的残余建筑被炸毁，夷为平地。由于主客观各种原因，苏维埃宫并没有建成。苏联解体前夕，俄国东正教会接到许多教徒的请愿，要求重建救世主大教堂。1990 年 2 月，在救世主大教堂原址举行了重建奠基仪式，于 1992 年成立了重建基金，并在 1994 年接到了大量捐助。1996 年，新救世主大教堂的下半部分（耶稣变容大教堂）举行了祝圣仪式。整座教堂的重建工作于 2000 年 8 月 19 日竣工。现今的基督救世主大教堂成为了莫斯科著名的旅游景点。教堂的高度还是 103 米，它是完全仿照以前的大教堂建造，力图重现当时大教堂的样子。这座教堂可以容纳 1 万人左右，庄严而高雅。

圣瓦西里大教堂（华西里·伯拉仁内教堂）位于俄罗斯首都莫斯科市中心的红场南端，独特的色彩美感让其成为红场南端最亮的颜色。由俄罗斯建筑师巴尔马和波斯特尼克根据沙皇和伊凡大公的命令主持修建，于 1560 年建成。1553—1554 年为纪念伊凡四世战胜喀山汗国而建（由 7 个木制小教堂组成），并于公元 1555 年至公元 1561 年奉命改建为 9 个石制教堂，造型别致，雕刻奇异，主台柱高 57 米，为当时莫斯科最高建筑。中央的塔高 65 米，共有 9 个金色洋葱头状的教堂顶。1912 年，教堂因其破旧不堪而被俄罗斯文物保护协会视为危旧房。"十月革命"后，政府开始修复工作。陆续修缮的过程一直进行，内部在 20 世纪 30 年代中期被修复，1956—1965 年中心教堂的壁画由艺术家仿 16 世纪原貌重新描画。进入教堂内部，几乎在所有过道和各小教堂门窗边的空墙上都绘有 16—17 世纪的壁画。圣瓦西里大教堂历史上仅有很少时间使用过。传说教堂建造完备后，为了保证不再出现同样教堂，伊凡大帝残酷地刺瞎了所有建筑师的双眼，伊凡大帝也因此背负了"恐怖沙皇"的罪名。圣瓦西里大教堂现为俄罗斯国立历史博物馆分馆，作为建筑文物供人参观。

基督复活教堂有多种叫法，又称为"滴血教堂"、"滴血大教堂"，还叫"圣彼得堡滴血教堂"、"圣彼得堡滴血大教堂"、"复活教堂"、"复活大教堂"、"喋血教堂"等。这个教堂的修建是沙皇亚历山大三世为了纪念父皇而建的。公元 1881 年 3 月 1 日，亚历山大二世乘着马车准备去签署法令，遭遇"民意党"极端分子的暗杀而死。公元 1883 年，在亚历山大二世遇刺地点修建了这座教堂。它是圣彼得堡为数不多的传统式东正教堂，现在也是圣彼得堡的一个主要旅游景点。

基督复活教堂属于典型的东正教堂建筑风格，顶上有五光十色的"洋葱头"，教堂轮廓美丽，装饰色彩鲜艳，高度约 81 米，宽阔的外形，采用了与莫斯科巴克洛夫教堂相同的构造，但镶嵌复杂、颜色艳丽的图案，用丰富的彩色图案瓷砖、搪瓷青铜板装饰。喋血大教堂特意设计成中世纪俄罗斯建筑，类似于 17 世纪的雅罗斯拉夫尔教堂和著名的莫斯科红场的华西里·柏拉仁诺教堂。教堂内部有 7500 平方米的马赛克。这些马赛克是由意大利产的不同颜色大理石及俄国产的宝石精心加工而成的，从 1895 年起由著名的姆·维·瓦斯特索夫、姆·维·聂斯特洛夫、姆·阿·弗卢贝尔、里阿布金斯基等艺术家及技艺高超的维·阿弗洛洛夫进行设计镶嵌。

第七节　俄罗斯宗教与习俗

多神教与俄罗斯习俗：多神教产生于原始社会时期，受多神教的影响俄罗斯形成了很多民间习俗。例如，在俄罗斯人的生活中家神具有至关重要的意义。而白猫则被俄罗斯人认为是家神的象征，因此俄罗斯几乎家家都会养一只白猫。每当俄罗斯人乔迁新居时都会先让自家白猫进去转一圈，主人才会入住，而搬离旧屋时，白猫作为家神的代表则是最后一个离开的。类似的民间习俗还形成了俄罗斯熊节、俄罗斯鹅节、俄罗斯桦树节等民间节日。

基督教与俄罗斯习俗：俄罗斯东正教一个比较具有代表性的特点就是圣像崇拜，每一个普通的东正教教徒家中必定供奉着一幅圣像。当俄罗斯人接受了基督教之后，他们在困难或紧急关头总会一边划十字一边向上帝祷告，除了供奉圣像、划十字、向上帝祷告等日常行为外，俄罗斯东正教在人出生和死亡后都分别设有重要的仪式，出生后需要接受洗礼，临死前要做临终涂油礼和临终忏悔，下葬后第 9 天、第 40 天、一周年，死者亲属要举行追悼亡灵的仪式。

多神教与基督教混合体与俄罗斯习俗：这种混合首先体现为观念上，并通过俄罗斯人的言行举止表现出来。例如，在《大师与玛格丽特》这本书中有这样一个场景描写："在精神病院，当医生问伊万'抓杀人凶手'为什么要拿圣像时，伊万的回答是'圣像最让他们这种人害怕了'。"因为他们这种人是跟鬼怪打交道的人，而鬼怪是害怕圣像的。圣像崇拜是比较具有俄罗斯特色的宗教现象，按照赫克的观点，这皆缘于俄罗斯人对宗教象征主义的热爱。圣像、圣物在俄罗斯人的宗教生活中起着重要作用。圣像对老百姓的想象具有强烈的魅力，能激起他们朝圣这些神龛的强烈愿望。不但如此，虔信的俄罗斯人在自家最尊贵的位置也会放置圣像，认为这可以驱魔辟邪。而鬼怪的观念却很具有俄罗斯本土色彩，正如上文所提到的，是俄罗斯多神教的元素。无论是圣像崇拜，还是多神教的鬼怪观，经过几百年乃至上千年的传播，已经成为一种思想基因根植在俄罗斯人的集体无意识中，下意识地影响着他们的言行举止。

小　结

俄罗斯多教并存且宗教种类繁多。俄罗斯宗教之间互相影响，具有俄罗斯本土特色。俄罗斯宗教在俄罗斯人们之间起着一种纽带作用，把他们联系在一起，形成一种势力，同时又与俄罗斯社会生活的许多方面有着密切联系，互相影响，呈现出复杂性。宗教在俄罗斯的历史、社会及文化生活中起着重要的作用，在很长时期内一直统辖着俄国人的精神生活，俄罗斯民族精神和东正教融合，东正教塑造了俄罗斯的民族精神，而民族精神也在东正教神学建设中打下了深刻的印记。

一切意识形态的变迁，都是地缘环境变化的体现。东正教的中衰与复兴，正是这一规律的绝佳证明。东正教曾在俄罗斯统一、抵抗外敌侵略的过程中发挥重要作用，尤其是在对蒙古的库里科夫决战以及卫国战争的胜利中。东正教最突出的特点之一是政教合一，它构成旧俄时期专制的基础。转轨时期，俄罗斯执政者也积极扶持东正教会。应该说，苏联前总统戈尔巴乔夫对重振东正教有很大的推动作用。宗教作为维护统治阶级的工具，得到当局的提携和扶持，才具有存在的根基，才有广阔的发展空间。21世纪的俄罗斯，进入一个信仰自由、思想多元化的时代，加之外来宗教势力的涌入，各种宗教都面临巨大冲击。必须对自身进行大刀阔斧的改革，使宗教的发展与时代脉搏同步，只有这样，才能确保其在俄罗斯社会中应有的地位。

◎ **思考题**

1. 根据基督教在欧洲的传播情况，说明欧洲文化为什么本质上是基督教文化。

2. 浅谈"罗斯受洗"。

3. 为什么中世纪俄罗斯把基督教定为"国教"？

4. 简述苏联时期宗教政策的起伏和宗教作为社会意识形态的作用。

5. 简述伊斯兰教在俄罗斯的传播和发展。

6. 为什么说东正教是俄罗斯第一大宗教？

7. 东正教的信仰特点是什么？东正教信仰的主要仪式有哪些？

8. 对于俄罗斯人来说，复活节不仅仅是一个宗教性的节日，它更是一个全民性的节日。一般他们是如何庆祝的？

9. 为什么说俄罗斯教堂圆屋顶具有传统的民族特色？具有哪些特殊的宗教意义？

10. 为了安置《喀山圣母像》，沙皇保罗一世下令建造了喀山大教堂。你是如何理解喀山圣母像曾经多次显灵及其作用的。

11. 15 世纪下半叶，俄罗斯统一的沙皇封建君主专制制度已经形成，中央集权开始得到加强，这个国家的新的政治中心设在莫斯科。随着莫斯科地位的提高，都主教府又转移到那里，并且选择基督教作为国教，如何理解沙皇俄国是一个政教合一的国家？

参 考 文 献

[1] 丛亚平. 俄罗斯的宗教信仰与习俗 [J]. 民俗研究，2003（1）：169-176.

[2] 段丽君. 当代俄罗斯人与宗教 [J]. 俄罗斯研究，1998（5）：25-30.

[3] 李晶. 从多神教到罗斯受洗——俄罗斯宗教之路历史探源 [J]. 西伯利亚研究，2005，32（4）：56-58.

[4] 邱添. 浅析俄罗斯宗教对其艺术与文化发展的影响 [J]. 科技致富向导，2012（3）：60-60.

[5] 孙德利. 俄罗斯宗教建筑艺术 [J]. 世界宗教文化，2014（1）.

[6] 乐峰. 俄国宗教史 [M]. 北京：社会科学文献出版社，2008.

第五讲　俄罗斯建筑

　　俄罗斯在建筑上敢于大胆创新，以自己独特的民族建筑艺术和建筑风格在国际建筑史上享有盛誉，俄罗斯建筑是世界建筑文化宝库中辉煌灿烂的一部分。早在公元 10 世纪，由斯拉夫部落形成了早期的基辅罗斯公国，同时东正教从拜占庭传入罗斯，随之引入的还有拜占庭的教堂建筑艺术，经过了数个世纪的发展，俄罗斯建筑也在传统和外来建筑风格相融合的过程中，在建筑、园林艺术、城市建设等各方面都呈现出独特的民族个性，形成了自己特有的建筑风格，从古典主义到巴洛克风格到后现代风格，形成了诸如克里姆林宫、圣瓦西里大教堂、冬宫、夏宫等具有代表性的建筑奇迹，创造出全新的建筑艺术形象。

第一节　影响俄罗斯建筑的世界典型建筑风格

　　建筑是建筑物和构筑物的总称，是人类为了满足生存和发展需要创造的人工环境，是人类重要的物质文化形式之一。纵观人类建筑容纳了人类物理力学的丰厚底蕴，彰显了人类手工业制造者的巧夺天工，承载了人类开拓创新的勇气与决心。人类从远古时期的凿洞而居，到今天的万丈高楼，其间的变换经历了人类认识世界、改造世界的伟大功力，成为人类文明发展阶段的标志。人类建筑不仅有人类情感的传递，更有思想的凝聚，它用建筑的平面布局、形态构成、艺术处理和手法运用等方面说明和展示着文化的传统和现状。

每一时代、每一民族的建筑风格都会受到不同时代的社会政治、经济条件的影响和制约。果戈理曾说："建筑是历史的年鉴。"人类建筑文明的发展与社会文明的发展是同步的，每一座建筑的脚步都烙印了人类文明的辉煌。每一个时代的建筑，正好体现了一个时代的精神和风貌。

在全世界范围内，总体上看建筑类型很多：根据建筑材料的不同，有木结构建筑、砖石建筑、钢木建筑、钢筋水泥建筑、轻质材料建筑等；根据建筑所体现的民族风格，有中国式、俄罗斯式、日本式、欧陆式、欧美式、伊斯兰式、印第安式等；根据建筑的时代风格，有古希腊式、古典主义式、古罗马式、哥特式、文艺复兴式、巴洛克式等；根据使用目的的不同，有住宅建筑、生产建筑、宗教建筑、公共建筑、文化建筑、园林建筑、纪念性建筑、陵寝建筑等。更复杂的还有很多建筑流派，仅"二战"后西方就有野性主义、象征主义、历史主义、新古典主义、新方言派、重技派、怪异建筑派、有机建筑派、新自由派、后期现代空间派等。

对俄罗斯建筑产生巨大影响的建筑风格主要有以下几种：

哥特式建筑风格。这是一种兴盛于中世纪高峰与末期的建筑风格，起源于 11 世纪下半叶的法国。哥特式最初出现于圣德尼修道院教堂和桑斯教堂，特色在于尖形拱门、肋状拱顶与飞拱，主要用于教堂。哥特式教堂的结构体系由尖肋拱顶、飞扶壁、花窗玻璃、十字平面、束柱构成，哥特风格强调垂直升空感。哥特式建筑的尖肋拱顶推力作用于四个拱底石上，拱顶的高度和跨度不再受限制，视觉形成向上，加上修长的束柱和飞扶壁，整个建筑采取直线上升线条，雄伟壮观，可以把人们的心境引上天国。大窗户及绘有圣经故事的花窗玻璃，造就了教堂内部神秘灿烂的景象，能够使礼拜者沉浸在天国般的光亮之中。柱子不再是简单的圆形，多根柱子合在一起成为束柱，强调了垂直的线条，更加衬托了空间的高耸峻峭。哥特式建筑技术高超精致，又带有艺术性，在建筑史上占有十分重要的地位。最负盛名的哥特式建筑是法国巴黎圣母院，此外，俄罗斯圣母大教堂、意大利米兰大教堂、德国科隆大教堂、英国威斯敏斯特大教堂等也都是哥特式建筑的著名代表。

拜占庭建筑风格。它以基督教为背景，源于罗马帝国分裂后的拜占庭帝国，拜占庭建筑中既包含古罗马建筑文化，同时又汲取了波斯、两河流域、叙利亚等东方文化，形成了自己的建筑风格。拜占庭建筑屋顶造型普遍使用"穹窿顶"，以顶为中心构图。外部装饰少，主要装饰在室内。内部装饰特点鲜明，墙面往往铺贴彩色大理石，拱券和穹顶面用马赛克或粉画。彩色玻璃镶嵌画和彩色面砖装饰的色彩变化既注意变化，又注意统一。"拜占庭"原意是古希腊的一个城堡。最负盛名的拜占庭式建筑有圣索菲亚大教堂，圣索菲亚大教堂建于公元532年至537年，是当地东正教的中心教堂，这座教堂的设计没有先例，它有纵向的轴线，中厅两侧有排柱，构成一个方形的平面，上面有高55米的中心圆顶，这个圆顶建在四个拱形门上，圆顶两侧各有一个直径相等的半圆顶，这两个半圆顶又各有三个附属圆顶做支撑，可以认为这座教堂就是拜占庭建筑艺术的杰出代表。后来俄罗斯官方考察宗教时，被圣索菲亚大教堂的宏伟瑰丽折服，这也是为什么俄罗斯选择信奉东正教的原因之一。

巴洛克建筑风格。它起源于意大利的罗马，后传至法国、德国等欧洲国家，直至拉丁美洲的殖民地。巴洛克建筑是17—18世纪在意大利文艺复兴建筑基础上发展起来的一种建筑和装饰风格。其特点是抛弃了方形和圆形，代之以椭圆为基础的S形和曲线形，波浪形平面和立面使建筑形象出现漩涡，产生动态感；常常大量使用贵重的材料、精细的加工、刻意的装饰，以显示其富有与高贵；常常采用一些非理性组合手法，从而产生反常与惊奇的特殊效果；常常把建筑和雕刻二者混合，以求新奇感；用高低错落及形式构件之间的某种不协调，引起刺激感。设计的理念就是"精神与空间"，巴洛克建筑体系通过空间和人的精神对话来传递和参与。

第二节　俄罗斯建筑的历史沿革

广袤的土地造就了俄罗斯人坦荡宽阔的胸怀，漫长的冬天让俄罗斯人对大自然充满了热爱，他们凭借对生活的热情和情感的细腻，在建筑事业上创造出许多璀璨的艺术珍品，形成俄罗斯民族特点的建筑风格。俄罗斯建筑可以划分为五个主要时期，即萌芽于远古时期、起步于基辅罗斯公国时期、形成于莫斯科公国时期、辉煌于彼得大帝时期、继续发展于现当代。总体上看，前三个时期形成了俄罗斯独特的建筑风格，第三个时期以后，俄罗斯的建筑逐渐与欧洲的建筑接轨、相融。

一、远古时期俄罗斯建筑

俄罗斯人的祖先为东斯拉夫人罗斯部族，罗斯人凭借森林覆盖率广的优势，加上气候寒冷，木屋保暖性强，所以木屋建筑是俄罗斯的主要居住形式。俄罗斯木建筑物的构造方法是，用圆木水平地叠成承重墙，在墙角圆木相互咬榫。屋顶坡度很陡，方便清除积雪。修建成两层房屋，下层作为仓库、畜栏等，上层住人。为了少占室内空间，楼梯设在户外，通过曲折的平台，联系各个组成部分。由于结构技术和材料的限制，内部空间不发达，但保暖性能良好。俄罗斯人会在窗扇、天花板、阳台栏杆等地方点缀雕花，留着分明的斧痕，染上鲜亮的颜色，充分表现出俄罗斯人热烈的性格。木制建筑是俄罗斯传统文化的重要组成部分，在俄罗斯建筑历史上有着辉煌的过去，也对现代俄罗斯的木结构建筑产生重要影响。俄罗斯很多小城都保存着木制建筑艺术，它们是美观与实用的结合，也是俄罗斯建筑传统艺术的文化遗产。基日岛木制建筑种类多样、特色鲜明，成为了独一无二的木结构建筑代表。岛上装饰着 22 个葱头式尖顶的木结构主显圣容大教堂，是基日岛的标志性建筑，这座教堂已被列入世界教科文组织遗产名录。木屋在俄罗斯历史上有着很悠久的历史，克里姆林宫最早也是木制结构建筑，后来因火灾频繁，改成石砌。

二、基辅罗斯公国时期建筑

6世纪时，东斯拉夫人逐渐向东欧草原地区迁徙。公元882年，建立了基辅罗斯。随着生产的发展，俄罗斯从基辅罗斯开始已拥有众多的城市：基辅、诺夫哥罗德、普斯柯夫、契尔尼戈夫、波洛茨克、斯摩棱斯克、弗拉基米尔等都是俄罗斯最古老的城市，它们在10—11世纪时已达相当规模。基辅罗斯接受基督教后，深受拜占庭建筑艺术的影响，俄罗斯的一些大型建筑用石头建的越来越多，这一时期城市石砌建筑属于繁荣时期。基辅罗斯奥丽加女公为自己建了一座两层楼的庞大石头宫殿，内外饰有大理石、彩色石板和绘画，至今废墟犹存。弗拉基米尔城近郊建于12世纪的一座官邸（安德烈·博戈柳夫斯基公爵所有），内部也有白石和大理石的建筑。

基辅罗斯时期的建筑以教堂为主。10世纪末，基辅罗斯封建统治阶级为了巩固政权，将东正教作为国教进行大力扶植，他们从拜占庭引入石建筑技术，开始在基辅大规模地修建东正教的教堂和修道院，修建祭祀场所。基辅罗斯最早的石砌教堂出自希腊拜占庭大师之手，他们成为俄罗斯建筑师的启蒙者，也使罗斯建筑水平大大提高。这些教堂是石造建筑，形式上则是典雅大方、高阔端正，这样的主建筑结构搭配多个矗立上端的半圆形顶盖。

公元989年，由希腊建筑师营造的第一批石头建筑的代表——基辅的圣母升天大教堂奠基。基辅的索菲亚教堂（1037—1057年）是基辅罗斯的一座艺术丰碑，是11世纪古罗马建筑艺术的高峰，其上方有13个圆顶，后来的建筑逐渐将圆顶减少。建筑技术的方法和建筑细部的处理上都带有拜占庭东正教堂建筑的特征，同时保有自己的建筑特色。其建筑气势宏大，十分壮观。这种建筑形式最主要的目的就是一切以神为皈依，塑造庄重典雅伟大高尚的气氛，让信徒心生崇敬之感。在那个多神信仰的时代，对于一般老百姓，的确有"神胜过一切"的感受。俄罗斯著名历史学家格列科夫写道："跨过索菲亚门槛，您立即会被它的宏伟和壮丽所迷惑。当您细看和深思所有情形，并明白这个最大的建筑和绘画作品的创造者的全部意境以前，内部空间宏大的规模，严整的对称，豪华的马赛克和壁画，以其完美的技巧，定会使您倾倒。"基辅是古罗斯最大的城市，当时，基辅有8个市场，很多教堂，基辅城的教堂建筑代表着古罗斯当时的建筑水平。基辅罗斯建筑学上的另一重要作品是诺夫哥罗德的索菲亚大教堂（1045—1050年）。诺夫哥罗德是古罗斯的又一个文化中心，其文化艺术发展更依赖于自己的传统。在这里，鲜明的多神教古风的装饰性图案与结绳型图案融为一体，体现出多神教广泛而久远的影响力。拜占庭的建筑形式影响深远，直到18世纪初彼得大帝西化政策之前，都是大型宗教建筑的主流形式。

11—12世纪，为了确定基督教在古罗斯的国教地位，并利于在这些教堂里进行基督教的种种祭祀活动，在基辅和其他城市里建造索菲亚大教堂，教堂代表着古罗斯的宗教艺术水平，也说明宗教对建筑有着深刻的影响。12世纪中叶，古罗斯进入社会、经济和政治发展的一个新时期，即封建割据时期，分裂为若干独立公国。各地的封建主随着实力的强大，开始同大公进行争取独立的斗争。这样一来，统一的教会便开始转变为各地有实权的小教会，他们拥护各地的王公，大力发展教徒。王公为了取得教会的支持，不惜耗费巨资，为增加的教徒建立新的宗教活动场所，并大兴土木，建造大教堂。这些教堂建筑基本保留了11世纪的建筑风格和原则，但结构已趋向简单化，却同时具有了更加美观漂亮的外观造型和更加实用的结构。特别要提到的是弗拉基米尔大公安德烈·博戈柳布斯基，他在弗拉基米尔建城开创了艺术新流派——弗拉基米尔罗斯文化，并将这种文化在他钟情并呕心沥血的建筑艺术上发挥得淋漓尽致。他的建筑规划始于1158年，代表性的建筑物当属弗拉基米尔的圣母安息大教堂，富有新意，别具一格，为这个学派的经典之作。

12世纪后半叶，古罗斯出现了塔式教堂，这是拜占庭祭祀建筑对古罗斯建筑影响渐渐减弱的表现。1132年，基辅罗斯公国分裂，基辅的政治地位没落，取而代之的是东北方的弗拉基米尔-苏兹达里公国。其中斯摩棱斯克的天使长米加勒大教堂就是这种教堂的早期范例。社会的经济变化也影响了宗教建筑的形式。以往多半由社会上层的统治者与贵族兴建教堂，社会富裕后，商人与一般平民也能集资兴建；也因此，教堂体型变小，装饰日趋平民化。从位于弗拉基米尔城郊外的涅尔利河圣母代祷教堂（1165年），已经可以看出俄罗斯宗教建筑渐渐摆脱拜占庭的拘谨形式。首先，很明显的，它的独立塔形建筑样式是一大突破。下半部结构缩小了，但维持了拜占庭的优点，是近乎完美均衡的正立方体，每个立面的三等分切割是典型的基督教数字观念，代表圣父、圣子、圣灵；其上跳脱而起的塔楼则象征三位一体至高无上唯一的神，让信徒望之崇敬。其次，教堂外墙的浮雕则是将俄罗斯木造建筑的雕刻装饰手法体现在石造建筑上，它不同于罗马的浮雕，而采用俄罗斯民间木造房舍广为流传的雕刻母题，如花草、鸟、兽等来点缀墙面。

14世纪下半叶到15世纪，俄罗斯民族自我意识高涨，建筑文化也得以复兴。古罗斯各个公国的教堂在继承拜占庭和基辅建筑艺术的同时，又有各自的地区特色。1480年，俄罗斯正式脱离蒙古鞑靼的统治。俄罗斯人民刚获得自主权的心理，正好酝酿出新建筑形式的气氛，而且是能够提升俄罗斯民族自信的那种形式。兴起的莫斯科公国利用这个情势，发展了俄罗斯传统的建筑形式。俄罗斯工匠们巧妙地把木建筑的艺术运用于石造建筑，在形式上找到了俄罗斯建筑的特点，在思想内涵上体现出俄罗斯的精神。

三、莫斯科公国时期的建筑

从14世纪初起，莫斯科公国陆续合并四周王公领地，国势渐强，到16世纪30年代以莫斯科公国为中心的俄罗斯统一国家基本形成。民族意识显著增强，俄罗斯建筑发展到了一个新阶段，并开创了新局面。这是俄罗斯历史文化的转折点，真正的俄罗斯民族文化的历史便从16世纪开始形成，建筑事业成为为"沙皇事业"服务的任务。莫斯科成为俄罗斯统一国家的首都，作为经济、政治、文化的中心城市，集中体现了这个时期俄罗斯最优秀的建筑工艺水平，此时期的建筑也体现出俄罗斯国家国际地位的提高。在意大利建筑师的参与下，石头建筑在莫斯科崭露头角，堡垒、教堂、宫殿以及高大的城墙和塔楼开始出现。1555年建造的华西里·伯拉仁内教堂，坐落在莫斯科红场上，与克里姆林宫相对，整个建筑由俄罗斯传统风格的9个墩式教堂组成。中央墩是主体，高46米，"帐篷顶"，其他8个墩子整齐排列成方形，每个都是战盔式（葱头）穹顶，穹顶轮廓十分饱满，但表面形式又各具特点。

新克里姆林宫（意为城堡）的建设，则标志着以莫斯科为首都的俄罗斯中央集权国家的确立。整个建筑群于 15 世纪末到 16 世纪初全部竣工。15 世纪末，在克里姆林宫建造了圣母升天大教堂，平面采用希腊十字式，5 个穹顶都有高高的鼓座，建材开始采用砖头和赤陶，把克里姆林宫的白石墙换成砖墙。在 16 世纪，克里姆林宫中著名的建筑是伊凡雷帝钟楼，高达 80 多米，是较早的大型石造多层建筑。新的圣母安息大教堂按照弗拉基米尔的安息大教堂修建而成，以比例匀称、艺术手段简练而闻名遐迩，为 16 世纪大教堂的经典之作。此后一系列教堂落成：大公的家庭教堂——报喜大教堂、安葬大公的天使长大教堂等。克里姆林宫的东墙外是红场，为庆祝俄国军队战胜喀山汗国的胜利，伊凡雷帝下令建设了圣瓦西里教堂，如今被认为是莫斯科的标志。此外，还增添了一些世俗建筑，如大公的宫殿——多棱宫，这是其中唯一留存至今的建筑，可以看出，莫斯科克里姆林宫的整个建筑群体现了统一俄国的强大和雄伟的思想。

教堂建筑也林立于其他城市。此时发明了用砖头封顶的新方法，使建造无立柱的小教堂成为可能，教堂的世俗成分日益明显起来。16 世纪出现了新的圆锥形石造教堂建筑样式，三角锥式教堂是 16 世纪俄罗斯建筑的最高成就，最大限度地体现出基于木头建筑学的俄罗斯传统的民族特色。这种角锥形教堂风格与拜占庭的圆顶教堂建筑风格完全不同，标志着俄罗斯祭祀建筑民族化的开始，是 16 世纪俄罗斯建筑的一个巨大成就。在鲍里斯·戈都诺夫执政期间，俄罗斯各地建造了许多角锥形塔式教堂。最早的角锥式教堂是在莫斯科的克洛缅斯克耶村建造成的主升天大教堂。这座教堂高达 62 米，由上下两层外加尖锥顶组成。1555—1561 年在克里姆林宫附近建造的波克洛夫大教堂则是俄罗斯中世纪建筑的一座丰碑。整座教堂本为木制，后改为砖石结构，实际上是一个建筑群。8 个色彩绚丽的塔顶围绕中央教堂的高大锥形尖顶，形成一个有机的整体。以金色、绿色为主色的穹顶雄伟壮观，中央塔顶的高度达到 65 米，象征着永恒的欢乐。这些角锥教堂建筑风格相似，概括起来有两种形式：一种是单顶无柱式，另一种是五顶四柱式。就整体而言，无论是建筑规模还是建筑的多样性和独特性，16 世纪都可称得上是俄罗斯建筑史上的辉煌时期。

17 世纪末至 18 世纪初，俄罗斯建筑西欧化。经历了战争和纷争确立了沙皇统治后，对俄罗斯恢复经济和促进国家政局稳定起到了重大的作用。之后，俄罗斯逐渐开始恢复自己的艺术文化。17 世纪，一种新的价值观念渐渐取代中世纪旧的价值观，文化艺术开始强调人的作用。减弱了宗教机构对祭祀建筑、教堂壁画和圣像画的控制。这样一来，这个时期建筑物的主要特征是追求建筑外形的美观，强化建筑的装饰，弃绝了宗教祭祀建筑的严峻冷酷，并且祭祀和民用的建筑形式有所趋同。此时，建筑的装饰性体现在：大量采用各种各样色彩鲜艳的饰物和成型砖头，建筑物内外都用彩色瓷砖。此种富丽堂皇的建筑风格被称为"俄罗斯巴洛克"或"纳雷什金风格"。该流派的特点为：装饰性的白石雕刻，结构清晰、对称、多层，细部考究；正面的彩色花纹、彩色瓷砖和建筑物有明显向上的动感等。

17 世纪末的俄罗斯巴洛克风格及其方法和形式对后世的建筑都有影响，说明俄罗斯建筑艺术一直在积极地寻找自己的民族风格，是建筑艺术从中古世纪向 18 世纪的过渡，具有过渡时期艺术的探索特征。

四、彼得大帝时期的建筑

18 世纪是俄罗斯历史上具有划时代意义的世纪，是一个承上启下的重要时代。当然，这个时期的开端与伟大的彼得大帝的改革是分不开的。彼得大帝将国号定为"俄罗斯帝国"，体现了他富国强民的思想。在彼得大帝学习借鉴西欧的重要国策的指导下，18 世纪上半叶，俄罗斯开始努力学习欧洲建筑艺术的基本规律，在继承传统的同时，对以往的建筑结构、建筑语言、建筑思维等进行了一定的变革，以适应西欧刚刚产生的古典主义建筑风格，单调舒适的古典风格占了上风，这是世界建筑艺术中最吸引人的式样之一，线条严整、造型柔和。18 世纪中叶，开始盛行豪华的巴洛克式建筑，莫斯科的建筑师创建了具有自己特色的巴洛克建筑风格。俄罗斯的建筑开始融入欧洲的建筑风格，城市建设涌现出从未有过的建筑景观：大街、河岸街等。具有对称布局特点的建筑进入了莫斯科和其他大小城市甚至农村。

1703 年开始建立的新都圣彼得堡大型建筑差不多都是巴洛克式或古典主

义的风格，这一时期的代表作是在泥泞海滩上新建起来的圣彼得堡。它位于俄罗斯西北部，波罗的海沿岸、涅瓦河口，始建于 1703 年，至今已有 300 多年的历史，如今是俄罗斯第二大城市，因为建在波罗的海东岸的涅瓦河口，整个城区分布在涅瓦河三角洲的岛屿上，别具水城风情，故有"北方威尼斯"之称。圣彼得堡因其风格鲜明的俄罗斯古典建筑享有盛名。这座城市以其独特的风格建造的涅瓦大街（这条街有 4.5 公里长，道路两边集中了 18—20 世纪最杰出的建筑，每一幢建筑都精雕细刻。建在涅瓦河岸的冬宫，也是典型的巴洛克式建筑，冬宫于 1754—1762 年建成，为沙皇宫殿，冬宫结构复杂，倚柱、断折檐部以及装饰都采用的是巴洛克式手法。此外，涅瓦大街还是一个信仰宽容的地方，在这里集中了东正教的喀山大教堂、新教的圣彼得和保罗教堂、天主教的圣凯瑟琳教堂、荷兰教堂、亚美尼亚教堂、彼得要塞（这座六棱体的古堡墙高 12 米，厚 2.4—4 米，要塞中有圣彼得堡大教堂、钟楼、圣彼得门、彼得大帝的船屋、造币厂、兵工厂、克龙维尔克炮楼、十二月革命党人纪念碑等建筑物），还有冬宫、夏宫、普希金村、喀山大教堂、马林斯基剧院等优秀历史建筑，如今吸引着不同国家的来客。此外，圣彼得堡中心广场周围建成了一批大型纪念性建筑物，海军部大厦、总司令部大厦、47 米多高的亚历山大纪功柱等。圣彼得堡的建筑特征体现出彼得大帝的强国思想，这里的建筑大多规模宏大、气魄宏大，也标志着建筑师已经掌握了高超的建筑技术。

18 世纪下半叶，巴洛克风格开始衰落，取而代之的是古典主义建筑。古典主义艺术思想要求艺术家遵循一种基于理性基础的创作规范和原则。古典主义的特征是建筑物结构的鲜明逻辑性和建筑正面的严格对称性等。

五、现当代俄罗斯建筑

19 世纪是俄罗斯历史上的一个大转折时期，资本主义在俄罗斯开始急剧发展，这与沙皇专制体制产生了不可调和的矛盾。东正教会虽然极力维护沙皇的统治，但在大势所趋面前，无力挽回。社会的大动荡，带来思想火花的大碰撞，建筑中的古典主义、浪漫主义、现实主义互相作用、互相渗透，而教堂不再像中世纪那样受到最大的重视，城市建筑则变得更加丰富多样、色彩斑斓。19 世纪末 20 世纪初，现代派建筑风格开始在俄国出现，它们采用钢筋水泥技术，把建筑外形、阳台、梯子、飞檐等设计得奇形怪状，窗户样式不一，玻璃上带绘画，室内护墙板上涂着彩画，整个设计给人以突出个性自由的印象。舍赫捷利是俄国现代派建筑的代表人物，他按这种风格改建了莫斯科艺术剧院（1902 年）、设计建造了莫斯科卡恰洛夫大街原里亚布申斯基宅邸和雅罗斯拉夫斯基火车站（1902 年）。

"十月革命"是 20 世纪俄罗斯最重要的历史事件，20 世纪 20 年代起的建筑风格为苏维埃结构主义风格，建筑材质以灰色混凝土为主，为纪念革命家和社会活动家进行的纪念碑修建工作开展得如火如荼。著名的建筑有列宁墓。教堂建设不再继续，而且受到极大的破坏，有些教堂被烧毁，有些被改作其他用途的建筑，大量应用于非宗教活动。20 世纪 30 年代中叶，政府要求在苏联的建筑中体现社会主义的胜利果实，建成了莫斯科农展馆（今全俄展览中心）、列宁图书馆。在伟大的卫国战争以后，"斯大林帝国风格"、"凯旋式"成为了重建城市——伏尔加格勒、明斯克和基辅的风格。在莫斯科共建了 7 座斯大林式帝国风格的大楼，被称作"摩天大楼"。进入 20 世纪 60 年代，"装饰主义"繁荣时期结束，一种简单、经济和展现现代技术的新型建筑发展起来，如统一模式的五层"盒子式"楼。

苏联解体后，在城市最好的位置上耸立起体现"后现代主义"精神的银行和写字楼，带有塔式尖顶、曲线楼顶、混凝土和玻璃外部装饰。在郊区，出现了新颖别致的私人别墅。如今，优秀的建筑师们正积极探索改造城市风格的新可能性。俄国规模最宏大、最引人注目的建筑依旧在莫斯科，这里既在建造新的建筑物，也在修复甚至常常是完全再现古旧建筑文物的风貌。

第三节　俄罗斯建筑的美学特点

一、建筑空间美学来源于木质结构建筑技巧

从木结构建筑发展起来的技巧，主要有层次叠砌架构、大斜面帐幕式尖

顶、外墙民俗浮雕。俄罗斯最早的建筑是木架结构，现在在民居建筑艺术中仍然有体现，这些建筑集实用功能和色彩美观为一体，北部木构民居就充分体现了这一特点。人们用鲜亮而富有表现力的形象呈现建筑物的主体结构和细节部分，这个传统缘起于多神教时的古罗斯，特别注重装饰窗户、门和房屋上半部分，用这种方式来保护家人和家园免受邪恶势力的侵害。在西伯利亚，民居建筑风格各异，但都像艺术品一样有造型。在建筑材料上，俄国人更喜欢使用木材而不擅长用砖和水泥，很多房子墙体就是一根根表面碳化的上下两面刨平的圆木（可以防腐烂）搭建的。碳化的木屋在色彩上是棕黑色，所以建筑整体上给人感觉深沉而厚重，具有很怀旧的味道。俄罗斯的民居很突出的地方主要表现在屋顶，每家的屋顶都是不一样的，有大耳垂肩的坡屋顶配上活泼的老虎窗，有精致的圆穹屋顶，有哥特式的双塔，在外装饰上多少采用了洛可可式的繁琐，极其复杂而细致的木雕刻窗花和门脸。俄罗斯的住宅一般是单层或二层，当地人一般不喜欢高层和多层住宅，一栋个人的住宅要建两三年，这倒和俄罗斯的慢节奏生活很合拍。他们把自己建房子当作是一种休闲方式，慢点可以，漂亮和舒适是一定要的。

木刻楞是典型俄罗斯族的民居，具有冬暖夏凉、结实耐用等优点。木刻楞的建筑方法，主要是用木头和手斧刻出来的，有楞有角，非常规范和整齐，所以人们就叫它木刻楞房。木刻楞房的建筑用材不外乎石材和木材两大类。木刻楞在墙裙之下，一般选用大块石料做基础，稳重而平滑。中间用粗长圆木叠摞或用宽度不等的长条木板钉就成墙壁，质朴亲切。上部房檐、门檐、窗檐是装饰重点，以木材为主，并结合运用了木雕和彩绘等工艺，精细而耐看。木刻楞房盖好以后，可以在外面刷清漆，保持原木本色；也可以根据各家各户不同的爱好涂上自己喜欢的颜色，一般以蓝、绿色居多。通常以同类色为主，中部墙体多为暖色调的黄色或金黄。"三檐"则采用冷色调的蓝、绿、浅绿等。这样使"三檐"的冷色调在中部墙体、大面积的暖色调的映衬下显得清雅秀丽。而房顶多为"人"字形，屋顶陡峭，有户外楼梯与阳台，原木搭建，显得朴素、自然和亲切，色彩明快、活泼，极富雕塑感，被人们称为"彩色雕塑"。

俄罗斯的教堂是俄罗斯民间木结构建筑和拜占庭建筑艺术相结合的产物。

其特征是：最上为葱头顶，下接帐篷顶、鼓形座，再下是重叠连券过渡体，最下是方体。或上部中央是大洋葱头圆顶，四角是小洋葱头顶，都有较高的鼓形座，也有的在方基座上有9~13个圆顶。教堂有户外楼梯与台阶。独立的塔形结构与堆砌成团的战盔形剖面装饰则是时代背景下的产物，这和俄罗斯宗教和沙皇统治的方式是密切相关的。

二、建筑装饰美学方面奢华细致是俄罗斯建筑的标志

俄罗斯建筑的装饰性很强，具体体现在：大量采用各种各样色彩鲜艳的饰物、成型砖头，建筑物内外使用花纹砖和彩色瓷砖。此种富丽堂皇的建筑风格被称为"莫斯科的巴洛克"或"纳雷什金风格"，比如当年皇帝彼得一世的行宫——彼得宫，是最具规模和豪华的宫殿，这种风格在室内装饰设计上体现得也最为充分。在整个建筑内部空间中，正厅的楼梯最富丽，尤其是雕花楼梯栏杆更是极尽豪华高雅。洁白的墙面饰以镀金镂花雕刻，壁龛、雕塑、柱式比比皆是。俄罗斯建筑的装饰特点为：雕饰华丽、结构清晰、细部考究、多层对称、彩色花纹、动感强烈等，重视建筑整体与局部，以及局部之间的比例、均衡、韵律等形式美原则。俄罗斯古建筑的装饰手法有：

1. 在建筑中使用浮雕和圆雕；
2. 在室内墙和顶棚上用湿壁画进行装饰；
3. 在内外墙上使用彩石镶嵌画，具有拜占庭的建筑特色；
4. 在教堂和寺院里，用木板圣像画作装饰；
5. 在建筑中使用几何形、动植物纹样装饰。

在建筑外观、建筑细部（柱式、线脚、门窗、栏杆等）上，受意大利和法国的影响比较多。

三、俄罗斯建筑色彩美学

俄罗斯建筑擅长用颜色的对比来表现气势的雄伟。浓郁的色彩是俄罗斯风格的奢华基调，俄罗斯人大胆使用色彩是因为他们认为各种颜色都有特殊

的意义，红色象征着吉祥、喜庆和美丽，蓝色象征着忠诚和信任，绿色象征着和平和希望，紫色象征着威严和高贵。在建筑中，把各种颜色巧妙地搭配在一起，使用墨绿、宝蓝以及饱满金是唯美装饰的基础，很多颜色搭配起来无比和谐，白色建筑和金色装饰的救世主大教堂、冬宫，红色建筑和白色装饰的国立历史博物馆……黄色、蓝色、绿色多与白色搭配，可以看出建筑颜色总体上更钟情于白色和金色。俄罗斯人生活在严寒地带，白雪和牛奶陪伴他们时间最长，象征着纯洁和高尚，代表的是神的颜色。金色则代表太阳，威力无比，所以俄罗斯东正教堂用金顶。建筑颜色就是俄罗斯人的品位世界，他们大胆而无畏，热情而充满活力。

四、俄罗斯建筑材料美学

俄罗斯富有森林，盛产木材，石头较少，木材自然成为俄罗斯人最常使用的建筑材料，莫斯科克里姆林宫最初是木宫，17 世纪开始增建砖石结构，但沙皇米哈伊尔还是宁愿住在木宫里，他觉得这木宫里更暖和舒适。随着经济的发展和与拜占庭交往的增多，俄罗斯建筑、主要是大型建筑，用石头建的越来越多。基辅罗斯奥丽加女公为自己建了一座两层楼的庞大石头宫殿，内外饰有大理石、彩色石板和绘画，至今废墟犹存。总体上看，俄罗斯建筑使用的建材是十分讲究的，为了建筑华丽宫殿和教堂，不惜重金从世界各地购进名贵木材和石材，用足了气势。一般来说，从建材与构造上看，俄罗斯民间建筑（住宅与小教堂）以木料为主材，以石材和金属（铅、锡、铜和铁等）为辅料；而宫廷建筑（宫殿、教堂、城堡和塔楼等）中，则以红砖、石料（花岗石、大理石、彩色石等）、金属（金、银、青铜、铜等）为主，木材、彩釉砖为辅，用石灰、石膏作为粘结料或装饰材料。

第四节　俄罗斯建筑之地铁站篇（莫斯科地铁站）

世界上最早开通的地下铁路系统是 1863 年的伦敦大都会铁路。发展到现在，各个现代化的都市都有了自己的地铁系统，主体是轨道运输，是城市公共交通运输的一种形式，地铁的修建作为一种建筑艺术在俄罗斯却形成了一种独特的建筑风格。其中最著名的是莫斯科地铁。莫斯科地铁，全称为列宁莫斯科市地铁系统，被公认为世界上最漂亮的地铁，莫斯科地铁是世界上规模最大的地铁之一，它既是公共基础设施，也是举世闻名的俄罗斯建筑艺术代表作品。

在战争（如第二次世界大战）时，地下铁路亦会被用作工厂或防空洞。不少国家（如俄罗斯、韩国）的地铁系统，在设计时都把战争可能计算在设计内，所以无论是铁路的深度、人群控制方面，都同时兼顾日常交通及国防的需要。莫斯科地铁始建于 1932 年，1935 年 5 月 15 日，一条以红线为标志的莫斯科第一条地铁线（1 号线）通车。这也是当时苏联的第一条地铁线，总长度为 11.6 公里，从索科里尼基站到文化公园站，沿途设有 13 个车站，地下铁道考虑了战时的防护要求，可供 400 余万居民掩蔽之用。俄罗斯地铁隧道挖得特别深，不单是为了避开地面的繁忙交通及房屋，还为了避免铁路系统受到户外的恶劣天气的破坏，莫斯科地铁地面线：4 号及 L1 号线，受到极端寒冷天气的肆虐导致维修费用已经远远高过地下线的建造及维修费用。俄罗斯圣彼得堡的地下铁路一般都超过 100 米深。

地铁站的建设也常被用作展示国家在经济、社会以及技术上高人一等的指标。例如苏联的地下铁路系统便以车站装饰华丽出名，莫斯科、圣彼得堡等城市的地铁站都让人流连忘返。莫斯科的每座地铁站都拥有其独特的建筑风格。石材选取很讲究，分别选自乌拉尔山、阿尔泰、中亚、高加索及乌克兰等二十多种不同产地的大理石及各种矿石，车站大厅地面铺满了各种大理石。地铁站的建筑造型各不相同，均由国内著名建筑师设计，风格迥异，墙体多用五颜六色的大理石、花岗岩、五彩玻璃镶嵌出各种浮雕、雕刻和壁画装饰，站台顶部配有精湛技艺的马赛克镶嵌画，照明灯具也十分别致，进入地铁站好像进入了富丽堂皇的宫殿。

各个地铁站的建筑都有主题，或者以民族名人为主题，或者以历史事件为主题，加入了文化艺术元素，很多以俄国大文豪命名，如"普希金"站、"契诃夫"站、"屠格涅夫"站等。其中最著名的是"马雅可夫斯基"站。该站以苏联革命诗人马雅可夫斯基命名。建筑风格属于"斯大林式新古典主义"，既有传统的装饰元素，又有浪漫情怀。大厅两侧的大理石拱门都镶着不锈钢，穹顶为圆形。地面中央镶嵌着红色大理石，这样看起来像一条红色"通道"，走在上面都觉得受到鼓舞。地铁站最吸引人的地方是天花板，这里镶嵌着苏联名画家杰伊涅卡的马赛克壁画，共有 31 幅。该设计方案在 1938 年的纽约国际展上获得大奖，可谓是世界级的地铁站。

还有一些地铁站是以爱国主义为主题的地铁站，如，莫斯科共青团地铁站也是苏联时代建筑风格的典范之作，精美的大理石柱面，典雅的吊灯，以及站台顶部那些代表着建筑者精湛技艺的马赛克镶嵌画，色彩选用火热的淡黄颜色和白色花纹线条，富有感染力，忠实地记录了青春和激情时代，大量的社会主义绘画，让人仿佛回到苏维埃年代。鹅黄色的穹顶，最具皇家宫殿气派，上面有精美的马赛克贴花和铜雕的壁画、水晶吊灯、奢华的大理石廊柱，犹如沙俄时代的皇宫，这座车站的设计方案还获得了 1958 年"布鲁塞尔国际博览会"金奖。此外还有胜利公园站，这曾是世界上最深的火车站，距离地面 97 米，是莫斯科最深的地铁站，通往站台的电梯长达 120 多米，只是从地面下到站台就得花费约 2 分钟的时间。胜利公园站墙上的壁画是有关两次卫国战争的内容。还有革命广场站，雕塑以"十月革命"胜利和苏联红军反法西斯战争为主题。"门捷列夫"站则极富创意地在吊灯和壁画等细节运用了大量化学元素符号。总体来说，莫斯科地铁站保留了浓厚的斯大林时代的建筑色彩，从地铁站的站名和壁画内容和标语就能看出。

第五节　俄罗斯建筑之庄园篇（贵族庄园）

庄园建筑是社会发展到一定阶段上的产物，表现着人类社会的一种文化和制度。据史料记载，俄罗斯庄园建筑历史已有三百年左右。

俄罗斯庄园有个逐步形成的过程，经历了家园、庭园的发展。之前每个家庭都有家园，建筑很简单，就是一所人住的大房舍、几间经营活动或日常事务用的附属房舍，富裕一点的人家还有供佣工和奴仆住的小房子，加上围圈起来的房前屋后附属土地，类似篱笆圈起来的庭园。因为俄国历来地广人稀，房舍周围的地界开阔，有条件允许把庭园扩大，变成花园或园林的规模。

随着生产物品的丰富，居所建筑有了城市和乡村的区别，庄园开始有规模地产生。特别是彼得大帝当政后，随着城市数量的增加，贵族们开始体验到自然的诱惑，开始在外省兴建带有宫殿、小教堂和各种家居使用的庄园建筑。这类庄园大多仿照皇帝、皇族和宫廷要员在城市郊区设立的行宫或公馆式样，其功能仅为休闲和娱乐的场所，兴建贵族庄园的潮流便盛极一时。俄罗斯贵族庄园通常建在半山腰，置身庄园凭栏远眺，周围景色尽收眼底。主人的正房位于显眼之处，从远处就可以看得见，一般不在平坦之处，也并非位于被风吹拂的山顶，一般建于斜坡上。正房一般是一座二三层两侧带有厢房的小楼，门庭有粗大的白色柱廊支撑。庄园的大门沿着笔直的大道直通主楼，主楼的正门前开辟有带花坛和喷泉的草坪。花园中则错落有致地分布着亭台、假山、喷泉、木桥，还点缀着各式各样的雕像。花园小径的两旁都有爬满攀缘植物的树篱。富裕人家的室内极其豪华，壁炉以艺术造型为主，大门镶嵌上青铜，豪华的吊顶灯，镀金或红木家具。有的庄园里还建有剧院。庄园周围散落着必需的家居日用建筑：下人住处、仓库、地窖、粮仓、马厩、暖房、蜂场、狗舍等。这些小型建筑也常常出自于著名的建筑师之手。

女皇叶卡捷琳娜二世执政期间，广泛赐赠名门望族大量土地，使得有配套设施的一片片贵族领地像一张密密麻麻的网覆盖了全国。这些贵族世家招引大批建筑师、能工巧匠、艺术家和各种文化人奔向外省直至穷乡僻壤，择选地盘建起一座又一座的贵族庄园。经过18世纪中叶至19世纪中叶100多年的发展，贵族庄园遍布全国，大约有8万~10万座贵族庄园。在莫斯科、圣彼得堡近郊和中部地区，庄园数不胜数：阿勃拉姆采沃庄园、米哈伊洛夫斯克庄园（普希金）、库斯科沃庄园、亚斯纳亚·波良纳庄园（托尔斯泰）、阿尔汉格尔斯克庄园、斯巴斯科—卢托维诺沃庄园（屠格涅夫）……

在庄园建筑群中，宫殿和教堂是各个庄园都有的两大建筑，规模宏大，气势雄伟，风格各异。在建筑风格上各具特色，如仿哥特式的察里津庄园宫殿、巴洛克式库斯科沃庄园的格罗特小楼、帝国风格与古典风格相结合的阿尔汉格尔斯克庄园前宫、古典风格与巴洛克风格相融合的库斯科沃庄园中的埃尔米塔什等。这些规模与风格各异的建筑，体现了俄罗斯 18、19 世纪建筑艺术的水平，反映了当时人们对建筑艺术的审美情趣。俄罗斯庄园被盛赞为"俄罗斯文学家的摇篮"。庄园生活给俄罗斯作家们提供了丰富的题材和创作原型，创作出许多优秀的文学作品，例如莱蒙托夫、普希金、屠格涅夫等的文学作品，也正因有了俄罗斯庄园，俄罗斯文学中才出现了"乡村题材"。

俄罗斯贵族庄园概括起来不外乎两类：一类遵循法兰西式，严格遵照正规公园的建筑规矩：结构严谨、简洁并且精心雕饰，所有建筑都按几何图形测算准确的轴心和轴线安排。不过后来逐渐发现这种风格和俄罗斯性格不合，遂被废弃。著名的法式贵族庄园之一库斯科沃庄园就是一座代表 18 世纪艺术文化的法兰西式园林建筑，始建于 1737 年，完成于 1792 年。曾是什雷姆提耶夫贵族世家的避暑庄园，庄园设计精心，工笔细致，曾建有英法花园，有中国亭子、意大利小屋、荷兰小屋和瑞士小屋，也有教堂和钟楼，可惜被拿破仑的一把大火烧掉大部分建筑。现在可以看到庄园前面是一个 800 米×200 米的人造湖，风光依旧。花园中仍保留有 70 座人物石雕像，来自希腊、罗马、亚洲、非洲、美洲，被称为"小凡尔赛宫"。湖边的法式宫殿，全为木结构，却看不到木头，装饰得像大理石建筑。

另一类庄园则崇尚自然情趣。18 世纪末，风气陡变，庄园呈现出一种无拘无束、逍遥自在的浪漫气氛，因地制宜地设置人文景致，把自然美与人工技巧相结合，使之相映成趣。到了 19 世纪末 20 世纪初，许多贵族没落，世家衰败，庄园易主，加上社会大变革，全国庄园已十去八九，有些庄园在最好的情况下也只能权充他用，辟为州、市、县的各级博物馆。奥斯坦基诺庄园使俄罗斯的庄园文化达到了巅峰，这座庄园位于奥斯坦基诺村，修建于 1791 年至 1798 年，一直到 19 世纪末 20 世纪初，舍列梅捷夫伯爵最终将其建成。建筑内部保留了原有的装饰和陈设。建筑群中心是一幢全木结构的三层楼房，具有典型的俄罗斯风格，最引人注目的是艺术镶木地板，大量使用雕刻的镀金木料使大厅蓬荜生辉。水晶吊灯、家具等其他装饰品都摆放在原来的位置上。奥斯坦基诺宫是俄罗斯唯一的一座仍保留了 18 世纪的舞台、观众席、化妆间和部分机械装备的剧院。举世无双的建筑群具有很高的知名度，早在 19 世纪就已成为人们喜爱光顾的场所。从 1918 年起，它成为国家级博物馆，在这里不仅可以看到原汁原味的 18 世纪室内装饰，而且可以听到当年的音乐和舍列梅捷夫剧院剧目中的歌剧。

从建筑风格来看，贵族庄园的发展经历了仿照西欧，依样画葫芦的巴洛克时期，严整规范、刻板一律的古典主义时期，自由自在、热情奔放的浪漫主义时期，直至融合各种风格的折衷主义。当然，随着时代的发展，到 19 世纪与 20 世纪之交，也进入了现代和后现代主义时期。

第六节　俄罗斯建筑之宫殿篇

宫殿一般是帝王处理朝政或宴居的建筑物，建筑规模宏大，形象壮丽，格局严谨，给人强烈的精神感染，凸显王权的尊严。与别国不同，俄罗斯竟然拥有大小不等的宫殿 220 多座。有的随着时代的变迁而荒芜于野外，留下来的在经历皇朝与政权的更迭后，通过重建与再造，傲立世间。在世界评出的十大宫殿中，俄罗斯的宫殿赫然在目。透过林立的宫殿，可以窥见俄罗斯皇室宗亲曾经的辉煌。

俄罗斯宫殿建筑，形成于鼎盛的沙皇时期。俄罗斯在沙皇统治的 370 多年间，创造了强势沙皇经济的同时，也创造了辉煌的沙俄文化。数目众多的宫殿，就是沙皇强盛的一个力证。其原因在于以下几个方面：第一，为了打造国家的形象而建设和重建宫殿，虽几经皇朝与政权的更迭，但俄罗斯人仍然对宫殿进行建设和修复；执行皇权亲授的原则，宫殿可以作为一种御物，赠与妻，赠与子，赠与情人，从而体现皇权亲授的特点；第二，为了凸显某一种功能而建造宫殿。如冬宫、夏宫、秋宫、春宫、郊宫，是根据一年四季气候变化，而为皇室人员的办公、休闲而进行打造。而米哈伊洛夫城堡宫殿，则是一座具备优良防御能力的大型宫殿。地处圣彼得堡市东北部的斯莫尔尼宫，建于 1806—1808 年，原为贵族女子学院。整体色彩和皇村的叶卡捷琳娜宫的色彩一样，也是清爽干净的蓝白相间，是巴洛克风格和拜占庭风格的融合，在圣彼得堡的诸多宫殿里具有相当高的代表性。斯莫尔尼宫正面长 300 米，主体建筑的两翼伸出，两翼各长 40 米，组成宫中的主要庭院。20 世纪

60 年代又在正门增建 8 根壮丽的圆柱和 7 个拱形门廊，成为现在的圣彼得堡市政府及机关所在地，和其右侧巴洛克式建筑风格的斯莫尔尼修道院浑然一体，合称斯莫尔尼建筑群。

俄罗斯宫殿的一个鲜明特点就无处不装饰，宫殿的过道、天花板、窗台、地板等非景点的地方，都要以华丽又精致的线条和花纹进行过渡；色彩一般选用金色和象牙白，用来衬托宫殿空间的优雅与豪华富丽；家具则选用深色麂皮沙发与胡桃木家具等，展现厅室的人文与雅致，给人以淡雅冷静的感觉；大厅用名贵的大理石装饰，大厅空间用宝石、孔雀石、碧玉、玛瑙等名贵制品装饰；墙体则以名贵的雕像、绘画装饰，从而凸显宫殿的文化品质。其中有代表性的宫殿为冬宫。冬宫音译艾尔米塔什博物馆，坐落在圣彼得堡宫殿广场上，原为俄罗斯帝国沙皇的皇宫，该馆最早是俄罗斯女皇叶卡捷琳娜二世的私人博物馆。"十月革命"后辟为圣彼得堡国立艾尔米塔什博物馆的一部分。冬宫初建于 1754 年至 1762 年，由意大利著名建筑师巴托洛米奥·拉斯特雷利设计，1837 年被大火焚毁，1838—1839 年重建。第二次世界大战期间又遭到破坏，战后修复。冬宫面向涅瓦河，四角形的建筑宫殿里面有内院，面向冬宫广场的一面，中央稍为突出，拱形铁门有 3 道，入口处有阿特拉斯巨神群像。宫殿四周有两排柱廊，气势雄伟，属于巴洛克式手法。宫殿内装饰以各色大理石、孔雀石、石青石、斑石、碧玉镶嵌；装潢以包金、镀铜为主；各厅以各种质地的雕塑、壁画、绣帷装饰，色彩缤纷，气派堂皇。冬宫广场的气魄和规模也令人吃惊，广场与冬宫的结合非常和谐。在广场中央为纪念战胜拿破仑树立了一根亚历山大纪念柱，纪念柱高 47.5 米，直径 4 米，重 600 吨，是用整块花岗石制成，没有任何支撑，只靠自身重量屹立在基石上，顶尖上是手持十字架的天使，天使双脚踩着一条蛇，这是战胜敌人的象征。冬宫是 18 世纪中叶俄国新古典主义建筑艺术最伟大的纪念物，19 世纪中叶，俄国有一项特别的法律规定，圣彼得堡市所有的建筑物，除教堂外，都要低于冬宫。

俄罗斯宫殿遍地，却又各具特色。有的宫殿不仅注重内部装饰，而且注重外部环境利用园林、喷泉、自然山水来装饰，使宫殿坐落于自然的山水之中，比如夏宫，坐落着 150 座喷泉、2000 多个喷柱及两座梯形瀑布。夏宫，又称彼得大帝夏宫、俄罗斯夏宫、彼得宫。始建于 1714 年，建筑豪华壮丽，被誉为"俄罗斯的凡尔赛宫"。它位于芬兰湾南岸的森林中，它距圣彼得堡市约 30 公里，占地近千公顷。由瑞士人多梅尼克·特列吉尼设计，是历代俄国沙皇的郊外离宫，也是圣彼得堡的早期建筑。外貌简朴庄重，内部装饰华贵。夏宫的主要代表性建筑是一座双层楼的宫殿，当年彼得大帝住在一楼，他的妻子叶卡捷琳娜一世（彼得大帝的第二个妻子）住在二楼，楼上装饰极为华丽，舞厅的圆柱之间，都以威尼斯的镜子作装饰。夏宫分为上花园和下花园，大宫殿在上花园。内外装饰极其华丽，两翼均有镀金穹顶，宫内有庆典厅堂、礼宴厅堂和皇家宫室。

此外，各种宫殿个性鲜明，克里姆林宫，规模庞大，教堂林立；彼得霍夫宫，历代俄国沙皇的郊外离宫；叶卡捷琳娜宫，弥漫着女性柔美、娇媚风韵的洛可可式建筑；巴甫洛夫斯克宫，典雅端庄，充满着古典艺术气息的古典主义风格建筑；加特契纳行宫，一座中世纪的骑士城堡；米哈伊诺夫城堡，一座具备优良防御能力的大型城堡宫殿；康斯坦丁宫，唯一用真人命名的宫殿；缅希科夫宫，一座巴洛克式建筑特点的宫殿等。

第七节　俄罗斯建筑之桥梁篇（圣彼得堡）

俄罗斯的桥梁建筑不论从其数量、类型还是它的美学角度来讲都是独具特色的，其中一些桥富含历史故事，另一些则以工程趣闻而闻名。圣彼得堡是俄罗斯第二大城市，处于涅瓦河河网地带，因为水多、桥多，号称"北方威尼斯"。这座城建有不同时期的桥梁 360 多座，圣彼得堡又被人们称为"桥梁博物馆"。这些桥梁，经百年风雨，留下了深厚的历史印记。

在圣彼得堡桥不仅多，而且非常有特点和代表性，从颜色看，有红桥、绿桥、蓝桥、黄桥、白桥、黑桥等，从建筑材料看有石桥、木桥、铁桥、混凝土桥等，从建筑结构看，有悬挂式、拱式、悬臂式、支柱式等。圣彼得堡的桥，桥名动听，如宫殿桥、银行桥、雄狮桥、驷马桥、埃及桥、意大利桥。有的桥还以人的名字命名，如别林斯基桥、罗蒙诺索夫桥、施密德中尉桥、桑普索尼耶夫桥、杰米多夫桥等。每一座桥都流传着一个生动感人的故事；每一座桥都记载着一段城市奔涌不息的历史。这些桥梁不但担负着陆路交通，还要肩负着涅瓦河、运河上的船只的航行。古色古香的大桥小桥、古风古韵的楼宇殿堂与碧水荡漾的河道相映成趣，令这座彼得大帝时建造的名城和列宁点燃"十月革命"火炬的北方红都熠熠生辉。

圣彼得堡的第一座桥是约翰桥，于1887年完工，记录着彼得大帝建城的历史。因为城市建在兔子岛上，所以这座桥露出水面的桥桩上，一些兔子雕塑惟妙惟肖。桥的形状像一条长长的彩带。桥的两侧雕饰着钢丝编织的古朴花纹，是沟通市区与彼得保罗要塞间的通道。

圣彼得堡最著名的桥是冬宫桥，也是这座城市的象征之一。它横跨涅瓦大街，将冬宫和其对面的交易所大楼连接，长度由五个跨度组成，长260米、宽27.7米。最早的冬宫桥是1825年建造的浮桥，1916年才完成了固定桥的建设。1916年，为了测试该桥的承重力，曾安排了34辆负载超过600普特的汽车在桥面行驶。在每张圣彼得堡的明信片上，几乎都可以见到此桥。资料显示，该桥最近的一次重修在1997年，修建中重新设计了路灯和开桥的部分。桥中央的拱孔带着双翼和平衡器，可以随时打开桥板。因为从海上来的大船多，为保障水路畅通，每当夜间市内陆路车辆变少时便会"开桥"，这种开阖式的桥也叫断桥。白天为了方便南来北往的车辆和行人，桥是闭阖的，只有凌晨2点至5点，桥才会开启。开启时，桥面顿时一分为二。接着，在下游守候多时的大型船只列成长队，鱼贯而过，并拉响汽笛致意。开桥的整个过程大约持续两个小时，场景宏阔，气势浩荡，颇为壮观。像这样能开能阖的桥，圣彼得堡共有13座。

圣彼得堡最漂亮的桥当属蓝桥，也是圣彼得堡的第一座铸铁桥。1818年建成，桥宽97.3米，跨度41米。该桥是圣彼得堡最宽的桥（与圣伊撒广场同宽），看起来整个广场就是建立在一座桥上！横跨莫伊卡运河，河宽30多米，桥宽却有99.99米，桥是路，桥就是广场。将圣伊撒广场与马林斯基宫殿连在一起。桥身色彩全身上下均为蓝色，其桥名以桥栏杆颜色命名和城市的海洋色调互为映衬。在圣彼得堡市的莫伊卡河上有不但有蓝桥，还有红桥、绿桥和黄桥（歌手桥）。

圣彼得堡的阿尼奇科夫桥（又称"驷马桥"）是最体现俄罗斯民族性格的桥。它跨越丰坦卡河，一开始是木桥结构，1841 年，原木桥位置上一座三孔的石桥建成通行。桥上有一道极具古典俄罗斯风情的景观，就是优秀的雕塑师彼得·克洛特在桥的西侧和东侧设计了四尊驭马青年的铜质塑像，每一尊都栩栩如生、形象逼真。铜马的外表已随岁月的流逝而斑驳，但依然昂首奋蹄，雄姿勃发，高歌着俄罗斯人的强国之梦，这是俄罗斯人不屈魂灵的真实写照。桥上的栏杆，雕刻着成双交替的海马和美人鱼图案，体现了人与自然斗争的主题。

银行桥是一座人行桥，是圣彼得堡的地标之一。位于市中心喀山大教堂南侧，横跨格里博耶多夫运河，建于 1825 年至 1826 年期间。初期为木桥，后改为铸铁桥。此桥因其两端分别盘踞的两座狮鹫雕像而闻名。此桥的设计出自俄罗斯古典主义装饰雕塑大师巴维尔·索科洛夫之手（1764 年—1835 年俄国古典主义装饰雕塑大师）。狮鹫是古希腊传说中的财富守护神，有着狮子的躯体和利爪，又拥有鹰的头和翅膀。银行桥的狮鹫，有着飞扬的金色翅膀。桥东正对着的黄色楼房过去是俄国投资银行，桥两端的狮鹫雕像则为了保护银行财产而存在，所以叫银行桥，该桥也因被普希金写入了长诗《青铜骑士》，有了一定的影响力。现在，银行桥的旁边就是俄罗斯著名的财经大学——圣彼得堡国立财经大学。

第八节　俄罗斯经典建筑个案

红场位于俄罗斯首都莫斯科市中心，临莫斯科河。红场紧依克里姆林宫墙，是莫斯科的中央广场。红场是莫斯科最古老的广场，红场与克里姆林宫并非同时建造，15 世纪 90 年代的一场大火使这里变成了"火烧场"，空旷寂寥。直到 17 世纪中叶起开始称"红场"，红场南北长 695 米，东西宽 130 米，总面积 9.035 万平方米，呈不规则的长方形，地面全部由古老的条石铺成。广场两边呈斜坡状，整个红场似乎有点微微隆起，在红场的西侧是列宁墓和克里姆林宫的红墙及三座高塔，红场南边是莫斯科瓦西里大教堂；北侧是国家历史博物馆。虽历经修建改建，但仍然保持原样，路面还是过去的石块，已被鞋底磨得光滑而凹凸不平。

克里姆林宫为红场最主要的建筑，是俄罗斯民族最负盛名的历史丰碑，也是全世界建筑中最美丽的作品之一。它初建于 12 世纪中期，15 世纪莫斯科大公伊凡三世时粗具规模，以后逐渐扩大，16 世纪中叶起成为沙皇的宫堡，17 世纪逐渐失去城堡的性质而成为莫斯科的市中心建筑群。20 多座塔楼、参差错落地分布在三角形宫墙边，宫墙上有 5 座城门塔楼和箭楼，远看似一座雄伟森严的堡垒。宫殿的核心部分是宫墙之内的一系列宫殿，建筑气宇轩昂，体现出历代俄罗斯人的聪明才智。另有政府大厦和各种博物馆。最具特色的是一组有洋葱头顶的高塔，它们是在红砖墙面上用白色石头装饰的，再配上各种颜色外表，如金色、绿色并杂有黄色和红色等。它由俄著名建筑师巴尔马和波斯尼设计，不同于欧洲古代的哥特式与罗马式，而与东方清真寺风格颇为相似。克里姆林宫也吸收了西方建筑的精粹，它的几幢主要建筑都是由意大利设计师设计的，所以，克里姆林宫建筑艺术上博采众长又独具特色，获得普遍赞誉。

彼得堡罗要塞坐落在圣彼得堡市中心涅瓦河右岸，是圣彼得堡著名的古建筑。彼得堡罗要塞是彼得大帝亲自选址，于 1703 年 5 月 27 日在兔子岛上奠基，作为俄国同瑞典进行北方战争的前哨阵地而建造的，后几经扩建，建成这座六棱体的古堡。其中 3 座古堡面对涅瓦河，3 座古堡面对克龙维尔克海峡。棱堡中存有大炮。每天发炮一枚的习俗从 18 世纪起一直流传至今，每日中午 12 时，纳富什金棱堡的大炮就射出一发空爆弹，向全城居民报时。古堡的墙高 12 米，厚 2.4—4 米，沿涅瓦河一面长 700 米。要塞中有圣彼得保罗大教堂、钟楼、彼得大帝的船屋、圣彼得门、兵工厂、克龙维尔克炮楼、造币厂、十二月革命党人纪念碑等建筑物。彼得堡罗要塞的建设过程费力耗时，加上地处潮湿的沼泽地带，使役了大量的瑞典俘虏及农奴，建设者们也付出了巨大的牺牲，牺牲了数千人才得以完工。到 1787 年，又将木造建筑改为石造围墙。整个要塞的城墙都用花岗岩石料重新修筑。1840 年，岛上的所有城防工事都改造成为石制建筑。1906 年，为使要塞得到进一步加固，开始修筑石墙，它与圣彼得堡同龄，圣彼得堡是在要塞的保护下诞生和发展的。

　　但是作为要塞本来是为了防卫以及发动战争之用的，后来它失去了军事意义，成了国家监狱，反而成为收监政治犯的监狱，可以说它是背负着俄罗斯沉重历史阴影的一个要塞。

　　皇村（普希金村）属于皇帝的行宫，包括叶卡捷琳娜宫和亚历山大宫，在建筑风格上可谓是各种园林艺术的综合体，有巴洛克的华美、浪漫主义的感伤和古典主义的自然，以及中国风格等异国情调，共同编织成一个结构完整、丰富多彩的园林建筑综合体，成为世界园林建筑中璀璨的明珠。皇村原来是萨尔庄园，1710年，彼得一世把这个庄园送给自己的妻子叶卡捷琳娜·阿列克谢耶芙娜，成为皇家领地的一部分，一开始时萨尔庄园是圆木建筑，很简单，随着宫殿建设的不断发展，更名为皇村。1723年年底，由建筑师布隆斯坦和费尔斯特负责，在旧木屋的原址上建造起一座石头宫殿，在皇村历史上它被称作"叶卡捷琳娜一世石屋"。1740—1751年是皇村建设的新阶段。彼得一世的女儿伊丽莎白即位后对皇村进行扩建。1756年落成的叶卡捷琳娜宫，是典型的巴洛克风格宫殿，长达306米，包括一座中楼，两个侧翼厢房，还有一座教堂和一个温室大厅，4个建筑由长廊连接，天蓝色的外表与皇宫教堂的金色葱头圆尖顶耀眼夺目，洋溢着喜庆气氛。数百米长的建筑有丰富的雕塑，凹凸有致的结构显示了庄严隆重、气势宏伟的俄罗斯巴洛克式风格。宫殿内部都做了重点装饰，女皇的正厅是阿拉伯式，大厅的墙壁上有椭圆形的镜子，镜子镶嵌在有雕刻的框子里，门和天花板上都有阿拉伯彩图。阿拉伯厅后面是里昂厅，所采用的金丝裱墙纸是法国里昂制造的，墙围镶蓝色的天青石，地板门板汇集了12种最珍贵的木材，如黄檀木、花梨木、乌木、紫心木等，并嵌入珍珠贝；此外还有碧玉屋和琥珀厅。17世纪末欧洲宫殿建筑中风靡"中国风"，所以这个宫殿中建有中国风格的中国厅，天花板装饰，墙上有乌木框的中国画，窗户和门也装饰成豪华中国风格。皇村建筑发展的高峰就是皇村园林宫殿建筑群。叶卡捷琳娜二世执政时期（1762—1796年）又大规模地扩建了宫殿园林，建成了英国式园林。于是，蜿蜒小径、厚密茂盛的草地、轮廓曲折的潭池，与郁郁葱葱的树林仿佛天然生成。园区内还出现了体现古典主义古罗马风格的建筑：玛瑙浴室、观景柱廊、空中花园、音乐厅、湖心岛屋，以及为颂扬俄军的纪念柱和纪念碑。

1796 年亚历山大宫建成，这座古典主义的建筑杰作专为叶卡捷林娜的孙子、未来的沙皇亚历山大一世而建。建筑装饰倾向于浪漫主义造型，树种丰富的树木簇拥着歌特式尖塔、城堡、废墟、小教堂等一系列仿中世纪建筑，中间有茂盛开阔的茵茵草场。

皇村还有个名字叫普希金村，是因为 18 世纪初，一座著名的皇家贵族学校修建在叶卡婕琳娜宫对面的花园里，普希金成为首批学生之一，他从 12 岁到 18 岁生活在这里。从这里，普希金开始迈上诗坛，皇村的景色和经历不仅孕育了他最初的创作，而且成为诗人永久的灵感家园。普希金让人们认识了皇村，皇村更让人们永远记住了这位俄罗斯文学天才。1937 年诗人逝世 100 周年之际，皇村改称普希金村。

莫斯科大剧院是俄罗斯历史最悠久的剧院，历史悠久，享誉天下，是世界上最著名的剧院之一。它始建于 1776 年，几经修复，落成于 1856 年，是莫斯科有名的芭蕾舞与歌剧剧院。这是一座乳白色的古典主义建筑，是莫斯科的标志之一。大剧院门前竖立着 8 根古希腊伊奥尼亚式圆柱，高 15 米的柱廊式正门雄伟壮丽。门顶上雕有 4 驾青铜马车，由阿波罗神驾驭，造型优美，气势磅薄。三角形的墙上矗立着古希腊神化人物的浮雕，风格雄伟壮丽、朴素典雅。尤其值得称赞的是其内部结构完善，传音效果极佳，演出大厅金碧辉煌、豪华庄重。色调上整个大厅以金色为主，厅内有 6 层包厢，高 21 米，厅长 25 米，宽 26.3 米。拥有 2150 个观众座位，舞台设计气势恢宏，可容纳 1500 人的庞大的演出阵容。

大剧院的制作风格非常传统，而其演出剧目也完全建立在俄罗斯经典歌剧的基础之上。因为整整一代俄国艺术家都从这里崛起，而且 19 世纪后半叶许多俄罗斯重要作品都在这里首演，所以莫斯科人经常对来到莫斯科的外地人和外国人说："没去过大剧院，就等于没来过莫斯科。"

小　　结

俄罗斯横跨欧、亚两洲，东西方文化在这里交汇，但它依然保持着自己独特的建筑风格和魅力。传统的葱头教堂、巍峨的高层塔楼与现代高楼交相辉映，和谐相融。可见，俄罗斯稳重、气势磅礴的建筑风格魅力与其民族性格和大国地位是十分相称的。

　　进入 21 世纪，诞生了俄罗斯现代派，建筑融入了现代的元素，所建的工厂、车站、商场等往往以结构的新颖令人称奇，这些建筑是为了适应新的功能以及金属和玻璃新构件的性能。苏维埃政权头几年的建筑风格进一步发展到结构派——没有装饰的建筑，显露出钢筋混凝土、玻璃组成的结构。但是，随着时代的变化，建筑材料和人类对居住环境要求的改变，现代建筑越来越呈现出它的实用性和多样性来。现代建筑淡淡的灰、轻轻的白和没有五彩斑斓的色彩的玻璃以及明晃晃的铝合金闪动着金属的光，看上去是那样简洁，那样轻盈。而它又是真实的，来不得半点虚假。它是现代人的快捷的生活方式的写照，是这个时代必有的特色。

　　俄罗斯还建造了一批现代化的大型建筑，其中既有欧洲第一高楼的"联邦大厦"，又有占地 20 公顷的玻璃城市，还有各种造型独特、富于现代感的摩天大楼。在经历 20 世纪 90 年代的经济萧条后，俄罗斯经济近年来渐渐振兴，努力以现代化的形象出现在世人面前。这些多数位于莫斯科、圣彼得堡等大都市的现代建筑，不仅设计大胆、水平高超，而且积极引进外资和世界各国的设计者和建筑公司。

　　俄罗斯的建筑艺术是伟大的，但是无论时代怎么变化，俄罗斯的建筑永远有其独特的风格和魅力，端庄稳重，气势磅礴，与它的民族性格和强国地位相称。

◎ **思考题**

　　1. 为什么说建筑是人类认识世界、改造世界的伟大功力，成为人类文明发展阶段的标志？

　　2. 哥特式建筑有什么特点？俄罗斯哥特式建筑主要有哪些？

　　3. 什么是拜占庭式建筑？为什么说这种建筑对俄罗斯影响最大？

　　4. 远古时期俄罗斯建筑的主要建筑形式有什么特点？

5. 基辅罗斯的建筑以教堂为主，在建筑技术上是如何令外来技术和本地风格相结合的？

6. 为什么说莫斯科公国时期的建筑无论是建筑规模还是建筑的多样性和独特性都可称得上是俄罗斯建筑史上的辉煌时期？

7. 彼得大帝时期俄罗斯的建筑开始融入欧洲的建筑风格，城市建设涌现出从未有过的建筑景观，这一时期的代表作是在泥泞海滩上新建起来的圣彼得堡。请概述圣彼得堡的建造特点。

8. 俄罗斯建筑的美学特点有哪些？

9. 俄罗斯地铁建造于什么时期？主要有哪些特点？

10. 圣彼得堡处于涅瓦河河网地带，因为水多、桥多号称"北方威尼斯"。如何理解圣彼得堡被人们称为"桥梁博物馆"？

11. 果戈理曾说："建筑是历史的年鉴。"人类建筑文明的发展与社会文明的发展是同步的，每一座建筑的脚步都烙印了人类文明的辉煌。每一个时代的建筑，正好体现了一个时代的精神和风貌。请用俄罗斯建筑案例来说明上述观点。

参考文献

[1] 高天宝，张雨婷. 对俄罗斯建筑艺术的浅析 [J]. 活力，2013（24）：55-55.

[2] 吕富旬. 俄罗斯建筑百年沧桑的印迹（上）[J]. 科学中国人，2002（1）：56-58.

[3] 王英佳. 俄罗斯社会与文化 [M]. 武汉：武汉大学出版社，2002.

[4] 杨尔康. 俄罗斯的建筑欣赏 [J]. 中外建筑，1995（1）：2+22.

[5] 张冬梅. 俄罗斯语言文化教程 [M]. 北京：世界知识出版社，2010.

第六讲　俄罗斯经济

俄罗斯联邦是世界大国，资源和物产十分丰富，但国民生产总值目前在全世界的比重仅为 1.81%，出现这样反常的现象与它在苏联解体后推行的经济政策有直接的关系。

第一节　激进式改革——休克疗法

1991 年"8·19 事件"之后，以叶利钦为首的激进民主派迅速掌握国家政权。到了 1991 年年末，苏联经济已经处于崩溃的边缘：生产减少，财政赤字激增，失业率居高不下，国家黄金储备急剧下降，商店和超市的门口前来购买面包、香肠、肉类等生活必需品的人们每天都排起了长长的队伍。

在俄罗斯，新上台的激进民主派为了急于摆脱危机，迅速树立执政形象，选择了"休克疗法"。叶利钦任命盖达尔成为俄罗斯第一副总理，"休克疗法"的总设计师。激进民主派希望借助休克疗法实现俄罗斯由计划经济向市场经济的全面转轨。休克疗法的主要内容有：

1. 私有化

1992 年 8 月叶利钦签署了《关于在俄罗斯联邦启用私有化证券系统的命令》，由此启动私有化计划。私有化是俄罗斯经济转轨的核心问题，其目标是建立起以私有制为主体的所有制结构，同时形成一个广泛而强大的有产者和企业家阶层作为新政权的社会经济基础。

私有化分小私有化和大私有化。小私有化是指商业、服务业和小企业的私有化，主要通过赎买、租赁、投标和股份制来实现。从 1992 年到 1994 年小私有化基本完成。74%的小企业转为私有，全国已登记的私营小企业有 100 万家，从业的职工有 900 多万人。大私有化的主要对象是大中型国有企业，这种私有化经历了从无偿私有化到有偿私有化的过程。从 1992 年 10 月 1 日起政府向每个俄罗斯联邦公民无偿发放一张面额为 1 万卢布的私有化证券，公民持有该证券可以购买任何企业的股票。但只有 20%的俄罗斯人用手持的证券购买了企业股票作为投资，其余的人为生活所迫都将证券以极低的价格卖给了商人和投资基金会，给不法之徒非法敛财提供了条件。无偿私有化到 1994 年 6 月结束，之后开始实施有偿私有化，吸引国内私人资本和外国资本来购买国有企业股票。但是俄罗斯的普通老百姓生活贫困，买不起股票，购买者只是少数拥有雄厚财力的银行家和财团。实际情况是：直接参与实施私有化的官员和以往党和经济部门的实权人物、大银行家们瓜分了原来的国有资产。

2. 自由化

自由化的主要内容是：实行价格和外贸的自由化。一次性全面放开价格，绝大多数商品和劳务价格由市场决定，废除国家对外贸易的垄断，放松对外贸和外汇的控制，实行卢布自由兑换。

从 1992 年 1 月 2 日起价格自由化开始实施。俄罗斯 90%的消费品和 80%的生产资料价格全部放开，结果物价飞速上涨，从 1991 年到 1996 年消费品市场的物价飚升了 4000~5000 倍，通货膨胀严重，卢布急剧贬值，人民的生活水平大幅下降，生活陷入困境。

在放开物价的同时马上进行外贸自由化，允许集体企业和个人从事外贸，取消大部分商品的进口许可证和配额，降低税率。结果国内市场在相当短的时间内充满了进口商品，但大多数商品价格昂贵，普通民众无力购买。而且导致国内大部分消费市场被进口商品占领，日用消费品进口额甚至高达 80%，民族工业生产日益萎靡，产品缺乏竞争力。

俄罗斯政府从 1992 年开始允许卢布自由兑换，实行浮动汇率制，外汇兑换点遍布全国各地。由于俄罗斯外汇短缺，通货膨胀高居不下，所以卢布不断贬值，仅 1994 年 10 月 11 日这一天卢布就贬值了 27%，被人称为"黑色星期二"。

3. 稳定化

财政的稳定化指的是能够实现预算赤字大幅减少和货币量停止增长的强硬财政货币政策。盖达尔政府希望首先在宏观经济层面实现这种稳定化，也就是通过控制国内总产值、预算赤字、通货膨胀和生产规模等主要指标，实现全国经济指标的稳定。1991 年 11 月通过了《俄罗斯联邦税务改革基本法》，使俄罗斯的税收体系开始具有市场经济的属性。然而效果不佳，高额的企业利润税无法刺激投资，反而严重削弱了企业的发展动力。由于俄罗斯缺乏有效抵制衰退和刺激产业结构的工业政策，结果俄罗斯资本大量流向境外。

总之，"休克疗法"给俄罗斯社会带来了空前严重的后果，具体表现为：

（1）私有化搞乱了生产，严重打击了生产，使得国有资产落入少数"寡头"手里，这些寡头和财阀控制了大量的企业，形成了新的垄断。在私有化的过程中，甚至有的企业落入了黑手党手中，他们根本不关心企业的生产，只是用这些企业来洗钱，加剧了社会动荡。国家从私有化中获得的资金也主要是用来弥补财政赤字，并没有用来扩大再生产。

（2）价格自由化使得物价失控，通货膨胀严重，导致社会发生严重的两极分化。据统计，1992 年 1 月到 1993 年 9 月，物价上涨了 162 倍，而居民工资只增加了 56 倍，居民生活水平下降了 2/3。

（3）为"影子经济"的孕育和发展提供了温床。人们依靠投机、欺骗、敲诈发财致富，巨额国有资产公开地流入私人腰包。在私有化过程中，私有化收入只有 5% 上缴给了国家财政，95% 的私有化收入不翼而飞。许多经营者和官员相互勾结，偷税漏税，国家利用对某些部门的经济垄断收取巨额税收致使许多企业从事"影子经济"逃避税收。据俄罗斯内务部资料，1995—1996 年俄罗斯"影子经济"占 GDP 的比重高达 45%~46%，与"影子经济"有牵连的人数高达 6000 万左右。由此可见，俄罗斯的"影子经济"范围之广，令人触目惊心。

由于"休克疗法"给俄罗斯社会带来了空前严重的危机，盖达尔政府遭到了俄罗斯人民代表大会以及社会民众的强烈谴责。在这种情况下，1994 年切尔诺梅尔金开始就任俄政府总理。他上台伊始便对"休克疗法"进行修正，采取了一些积极稳定的、渐进式的改革措施。

第二节　切尔诺梅尔金政府的经济改革

切尔诺梅尔金就任总理后，俄罗斯的改革方针开始发生改变。他宣布不再使用"休克疗法"，继续实行适度从紧的财政金融政策，用经济手段遏制通货膨胀，有选择地扶植国民经济中最有前途的部门。至此，俄罗斯开始从自由市场经济向社会市场经济过渡。

切尔诺梅尔金利用国家预算资金向国家重要亏损企业，包括国防工业提供大额财政支持，为"燃料动力综合体"提供低息贷款。他提出在 1994—1996 年国家经济改革中的首要任务是实施国家对生产状况的强有力监控，抑制通货膨胀，制止生产下滑。然而，即便如此仍然无法消除"休克疗法"的惯性所带来的严重后果，1995 年俄罗斯国民生产总值比 1990 年下降了 45%，工业生产下降了 55%，1996 年国民生产总值比 1995 年又下降了 6%，工业生产也比 1995 年下降了 5%。

直到 1997 年，切尔诺梅尔金政府的稳定措施才初见成效。经济停止下滑，并出现了 6 年来的首次增长。1997 年俄罗斯国内生产总值比 1996 年增长 0.4%，是俄罗斯联邦独立 7 年来的首次增长，通货膨胀也回落，到 1997 年 10 月已不足 1%。

这时，为了平衡预算，遏制通货膨胀，俄政府采取了严厉的财政信贷双紧政策，它造成了企业的支付危机，破坏了企业的支付危机，破坏了企业的生产，也造成了政府的债务危机。俄政府实行货币紧缩政策达 7 年之久，货币发行量平均不到 GDP 的 20%，最高也不超过 60%。在这种极端的货币紧缩情况下，政府为了平衡预算，增加财政收入，只好向企业大量征税，企业税负过重，承担的各种税款竟占企业利润的 70%—90%，严重影响了企业的再投资能力，限制了生产的发展。反过来，国内企业生产下滑又使得国家税源枯竭，税收严重不足，政府预算赤字严重，陷入了恶性循环。在极端的货币紧缩的情况下，政府无法通过增发货币来弥补赤字，只好举借国债，发行国库券。截至 1998 年，俄政府的外债约 1400 亿美元，内债约 800 亿美元，每年政府预算的三分之一用来偿债，俄政府陷入债务危机，为后来金融危机的爆发埋下了祸根。

俄罗斯 1998 年爆发金融危机的原因有外因和内因两个方面。外因是过早地实行了金融自由化，因而直接受到了东南亚金融危机的影响。内因是经济长期衰退，生产不断滑坡，整个经济体系变得十分脆弱，政府深陷债务危机之中，税收问题突出，偷税、漏税乃至抗税现象屡见不鲜，国家税收锐减，导致国家财政严重亏空，金融秩序混乱。

这次金融危机带来了严重的后果，使得俄罗斯原本已经十分困难的经济雪上加霜，使得俄罗斯人民的生活陷入极度困境，并引发严重的社会心理危机。首先俄罗斯的 GDP 下降了 4.6%，通货膨胀率达到 84.4%，卢布贬值 75%，进口商品价格上扬 2~3 倍，俄罗斯近一半的商业银行濒临破产，金融系统陷入瘫痪。此外还造成俄罗斯居民对政府和卢布的信任度降到了最低点，对政府的支持率下降为 12%。因此，1998 年 3 月，总统叶利钦解除了切尔诺梅尔金的总理职务，理由是他所领导的政府在工作中未能克服金融危机。

第三节　普里马科夫的经济政策

在俄罗斯遭受经融危机的关键时刻，普里马科夫临危受命，调整了经济政策，采取了一系列重要的措施。

第一，为了重新树立人们对政府的信心，政府许诺对一切债务负责，保护居民在商业银行的存款，从 1998 年 10 月起正常发放工资、军饷和退休金等。

第二，整顿银行系统，对银行机构进行重组。采取政策，鼓励外国银行进入俄银行系统。在整顿银行系统的同时，俄政府还采取了诸如对所有资金往来实施监督，严格控制投机者进入金融市场，控制和减少外汇业务量等严厉措施。

第三，政府加强对外汇的管理，规定出口企业必须把外汇收入的 75% 卖给国家，实行扩大出口和压缩进口的政策，卢布汇率由俄政府和中央银行进行调控，以增加外汇供给和国家储备，稳定卢布汇率。

第四，在财政方面，政府加强了税收监管的工作，完善税收体系，加强同"影子经济"作斗争。为了减轻企业的赋税，把企业的利润税从 35% 降到 30%，增值税从 20% 降到了 15%，对大规模投资（超过 750 万卢布）的企业免税 3 年。国家恢复对酒的专营，以增加财政收入。到 1999 年年底提高进口税 3%。国家改善国有企业和国家控股企业的工作，使其利润上缴财政。

第五，调整宏观政策的方向，使政策的重点转为优先发展生产。俄政府决定通过拨款扩大资金周转快、预算拨款利用率高的部门的生产，扶持知识密集型、高技术型的部门和有竞争力的机器制造部门。

第六，支持燃料动力综合体，依靠国际能源市场和原材料的上涨渡过金融危机。据统计，仅石油出口一项，俄 1999 年的外汇收入就能增加 100～200 亿美元。这对主要靠石油出口赚取三分之一外汇的俄罗斯经济状况的好转起到了重要作用。另外，俄罗斯还对外加强军售，大量出口武器，这也为俄罗斯赢得了不少外汇，对改善国内经济起到了重要作用。

总之，在执政的 8 个月内，普里马科夫政府实现了政治稳定，部分偿还了工资和补贴方面的欠债，贯彻了强硬的预算政策，开始了针对腐败和金融寡头政治的行动。所有这一切都有助于俄罗斯摆脱经济危机。这些成绩都与普里马科夫的个人贡献密不可分。首先，普里马科夫的上台是由于他能够解决国家杜马左翼阵营和叶利钦之间政治冲突的折中人选。他完成了这一使命，俄罗斯实现了政治稳定。其次，普里马科夫实行了强硬的金融政策，使得国家免于陷入长期的恶性通货膨胀，维护了财政的稳定。再次，普里马科夫十分直率，不受各种观点所左右，坚决反对那些侵吞国家资金的"蛀虫"。1999年 5 月，普里马科夫辞职，但他的经济举措得到了俄罗斯民众的支持和承认。

第四节　普京第一任期内的经济改革和政策

1999 年 12 月 31 日，叶利钦提前解除了自己的总统权力。2000 年 3 月，普京当选为俄罗斯总统，顺利完成了权力交接。普京早在任总理时就声明拥护国家经济的市场改革方针。就任总统后，普京着手制定和实施国家社会经济长期发展纲要。

在普京就任总统的第一个 4 年时间内，俄罗斯政府为国家经济的现代化做了大量工作。制定的经济发展战略帮助俄罗斯克服了金融危机的影响，俄罗斯经济开始高速增长起来（国内生产总值增长率 2000 年为 8.3%，2001 年为 5%，2002 年为 7%）。经济增长的领先部门是燃料动力综合体、食品和建筑工业、通信和贸易。

2000—2003 年，政府对金融寡头控制的原材料产业集中进行了现代化，产业效率大幅提高，保证了该产业的超额利润上缴成为国家税收的重要补充。石油美元补充了国家预算，刺激了原材料开采的增长，增加了对开采部门的投资，推动了国内机械制造业的复兴。金融危机后的几年对俄罗斯各石油公司的资本增长起到了促进作用，这些公司不断巩固自己在世界贸易中的地位。如秋明石油公司、鲁克石油公司、西伯利亚石油公司、尤科斯石油公司等都在世界上十分有名。

在此期间内，国内企业总的投资积极性大幅度提高。一些大型金融工业集团开始成立专门的创新基金。财政稳定、预算超支、大量的黄金外汇储备作用巨大。2003 年，欧共体承认俄罗斯是市场经济国家。在此基础上，普京在 2003 年向俄联邦会议所作的总统咨文中首次提出国内总产值在 10 年内翻一番。

为了保证经济的持续稳定增长，俄联邦政府加强国家宏观调控，制定许多合理的政策，建立社会市场模式。如出台了《税收法》，实现税收政策一律平等，纳税程序得到简化，税种大幅减少，降低税率。企业向社会基金支付的几种税合并为一种统一的社会税，且税率递减。这就消灭了绕开国库形成影子资金流的"黑色工资"。这些新举措的意义在于为生产减负，刺激投资，激发商业积极性。政府还出台了允许买卖非耕土地的《土地法》，这是推行自由经济改革事业中的一个突破。企业可以购买所在地的土地，从而使经营获得牢固的合法基础。此外，国家还进一步出台了《劳动法》，该法使俄罗斯的劳动立法标准与新经济现实的要求相协调，劳动者的权益和福利都得到了有效的保障。

俄联邦政府调整宏观运行机制，建立有效的财政金融体系。坚持向社会公共财政方向转变，保证财政本身的稳定。转变政府职能，调整财政收支结构，取消国家对企业的财政补贴，实现预算主体与投资主体的分离。调整和完善现行金融体制，建立文明的金融市场和合理的融资渠道，恢复和发展各种证券市场，继续降低通胀率，保持相对稳定的卢布汇率，处理好稳定货币与稳定生产的关系，实行有管理的浮动汇率制度。

国家更加注重社会政策，完善社会保障体制。制定新的收入政策，在增加居民实际收入的基础上确保居民的富裕程度稳步提高。开始从整体上规划社会保障体制的框架，加强各领域制度安排的相互协调，其内容涉及失业、养老、医疗卫生、贫困救济等。

俄罗斯还谋求积极稳妥地融入世界经济体系。普京强调，如果不参与世界经济一体化过程，俄罗斯就不可能达到先进国家经济和社会进步所达到的那种高度。他同时也强调，俄罗斯参与一体化进程必须循序渐进，保护本国民族经济的发展。其基本方针是：主动加强区域经济合作，在区域经济合作·

的基础上积极参与更大范围的国际经济合作。

第五节　普京第二任期内的经济改革和政策

2004 年 3 月，普京在总统大选中获胜，开始了其第二任期。上台伊始，普京就在向俄联邦会议所做的国情咨文中明确了国家经济现代化面临的三大目标：国内生产总值在 10 年内翻一番，减少贫困和军队现代化。

2004—2006 年，俄罗斯经济快速发展（2004 年俄罗斯国内生产总值增长了 7.1%，2005 年增长了 6.4%，2006 年增长了 6.8%）。外部原因主要是国际能源价格的持续上涨，石油美元源源不断地补充进入国库。经济增长的内部原因首推高效的税收政策、预算的稳定平衡和合理的卢布汇率政策。为了降低统一社会税、增值税和利润税，颁布了税收法的变更、补充和修订意见。为发展土地和其他不动产市场，制定了一系列标准法规。预算政策领域最重要的一项举措就是成立稳定基金。

俄罗斯政府在 2005—2006 年经济政策的目标是：通过提高人力资源质量、发展竞争和提高国家管理效率，保持经济的持续高速增长。尤其重视建立面向中小出口企业和科技企业的财政支持机制。2005 年，成立了 6 个经济特区（2 个技术产业特区——利佩茨克和叶拉布加，4 个技术研发特区——圣彼得堡、泽列诺格勒、杜布纳和托木斯克）。2006 年，普京在总统咨文中提到俄政府在经济政策中的主要精力应集中在现代动力、交通、宇宙、航天制造、智力服务和纳米科技等高科技领域。当前，石油的高价解决了俄罗斯经济的一部分问题。俄罗斯石油天然气部门发展顺利，将加工工业挤至次要地位，阻碍了国家对高科技领域的投资。

2007 年是俄罗斯经济最成功的一年。国内总产值增长了 7.6%，国内劳动人口的工资增加了 15%，通货膨胀在 12% 左右。货币收入低于最低生活保障线的人口减少到总人口的 12%~13%。在对外贸易方面，俄罗斯与世界许多国家保持和发展经济联系。每年俄罗斯 1/3 左右的国内生产总值来自对外贸易渠道，始终为加入世界贸易组织而努力。2006 年，俄罗斯取消了卢布可兑换方面的一些限制。早在 2003 年俄罗斯就平稳渡过了偿还外债的高峰期，2006 年俄罗斯政府与债权人巴黎俱乐部商定了提前偿还债务。

俄罗斯经济的快速增长还因为采取了一系列制度改革，其中包括加强国家对有前途的具有战略意义企业的管理，同腐败作斗争，限制官僚机构的权力，完善司法体系和提高护法机构的工作量。

寡头集团是俄罗斯在转型时期的特殊现象之一。在 20 世纪末，寡头集团控制了俄罗斯全部财政资源的 1/4 左右。普京掌权后，逐渐开始用国家资本主义来取代寡头资本主义。在普京的授意下，俄罗斯政府先后逮捕了叶利钦时期盛极一时的寡头，其中包括以盗窃罪、诈骗罪、腐败和逃税罪而起诉的列别杰夫、别列佐夫斯基和古辛斯基等。同时，国家在经济领域中强化中央控制的趋势日益加强，最终形成了中央集权经济结构。自 2005 年开始，俄罗斯最大的国有银行"对外贸易银行"、国有的"俄罗斯石油"公司、国家控股的"天然气工业公司"、国有的军火出口公司等完成了一系列重大并购行为，标志着国家不仅收回了石油天然气等战略性资源，同时也在收回对银行、汽车制造、航空等重要装备工业的控制权。非国有部门资产占 GDP 的比重从1999—2004 年的 70% 下降至 65%。2007 年，俄罗斯对战略性资源和企业的国有化浪潮进一步加强，其范围进一步扩展到住房建设、核能、纳米技术等高技术产业。当局还通过任命政府高官直接到战略性企业兼职，控制经济命脉，力图通过国家控制资源主导发展的方式来确保战略性企业的增长。

同时，需要指出的是，大型私营经济的非垄断化或非寡头化并不意味着国家私有化的终止。2006 年 8 月，俄联邦政府通过了一项私有化计划。根据这一计划，2007 年 1600 家企业成为私营企业，其中甚至包括索契机场、俄罗斯民航和"通信投资"电信控股公司。

根据俄总理梅德韦杰夫的观点，只将履行国家功能必不可少的资产留作国有。在强化国家在经济中作用的情况下，普京的亲信代替叶利钦时代的寡头走上了俄罗斯大型商业活动领域的领导岗位。他的几个顾问现在正领导着俄罗斯一系列大型公司，其中包括俄罗斯唯一的核燃料供应商、俄罗斯民航、俄罗斯石油公司、石油产品管道运输公司和天然气工业公司等。普京执政时期经济领域里重要部门负责人的数量大增。

腐败是俄罗斯经济现代化道路上最严重的障碍之一。为了同腐败作斗争和提高俄罗斯司法机构的工作质量，近些年无论是在地方层面还是在联邦层面，检察院、海关和税务局的官员一直进行着平行的调动。

这样，随着一系列深化市场改革措施的贯彻，俄罗斯形成了国家发展的普京模式，即"强国家"加"强市场"的模式。

近十年来，俄罗斯经济又有了一些新的特点。2009年面对国际金融危机，国际能源价格下跌，普京提出全方位现代化的方针，重点发展基础设施建设和投资。2010年提出创建斯科尔科沃创新中心，打造俄罗斯的"硅谷"，建立高科技园区吸引外来投资。2012年，身为总理的普京颁布新发展战略《增长新模式，新社会政策》，提出改变经济过于依赖能源的局面，将俄罗斯由需求型经济转变为供给型经济，考虑竞争力因素，保证创新经济的发展。同年底成立俄罗斯经济现代化与创新发展委员会。

虽然俄罗斯经济近年来有一些起色，但仍然存在一些问题，如腐败问题严重，苏联时期的官僚阶层的特权习气和作风仍然存在并蔓延开来。还有经济结构不合理，经济的高速增长依旧离不开对石油、天然气价格上涨的依赖，经济增长方式仍然较为粗放，等等。

为了解决这些问题，普京也在经济领域领域又进行了一系列新的举措：

第一，颁布《经济特区法》，在全国成立了25个经济特区，将其划分为工业生产型、技术研发型、旅游休闲型，港口型四种类型。

第二，大力推行创新经济和经济增长新模式，完善创新发展机制，提供税收优惠，鼓励出口多元化，保护国内市场竞争力，加大对科技的投入，吸引科学家和企业家建立创新转让中心和企业孵化器等。

第三，调整和改善经济结构，使国民经济各部门协调发展，改变粗放型的经济增长方式，从资源出口型经济转变为高新技术和人力资源为基础的创新型经济。

第四，坚持反腐败和打击寡头和财阀，改变官僚控制经济的局面。

由此看来，经过艰难的经济转轨和现代化进程，俄罗斯已经建立了市场经济的基本框架，并在2011年加入世贸组织，经济上完全实现了对外开放。然而，从新制度结构的行为能力上来看，所建立的市场机制尚不健全，距离成熟完善的经济体制还有一段距离。在新的历史时期,俄罗斯在完善制度的同时,还面临着经济结构调整、转变经济增长方式、保持经济长期稳定增长的任务。

◎ 思考题

1. 勃列日涅夫时期苏联经济为什么会陷入困境?

2. 论述苏联末期戈尔巴乔夫经济改革的主要内容及其对俄罗斯经济、政治和社会造成的影响。

3. 简述俄罗斯经济"休克疗法"包括哪三大方面的内容,并论述其对俄罗斯经济、政治和社会造成的严重影响。

4. 列举在经济转轨时期世界上激进式改革和渐进式改革的国家。俄罗斯"休克疗法"给我们带来了哪些经验和教训?

5. 切尔诺梅尔金政府对"休克疗法"作出了哪些方面的修正?其经济改革的重点是什么?

6. 简述普里马科夫经济政策的基本内容,论述其政策对重塑俄罗斯经济起到了什么作用。

7. 简述普京第一任期的经济改革和政策的基本内容。论述其在国际金融危机后对恢复俄罗斯经济的作用和影响。

8. 简述普京第二任期的经济改革和政策的基本内容,并论述其与第一任期内的改革内容有何不同。

9. 论述近十年俄罗斯经济存在哪些主要问题,分析其原因及解决的对策。

10. 论述当今俄罗斯经济腐败问题对俄罗斯经济、政治和社会造成的严重影响。

参 考 书 目

[1] 陆南泉,等. 苏东剧变之后:对 119 个问题的思考 [M]. 北京:新华出版社,2012.

［2］陆南泉，等．苏联经济体制改革史论（从列宁到普京）［M］．北京：人民出版社，2007．

［3］潘德礼主编．俄罗斯十年：政治、经济外交［M］．北京：世界知识出版社，2003．

［4］戴桂菊主编．当代俄罗斯［M］．北京：外语教学与研究出版社，2008．

［5］吴克礼主编．当代俄罗斯社会与文化［M］．上海：上海外语教育出版社，2001．

［6］李建民主编．俄罗斯东欧中亚经济概论［M］．北京：中国社会科学出版社，2014．

第七讲 俄罗斯外交

苏联解体后，作为独立国家的俄罗斯联邦仍与世界上 178 个国家保持着外交关系，是许多国际组织的重要成员。但是俄罗斯的综合国力已大不如从前，其国际地位及国际影响大幅度下降，俄罗斯的大国地位受到挑战。随着国内政治经济状况和国际形势的不断变化，俄联邦的对外政策一直在作相应的调整。总体而言，对外政策主要经历了以下四个阶段：独立初期（1991 年年底—1992 年）的"亲西方、一边倒"的外交；1993—1995 年的"双头鹰"全方位外交；1996—1999 年的"大国外交"（或称"多极化外交"）；2000 年至今的"实用主义外交"。

第一节　"亲西方、一边倒"时期

俄罗斯独立初期，关于外交政策的走向问题在领导层中引起过争议。当时政坛上最盛行的是"一边倒"的全盘西化派。持这一观点的人认为，俄罗斯民族原本就是欧洲民族，而西方与东方，西方文明与东方文明是格格不入的。西方文明的核心在于私有制和私有观念。俄罗斯成为主权国家后，总统叶利钦，第一任总理盖达尔和外交部长科济列夫都是这种观点的倡导者和代表。这些新上台的激进民主派在实行"休克疗法"的同时，寄希望于西方的大规模援助，希望西方国家帮助俄罗斯早日完成民主改革的大业，以稳固自己的执政根基。因此俄罗斯初期对外政策的核心就是与西方发达国家结盟，尽早加入由这些国家组成的国际政治经济和安全体系，成为其一员。

仅 1992 年上半年，叶利钦就旋风式地先后出访了伦敦、纽约、华盛顿、渥太华和巴黎，频繁穿梭于各大国之间，与各国签署了一系列条约、声明。总体而言，"一边倒"外交政策具体内容有：

（1）政治上一心扑向西方，渴望与西方各国结盟并加入世界发达国家俱乐部。

（2）经济上谋求西方对俄罗斯的大规模援助。在叶利钦的穿梭游说下，1992 年 1 月英国承诺向俄罗斯提供 2.8 亿英镑的贷款；2 月法国也承诺向俄罗斯提供 40 亿法郎的低息贷款；加拿大也签署了向俄罗斯提供 2500 万吨粮食的协议；最具诱惑力的还是美国总统布什宣布的向俄罗斯提供 240 亿美元的援助计划。面对这些诱惑，俄罗斯在外交上作出了很大让步。

（3）在军事上俄罗斯作出了重大让步。如 1992 年 5 月美国、俄罗斯、乌克兰、白俄罗斯和哈萨克斯坦签署了《里斯本协议》，规定将乌克兰、白俄罗斯和哈萨克斯坦三国的核导弹全部运往俄罗斯销毁，1996 年这些国家的核导弹全部销毁完毕，并成为无核国家。同年 6 月俄罗斯与美国签署了《关于削减战略核武器的谅解协议》，俄罗斯对美国作出了巨大让步，叶利钦竟然放弃"核均势"的原则，同意销毁作为俄罗斯核武库支柱的陆基洲际弹道导弹。

（4）在一些重大国际问题上，诸如南斯拉夫、伊拉克、利比亚等地区热点问题上，保持与西方各国一致的立场。例如俄罗斯表示支持制裁南斯拉夫，参与西方在伊拉克南部建立禁飞区的工作。

（5）在独联体国家问题上采取强硬态度。例如在与乌克兰就黑海舰队的归属问题上以及与哈萨克斯坦就部分领土的划分问题上表现得十分强硬。

可见，俄罗斯为了迎合西方，在政治、经济、外交和军事等许多方面上都作出了重大的让步。然而现实情况却让俄罗斯非常失望，西方国家并没有把俄罗斯当作自己人，而对俄罗斯进行的是地缘政治挤压的政策。俄罗斯是苏联最大的债务继承国，继承了苏联债务的三分之二。从1992年起俄罗斯就寄希望于西方的经济援助，呼吁西方出台"新马歇尔计划"来帮助俄罗斯偿还这些外债。可是西方国家对俄罗斯是口惠而实不至，俄罗斯所得到的援助也只是杯水车薪。以美国为例，布什许诺的240亿美元全部成了泡影，这让俄罗斯大失所望。另外，在政治上俄罗斯也没有获得与西方国家平起平坐的伙伴地位，其国际地位和国际影响力明显下降。这些都让执政者不得不反思，俄总统叶利钦也不得不对自己一味亲西方的严重失衡的外交政策进行调整。

第二节　"双头鹰"式全方位外交时期

1993年4月23日叶利钦签署了一份题为《俄罗斯联邦对外政策构想的基本原则》这一文件，这标志着俄罗斯全方位外交政策的形成。该文件的思想核心就是保证俄罗斯国家和民族利益至上。从此俄罗斯进入了以西方为主，东西方兼顾的外交阶段。这一时期俄罗斯亲西方的外交原则没有变，但在以下几个方面有较大调整：

（1）俄罗斯在某些问题上开始表现出与西方不同的观点，在一些重大国际问题上采取与西方更为独立的立场。例如在南斯拉夫问题上，俄罗斯不再追随西方而坚决反对塞尔维亚。1993年3月，叶利钦致函西方大国首脑，坚决反对北约东扩，等等。

（2）俄罗斯开始把目光投向东方，尤其是发展同亚洲新工业化国家的关系。叶利钦在1992年底访问了韩国，之后又访问了中国，并通过与我国签署了《关于中华人民共和国和俄罗斯联邦相互关系基础的联合声明》，两国关系由睦邻友好向互利合作迈进了一步。1993年1月叶利钦访问了印度、蒙古、马来西亚、新加坡等一系列亚洲国家。

（3）重修与独联体国家的外交关系是这一阶段外交政策中的最大改变。俄罗斯开始大幅度调整与独联体各国的外交关系，要求西方承认自己在该地区的"特殊利益"和维护该地区和平和稳定所担负起的"特殊责任"，逐步推行由俄罗斯领导的强化该地区政治、经济和安全一体化的方针。

（4）重新认识到以前的盟国——东欧各国的重要性。俄罗斯意识到北约东扩将直接威胁到俄罗斯的利益，俄罗斯面临着被排挤出欧洲势力范围的危险。因此，俄罗斯坚决反对北约吸收东欧国家。

总体来看，这一时期俄罗斯亲西方的对外政策没有改变，但是已经开始注意与美国以及其他西方国家保持一定距离，并敢于表示不同的立场。尽管俄罗斯领导层竭力阻挠北约东扩，但北约领导层还是宣布向东欧各国敞开大门，从而打破了某些俄罗斯政治家的幻想。起初被科济列夫称作盟友关系、而后又被称为成熟伙伴关系的俄美关系，无论是在推动美国援助俄罗斯经济方面还是在消除海关壁垒方面，都没有带来实际成果。

1995年9月的记者招待会上，叶利钦公开第一次严厉地批评了外交部之前所做的工作。之后，在1996年1月撤销了科济列夫外交部长的职务。这标志着俄罗斯亲西方外交的彻底终结。

第三节　大国外交时期

1996年科济列夫下台后，普里马科夫被任命为外交部长。同年在美国大选中，克林顿总统赢得连任。美国当局着手实施全球化战略，企图通过强力手段在世界范围内扩大美国的价值观，建立以美国为首的单极世界。针对美国的这一战略，普里马科夫则提出多极世界的观点。普里马科夫进一步指出俄罗斯在国际关系领域面临着三大主要问题：从两极世界向多极世界的转变；同冷战时期的对手搞好关系；在大国立场上推行积极的外交政策。总体来说，普里马科夫的多极化外交有以下特点：

（1）同世界上正在形成的各极都建立"建设性"伙伴关系。改变过去只重视对美外交的做法，进一步加强与法、德等西欧国家的关系，搞"美欧双向平衡"。

（2）坚决反对美国一统世界，建立一极世界的企图，坚决反对北约东扩。

（3）把对独联体的关系作为外交政策的重中之重。俄罗斯强调自己在独联体地区的"首领"地位，公开提出独联体是俄特殊利益地区，是俄罗斯的势力范围，进一步加速实施独联体一体化的战略方针。一方面，俄罗斯与美国一起在中亚展开激烈竞争，如里海能源战等；另一方面，有重点地拉拢白俄罗斯、哈萨克斯坦、亚美尼亚等国对抗反俄的"古阿姆"集团。

（4）积极推行"东方外交"，重视发展与亚太国家的关系，实现东西方外交的平衡。俄罗斯特别重视发展与中国、印度、日本等亚太国家的关系，通过签订一系列经济条约来使俄同亚太国家的关系在政治领域的突破更大。

总体来看，普里马科夫担任外交部长的两年半期间，俄罗斯的对外政策在各个方向都表现得平衡而主动。

1998年9月，伊万诺夫就任外交部长一职后，继续推行普里马科夫的大国外交政策，他的外交思想与普里马科夫差别不大，因为伊万诺夫就是经普里马科夫推举成为外交部长的。两个人在外交政策上一脉相承。两人都赞成国际法基础上的多极体系，主张同欧盟搞好关系以制衡美国，重视发展与独联体国家的外交关系等。

1998年爆发了席卷全世界的金融危机，俄罗斯也深受打击。许多西方国家都害怕俄罗斯还不起债务，对俄罗斯表现出怀疑和不信任。1999年5月，北约轰炸南斯拉夫。俄罗斯严厉谴责北约对联合国宪章和国际法准则的粗暴践踏。在这种情况下，俄罗斯20世纪90年代末的主要外交活动是同北约东扩作斗争、支持南斯拉夫反抗北约的武力行动，倡导世界格局的多极化，着力发展与法德等西欧大国以及中印等亚洲大国的关系，以制衡美国的影响。

第四节　实用主义的外交政策时期

普京当选为俄罗斯总统后，俄罗斯的内政和外交都发生了实质性的变化。2000年6月普京总统批准了新的《俄罗斯联邦对外政策构想》。文件指出，俄罗斯奉行独立的、建设性的对外政策，其基础是连续性、可预见性和互利的务实主义。由此看来，以最大限度地维护国家利益为核心，以复兴国家为目标，以谋求和捍卫经济利益为重点的务实外交已经成为俄罗斯外交的新走向。总体来看，这种实用主义外交具体表现在以下几个方面：

（1）俄罗斯对外政策与国内发展的长期任务紧密相连，"内部目标高于外部目标"，外交应该为内政服务。

（2）外交构想突出经济色彩，强调俄罗斯在经济领域的利益是最主要的国家利益。

（3）积极融入国际社会，逐步实现俄罗斯经济与世界经济结构的一体化。

（4）强化俄罗斯的核威慑力，表示在必要时会采取一切手段来维护国家安全，包括使用核武器。

（5）避免风险，避免卷入地区性冲突。

（6）重视保护俄罗斯境外公民的利益，保护俄企业在国外的利益。

（7）提高外交部在俄罗斯对外政治经济活动中的地位和作用。

2000年7月普京在向俄联邦会议所做的首次年度咨文中强调，稳固的经济是民主社会的主要保障，是受尊重的世界强国的根本基础。2001年4月普京作出的第二个年度咨文中也强调，俄罗斯"应该明确以国家优先发展方向、实用主义和经济效果为基础构建对外政策"。

对美关系是俄罗斯对外政策的首要方向之一。2001—2002年发生了一系列影响俄美之间关系的事件，如"9·11恐怖袭击"，美国退出1972年签署的《反弹道导弹条约》等。在一系列问题上，俄罗斯与美国选择了妥协与合作的道路。2002年5月美国总统布什访俄期间，俄美签署了削减战略性进攻武器的双边协议。

俄罗斯对北约扩张一直持反对态度，但在现实中又不得不与之妥协，同意与其进行合作。2002年5月，俄罗斯与北约的关系开始升温，按"19+1"（20国集团）的规格通过了《俄罗斯联邦和北约成员国国家元首和政府首脑宣言》，俄罗斯获得了参与解决国际安全问题的新机会。近年来，在"俄罗斯—北约"理事会框架内进行着公开的对话。北约秘书长与俄罗斯联邦国家元首在会晤中采取大量实际措施发展俄罗斯与北约成员国在共同感兴趣领域内的伙伴关系。

2006年7月，"八国集团"首脑峰会在圣彼得堡举行。俄罗斯首次担任"世界强者"会晤的主席国。峰会的核心议题是能源安全。峰会标志着俄罗斯完成了自苏联解体以来融入国际组织的进程。俄罗斯对外贸易的最大伙伴是欧盟。俄罗斯与欧盟的经常性对话为互利的经济关系并为扩大科学、人文及其他交流创造了有利条件。

需要指出的是，从2007年以来俄罗斯和西方的关系明显降温。俄罗斯与邻国间的一系列冲突，乌克兰问题、伊朗问题、叙利亚问题等都加剧了俄罗斯与西方关系的冷却。普京常指责华盛顿试图操纵世界，北约东扩只会挑拨俄罗斯，使得欧洲安全与合作组织沦为附庸。俄罗斯开始在国际舞台上发挥更为积极的作用。

在俄罗斯与东方大国的关系上，俄罗斯主要实行与中国和日本建立建设性关系的基本政策。2001年在中俄高层莫斯科峰会上签署了《中俄睦邻友好与合作条约》。此次峰会成为快速发展的中俄战略伙伴与合作关系的大事。2006年和2007年中俄互办国家年，组织了一系列活动，表明了中俄关系达到了历史上最好的水平。

作为上海合作组织的主要成员国之一，俄罗斯在维护中亚安全方面发挥着重要作用。俄罗斯与迅速积聚实力的亚太国家的关系具有特殊意义。俄罗斯愿意采取一切新措施扩大与这些国家的合作框架和领域，在保障全球和地区稳定方面加强合作。2007年10月召开了里海沿岸五国峰会。俄罗斯、土库曼斯坦、哈萨克斯坦、阿塞拜疆和伊朗五国的首脑商讨共同开发里海油田，签署了里海问题共同宣言。

自2003年起，俄罗斯参加了在北京举行的有关朝鲜半岛和问题的六方会谈。2006年10月朝鲜进行了第一次核试验，俄罗斯与中国一道积极呼吁通过外交途径解决朝鲜半岛核问题。

这样，在普京头八年的任期内，俄罗斯在世界上几乎所有重要战略地区的地位都得到了本质性巩固。需要特别指出的是，在地区领域，独联体框架内签署的条约数量最多，因为俄罗斯与独联体其他成员国之间的关系一直是俄联邦对外政策的首要方向。

第五节　中俄关系

俄罗斯总统叶利钦于 1992 年 12 月对中国的访问成为中俄关系向前发展的第一大步。在第一次中俄峰会上，两个元首签署了关于中华人民共和国和俄罗斯联邦相互关系基础的联合宣言。根据这一宣言中俄彼此视为"友好国家"。双方表明了发展睦邻友好与互利合作，尊重各国人民自由选择内部发展道路权利的意愿。中国和俄罗斯有义务通过和平手段解决所有争端，彼此不诉诸武力或以武力相威胁，不参加任何针对对方国的军事政治联盟，不和"第三国"签署有损于对方国主权和安全利益的条约或协议。

时任国家主席江泽民于 1994 年 9 月对莫斯科进行访问成为中俄关系发展的第二步。双方签署建立"新型建设性伙伴关系"的联合宣言。1996 年 4 月中俄第三次峰会在北京举行，两国领导人签署了中俄联合宣言，表明了发展"面向 21 世纪的平等、互信战略协作伙伴关系"的决心。商定在北京和莫斯科轮流举行中俄两国元首和总理的定期会晤，每年至少一次。这次，中国、俄罗斯、哈萨克斯坦、吉尔吉斯斯坦和塔吉克斯坦五个邻国首脑在上海签署了《关于在边境地区加强军事领域信任的协定》，"上海五国"国际组织成立。

中国和俄罗斯都认为，当今世界是向多极化方向发展的。1997 年 4 月在莫斯科举行的第四届中俄峰会上，签署了《关于世界多级化和建立国际新秩序的联合宣言》，奠定了两国在国际舞台上的合作基础。1998 年 11 月在莫斯科举行的第六次中俄峰会上，两国签署了《面向 21 世纪的中俄关系联合声明》，表达了对待国际社会基本发展趋势的协同态度和对双方长期战略合作前景的一致看法。

1999 年 12 月叶利钦对中国进行正式访问。两国领导人在第七次峰会上签署了联合声明，表明了两国在现代国际局势重大问题上的立场。俄罗斯支持中国的对台政策，中国则声明车臣问题是俄罗斯的内部事务。

2000 年普京与江泽民进行了 4 次会晤。普京于 7 月对中国进行正式友好访问。在这次峰会上，中俄领导人签署了《北京宣言》和有关反导弹防御问题的声明。

2001 年普京与江泽民在莫斯科举行的第九次高层会晤期间签署了《中俄睦邻、友好与合作条约》标志着双边关系发展到了一个新的水平。条约反映了中俄关系的基本原则、双边合作的主要方向和领域。条约为两个伟大邻邦在 21 世纪的互信伙伴关系的战略合作奠定了法律基础。

以《中俄睦邻、友好与合作条约》为基础的中俄关系在 2002 年得到迅猛发展。两国之间的合作机制对彼此起到了促进作用。这一机制包括国家元首、政府总理的定期会晤，外交部长、国防部长以及其他关键部委的经常性接触。2002 年俄罗斯共有 70 多个官方代表团访问中国。

2003 年 5 月，应普京之邀，时任国家主席的胡锦涛对俄罗斯进行国事访问。这是他担任国家主席之后的首访。两国领导人声明，他们愿意接过前辈的接力棒并将其传递下去，共同努力开拓新的中俄关系发展前景。

2004 年 10 月，应国家主席胡锦涛之邀，普京对中国进行正式友好访问。两国领导人深入、全面地探讨了中俄关系发展的前景。双方批准了 2005—2008 年的中俄睦邻友好与合作的行动计划。双方商定宣布 2006 年为中国的俄罗斯年，2007 年为俄罗斯的中国年，还签署了关于在广州设立俄罗斯总领馆和在叶卡捷琳堡设立中国馆的协议。

2005 年，两国就安全战略问题进行定期磋商的机制启动，该机制成为协调中俄在该领域内合作的重要渠道。这种合作有助于两国共同应对新的挑战和威胁，保护共同利益。

2006 年是中国的俄罗斯年，举办了论坛、研讨会、博览会等几百项活动。两国高层就经济合作和战略伙伴关系问题达成关键性协议。在国际事务中，中俄定期"对表"并密切协调在最紧迫问题上的行动。中俄合作完全符合双边关系的现有水平。

2007 年举办了俄罗斯的中国年。组织了中国国家展、商务论坛、各种各样的大型联欢节和跨地区交流等 200 多项大型活动。俄总理梅德韦杰夫说："俄罗斯的中国年成果丰硕，在整个中俄、甚至中苏关系史上绝无仅有。"

2011 年，中国成为俄罗斯最大的贸易伙伴国；仅 2014 年一年，中国对俄罗斯投资增幅就高达 80%，且这一增长势头依然强劲。20 世纪 90 年代早期，中俄贸易额每年尚不足 50 亿美元；2014 年，这一数字已接近 1000 亿美元。

2014 年，中俄签署天然气管道项目的"世纪合同"，俄从 2018 年起向中国供气。此外，双方还计划在核电、联合航空制造、高铁、基础设施建设等领域开展合作，并在亚投行、新开发银行、金砖国家应急储备安排等新的多边金融平台开展合作。

2017 年 7 月 5 日中国国家主席习近平对俄罗斯进行国事访问，引起俄罗斯社会高度关注。俄罗斯各界代表高度评价习主席这次访俄成果，期待这次访问推动中俄各领域合作向更深层次迈进，中俄双方互送 2017 年到 2020 年国家纲要。

2018 年 9 月，习近平主席首次出席第四届东方经济论坛，这是新时代中俄关系发展史上的里程碑事件。俄罗斯政界人士对习主席访俄给予高度评价，他们认为这次访问是深化俄中全面战略协作伙伴关系道路上的一个重要里程碑。俄方表示，虽然俄中关系目前已经达到了史无前例的高水平，但是他们坚信此访之后两国关系将会进一步得到全方位的提升。统一俄罗斯党最高委员会主席格雷兹洛夫说："每次习近平主席来访俄罗斯，人们都非常期待。我想，当他坐车经过莫斯科街道的时候，他也许注意到了这里的人们对他有多么热爱、重视和尊重，他的每一次来访对我们来说都非常珍贵而重要。这再一次证明了我们两国的战略协作伙伴关系、友好互助关系。我们明白，俄罗斯能够为中国做许多有益的事情，中国对俄罗斯也是一样的。我们团结在一起可以解决许多问题，这些问题不仅涉及政治、经济还包括科学、教育、艺术、文化等各领域。我们可以共同解决这些问题，将我们的事业推向前进。"

中俄两国安全合作不断深化。中国连续多年保持俄罗斯最大武器进口国地位，且正在与俄方探讨，开展一系列武器联合研制项目。双方还开展了高层防务磋商等系列合作，包括过去 10 多年间，双方在双边及"上合组织"框架下，以反恐等为主题举行的 20 余次联合军演。20 年间，已有数千名中国军人赴俄留学，俄中高级军官也到中国国防大学进行类似的短期进修。

中俄政治关系也不断加深。2008 年，两国和平解决了困扰多年的领土争议，划定 4300 多公里的边界线，从根本上消除了两国关系稳定发展的最大隐患。目前，两国在元首、总理、议长、外长等各个层级，都有年度定期会晤的安排；习近平就任中国国家主席以来，已五次赴俄，俄罗斯总统普京也三次来华；加上国际场合的见面，两人已经会晤了 14 次，普京成为习近平主席见过次数最多的外国元首。

尽管取得了长足进展，但中俄两个邻国间依然存在分歧和矛盾，对外政策关注点也各有侧重。欧洲是俄罗斯的传统外交优先方向，而中国则更多聚焦亚洲。两国外交行事风格也不同：俄罗斯在国际事务上的经验更加丰富，外交主动性强，但略显生硬，常出人意料；中国则是应对性多一些，姿态相对和缓。

中国的崛起引发了一些俄罗斯人的不安，有些人对中俄力量对比的变化感到不适应，旧有的"中国威胁论"在俄罗斯仍有一定市场。随着中国同独联体国家合作不断深化，也有俄罗斯人担心中国在其周边争夺影响力。也仍有中国人因历史上的一些问题，对俄罗斯存有不满。

然而，以上分歧都不足以支持西方关于中俄关系会渐行渐远的猜测。过去两年，俄罗斯和美国、欧盟的关系由于乌克兰和叙利亚危机每况愈下，关于中俄关系会恶化的评论在西方不时出现；但是，尽管有分歧，中俄对坚定发展两国关系的政策考量是一致的，为双方各自的安全和发展所需，两国必须合作。

中俄携手既有利于国际政治的平衡，也给诸多国际难题的解决带来机遇。双方能承认和有效管控分歧，同时不断扩大共识。正如王毅所言，中俄关系是一条对外交往的新路，可以为其他国家提供一种新的外交模式。

◎ 思考题

1. 论述"亲西方、一边倒"外交时期俄罗斯外交政策的基本内容及其影响。

2. 论述"双头鹰"外交时期俄罗斯外交政策作出了哪些重大的调整，分析其原因。

3. 论述普里马科夫多极化外交政策的基本内容。

4. 论述普京实用主义外交政策的原则、内容和影响。

5. 普京外交政策与普里马科夫外交政策有何不同？分析其原因。

6. 分析俄罗斯对独联体国家外交政策的演变过程，分析其原因。

7. 分析俄罗斯对北约外交政策的演变过程，分析其原因。

8. 论述北约东扩对俄罗斯地缘政治造成的影响。

9. 分析当前俄美关系的主要特点，论述叙利亚和乌克兰等国际热点问题对俄美关系带来怎样的影响。

10. 论述当前中俄关系的主要特点，以及在当今国际社会上中俄两国在外交领域展开合作的发展前景。

参考书目

[1] 范建中. 当代俄罗斯政治发展进程与对外战略选择 [M]. 北京：时事出版社，2004.

[2] 陆南泉. 苏东巨变之后：对 119 个问题的思考 [M]. 北京：新华出版社，2012.

[3] 郑羽. 独联体十年：现状、问题、前景 [M]. 北京：世界知识出版社，2002.

[4] 左凤荣. 重振俄罗斯：普京的对外战略与外交政策 [M]. 北京：商务印书馆，2008.

[5] 冯少雷，相蓝欣. 转型中的俄罗斯对外战略 [M]. 上海：上海人民出版社，2005.

[6] 吴克礼. 当代俄罗斯社会与文化 [M]. 上海：上海外语教育出版社，2001.

[7] 戴桂菊. 当代俄罗斯 [M]. 北京：外语教学与研究出版社，2008.

第八讲　俄罗斯音乐

俄罗斯音乐不仅是俄罗斯文化的重要组成部分，而且在世界音乐文化史中也占有重要的地位。长久以来，俄罗斯音乐都以其悦耳的曲调、动听的旋律、优美的意境震撼了全世界人的心灵。本章我们就带大家徜徉于俄罗斯音乐的海洋，认识一下俄罗斯音乐的发展历程，与一些蜚声世界的俄罗斯音乐大家来一次完美的邂逅。

第一节　中古时期的俄罗斯音乐

俄罗斯音乐的起源应该追溯到遥远的古代。它的起源与古斯拉夫人的文化和日常生活紧密相连，与他们的信仰、习俗、风俗和礼仪有关。古罗斯音乐是俄罗斯文化艺术一个重要的组成部分，也是世界文化艺术不可或缺的一页。它像建筑、雕塑和绘画一样，表现和反映了古罗斯社会所走过的漫长历程。

　　据考证，俄罗斯音乐的历史渊源可以追溯到6—9世纪东斯拉夫部落生活时代。原始氏族公社制的生产劳动和生活方式产生了与之相适应的文化，当时出现的偶象崇拜的仪式歌曲就是这种文化之一。其中包括崇拜太阳等自然物和自然现象的"年历仪式歌曲"和崇拜氏族祖先的"家族仪式歌曲"。前者与农业劳动密切关联，属于一种劳动歌曲；后者与婚丧礼仪紧密相关，或为欢乐的歌舞，或为哀伤的哭腔。这些歌曲由于与一定的祭祀仪式结合在一起，带有戏剧表演的性质，其旋律音域较窄（以三度音程为主，偶尔上下扩充一度），以自然音列为基础，带有五声音阶特征。以后又产生了不依赖于任何仪式的"抒情民歌"，其旋律较为开阔，更具有歌唱性。同时，在古代斯拉夫人中，器乐也开始传播。当时采用的乐器有：古斯里（多弦弹拨乐器）、古多克（弓弦乐器）、杜德卡（竖笛）、索别尔（横笛）、罗格（号角）以及一些打击乐器等。

　　9世纪末，由于生产力发展，氏族公社制逐渐瓦解。随着斯拉夫人最早的国家——基辅罗斯的形成，基辅逐渐成为古罗斯的文化中心，也成为古罗斯的第一个音乐中心。自古罗斯封建国家建立以来，为宫廷和国事服务的音乐获得了很大发展，音乐仪式也成了基辅大公和武士们日常生活中一个不可缺少的内容，出征、节日、宴会、隆重的仪式都有音乐伴奏。如在王公贵族的登基典礼、出征归来和庄严集会时，常唱奏"光荣颂"；在军队的行进和国家仪式上，用长型的直管号和纳克雷鼓等乐器的演奏来助威。在民间音乐领域，以英雄史诗和传说为内容的"壮士歌"逐渐开始繁荣。它是一种朗诵性质的叙事歌曲，词曲紧密结合，旋律从容庄重，由民间弹唱艺人演唱，常用古斯里伴奏。与此同时，世俗音乐也在不断发展，世俗音乐的体现者——民间杂耍艺人尽管遭受教会和上层统治阶级的残酷迫害，但是他们的艺术生机勃勃，与社会广大阶层人民的生活息息相关，受到普遍的欢迎。大多数民间杂耍艺人过的是漂泊流浪的生活，也有少数受到上层统治者的青睐，被列入贵族行列。

　　自10世纪末基督教由拜占庭传入并成为国教以来，与世俗音乐相对应的宗教音乐也逐渐兴起，并且发展壮大。这种教会歌曲是古俄罗斯以书面记录方式流传下来的专业音乐的唯一品种。记录的符号称为"涅夫梅"。它们只代表旋律运动的总方向和节奏的长短，而不能标明每个音的准确高度。这种标记称为"旗标"或"弯钩"记谱法，用这种记谱法书写的教会歌曲称为"旗标歌曲"或"旗标歌调"。这种来源于拜占庭的曲调和记谱体系，由于长期受到本地民歌的影响，逐渐具备了新的特征。原来充满朗诵的音调，如今音域扩充，旋律变得悠长，增强了歌唱性。17世纪，这种歌调及其记谱法得到了进一步的改革和完善。随着社会和意识形态的变革，单声部的旗标歌调逐渐被多声部的"帕尔捷斯歌曲"所取代。这种风格的更替伴随了尖锐的论争，新风格的支持者们发表了许多论文批驳了把音乐看成是"宗教的奴仆"的中世纪保守观点，论证了新风格的合理性，使多声部的帕尔捷斯歌曲获得了推广。帕尔捷斯歌曲属于无伴奏多声部合唱，采用未列入敬神仪式的词，有时甚至直接用非宗教的世俗词。它的华丽的多声部风格与当时建筑和造型艺术中的巴洛克风格相呼应。17世纪末至18世纪中叶，写作帕尔捷斯歌曲的作曲家有季托夫、卡拉什尼科夫、巴维金、列德里科夫等。17世纪下半叶还产生了另一种多声部歌曲康特，它起初用宗教情节自由发挥，以后用爱情、幽默讽刺的世俗歌词。彼得一世统治时期庄严颂歌性质的康特获得了流传。需要指出的是，在17世纪以前，俄罗斯无戏剧，只有民间的礼仪——婚礼、由化妆艺人参加的挨家唱圣诞节祝歌、告别谢肉节的仪式等节日欢庆活动。在这些节日活动里，丑角、跳舞蹈的、杂耍的、乐师、走绳索的、玩木偶的等都参加表演。后来，丑角的民间戏团确定了自己的固定演出剧目。

真正的戏剧——宫廷的戏剧和学校的戏剧出现于17世纪。宫廷戏剧的产生是宫内的王宫大臣对西方文化的兴趣所致。这种戏剧首演于1672年10月17日的莫斯科，这是阿列克谢·米哈伊洛维奇执政时代。第一部上演的剧作取自《圣经》的故事，沙皇非常喜欢这部剧作，连续不停地观看了10个小时。后来还上演了其他《圣经》题材的剧作。

起初，宫廷戏剧没有自己的场所，道具和服装搬来运去，很不方便。最早的几个戏剧是从德国人居住区来的牧师格列高利排演的，演员也是外国人。之后强迫俄国的"后裔"来参加这项活动。1673年，指定诺沃梅享斯基居住区的26位居民入梨园。后来他们的人数又有增加。上演戏剧的场面巨大，有时还有乐器伴奏和舞蹈。

此外，17世纪在俄罗斯的斯拉夫语-希腊语-拉丁语学院里学校戏剧得以形成。剧本由老师撰写，每逢节日由学生排练演出。剧本的内容既有福音书的情节，也有世俗的传说。剧本用诗体写成，主要采用独白形式。剧中人物除现实的以外，还有寓意性的。

17世纪的这些宫廷和学校戏剧的出现拓宽了俄罗斯音乐的范围和领域，丰富了中古俄罗斯人的精神文化生活。

第二节　18世纪的俄罗斯音乐

在18世纪，音乐已经成为俄罗斯人生活中的重要组成部分。随着城市的兴起，出现了反映城市人民生活的"城市歌曲"，它们有些来源于农村，有些是外国歌曲的变体，同时也有市民自己的创作。18世纪的俄罗斯是一个"理智和启蒙的世纪"，音乐不仅在祭祀的教堂响起，而且也来到了俄罗斯的世俗社会，世俗音乐逐渐发展并于1709年得到彼得大帝首肯，标志着世俗歌曲开始被社会承认。世俗音乐的产生与18世纪俄罗斯诗人们的诗歌创作有密切的联系。在彼得时代，赞美歌是一种最大众化的诗歌形式，也是当时的一种音乐体裁——无伴奏的三声部合唱。赞美歌的唱词大多取自18世纪的俄罗斯诗人们创作的抒情诗。尽管赞美歌无钢琴乃至任何一种乐器的伴奏，但它的歌词是具有较强文学性和音乐性的抒情诗，它的旋律能恰如其分地表达歌词的诗情画意，音乐与诗情融为一体，可谓俄罗斯艺术歌曲的雏形。俄罗斯社会思潮推动着艺术歌曲的发展。

在18世纪初，音乐对俄罗斯人的生活起着重要作用，是俄罗斯人生活的重要组成部分，但是与俄罗斯其他艺术形式（如文学）相比，俄罗斯的音乐发展相对缓慢，主要局限在教堂合唱和某些官方礼仪迎宾音乐的范围内，而且创作方法程式化，旋律单调。同时，随着时代的发展，赞美歌对俄罗斯人生活的重要程度逐渐减弱。拉帕茨卡娅在《18世纪俄罗斯艺术》一书中写道，俄罗斯多声部咏唱（赞美歌）到了18世纪四五十年代有了明显衰退，且在1762年叶卡捷琳娜二世登基后，她对宗教艺术持冷漠态度，俄罗斯的音乐获得了比较自由的发展。作曲家们开始积极地学习西欧音乐技法，并且将之运用到自己的音乐创作中去。在经历了意大利演员长期在俄罗斯做巡回歌剧演出的时段后，俄罗斯演员开始依靠自己的力量排演歌剧。1756 年，俄罗斯甚至在彼得堡建立了第一家国家剧院。18 世纪末，在俄国启蒙思潮的影响下涌现出一大批作曲家，形成了俄国自己的作曲学派，逐步取代了聘请的外籍作曲家的地位，如索科洛夫斯基、别列佐夫斯基等，他们"特别关注俄国民族民间的生活题材，作品带有一定的民族特色"，代表作有索科洛夫斯基的《磨工——巫师、骗子和媒人》（1779）等。

此外，18 世纪，音乐艺术得到普及。业余音乐活动得以展开，由俄国和外国演奏者参加的家庭和公众音乐会频频举办。1802 年，彼得堡成立了爱乐协会，演出古老的和古典的音乐。18 世纪最后的 30 余年间，创办了俄罗斯作曲家学校，培养了第一批俄罗斯作曲家——歌剧、合唱曲、器乐、室内乐的作者。当时俄罗斯音乐文化的最大成果是叶·福明（1761—1800 年）的音乐轻歌剧《奥菲欧》。他还创作了俄罗斯民族题材的歌剧《驿站车夫》（1787 年）《美国人》（1788 年）等。歌剧是这个时期的主要音乐体裁。

18、19 世纪之交，出现了室内抒情歌曲这种体裁——以俄罗斯诗歌为歌词的俄罗斯浪漫曲。其中著名的作曲家有奥·科兹洛夫斯基（1754—1831 年）。他创作了《俄罗斯歌曲集》，爱国英雄主义的波洛奈茨舞曲。他为杰尔查文的《胜利凯歌》配的曲子在很长一段时间里一直是俄罗斯帝国的国歌。

这一时期在戏剧方面可谓硕果累累。彼得大帝时代官方的剧团分解为几个剧团。戏班在首都和外省继续自己的活动。从 18 世纪 30 年代开始，官方剧院重现生机。40 年代，什利亚赫茨基武备学校创立了一个学校剧院，演员由这所学校的学生扮演。18 世纪中叶，法国、德国等戏班在俄国的许多城市演出。但随着民族自我意识的普遍高涨，观众越来越青睐俄罗斯戏剧。1750 年，在雅罗斯拉夫尔由俄罗斯演员、艺术家、乐师参加的外省第一个公众剧院公演的剧目里也有俄国戏剧。这个剧团的领导是俄国著名演员费·沃尔科夫（1729—1763 年）。1752 年，剧团迁到彼得堡，伊丽莎白女皇颁令以这个剧团为本成立演出"悲喜剧"的剧院。由此，第一个国立的专业公众剧院——俄罗斯剧院由此成立，1832 年后更名为亚历山大剧院。在 1780 年，莫斯科开设了彼得罗夫斯基剧院，上演戏剧、歌剧和芭蕾舞。此外，在 18 世纪末还出现了大量的农奴剧院，这是由农奴戏班子参加工作的剧院，涌现出一大批著名的农奴演员，如普·热姆楚戈娃（1768—1803 年）、米·谢京（1788—1863 年）等。

18 世纪末在俄国启蒙思潮的影响下，俄国作曲家学派形成。代表人物有别列佐夫斯基、博包尔特尼扬斯基、帕什克维奇、福明、汉多什金等。他们的创作共性是对俄国民间生活题材的关注，采用俄罗斯民歌素材，音乐带有一定的民族特色。歌剧最集中地反映出他们的创作面貌。代表作品有索科洛夫斯基的《磨工——巫师、骗子和媒人》（1779 年）、马京斯基和帕什克维奇的《善有善报》（又名《圣彼得堡商场》，1782 年）、福明的《马车夫》（1787 年）等。在室内器乐创作方面，最著名的是汉多什金的小提琴独奏奏鸣曲和俄罗斯主题变奏曲，此外，杜比扬斯基和科兹洛夫斯基的抒情浪漫曲类型的俄罗斯歌曲也享有盛名。

总之，18 世纪俄罗斯音乐大量普及，剧院遍地开花，丰富了上至王公贵族，下至普通百姓的文化生活。同时，18 世纪音乐文化的继续发展为 19 世纪俄罗斯音乐的繁荣奠定了基础。

第三节　19 世纪的俄罗斯音乐

19 世纪初，俄罗斯音乐进入了一个新的阶段，在一些作曲家的创作中出现了浪漫主义的倾向，使俄罗斯艺术歌曲进入一个新的阶段。作品有达维多夫的《列斯塔，第聂伯河的水仙女》（1805 年）、卡沃斯的《伊利亚勇士》（1806 年）等。其中最有影响的是韦尔斯托夫斯基的《阿斯科尔德的坟墓》（1835 年）。在阿利亚比耶夫、瓦尔拉莫夫和古里廖夫的室内声乐曲中，孤独忧愁、不满现实、幻想美好未来的浪漫主义思想情感与朴素的城市抒情歌曲风格结合在一起。

19 世纪 30 年代以前，俄罗斯虽然出现了作曲家，且在不同领域创作了各种类型的作品，但他们的音乐创作依然不成熟。他们仍处在幼稚地照搬、模仿音乐的阶段，"作品的内容比较浅薄平淡，艺术技法相当粗糙简陋，民族的题材始终没有同西方的技术有机结合"。俄罗斯艺术歌曲在这一时期的发展，从艺术家的不同风格中可见一斑。下面给大家简单介绍一下这一时期具有代表性的音乐家。

【格林卡】　　1804 年格林卡生于斯摩棱斯克附近的一个富裕地主家庭。大概 11 岁的时候，他偶然听到一首单簧管四重奏，产生了对音乐的兴趣。13 岁时，他来到了彼得堡上学，跟着爱尔兰著名钢琴家、音乐家费尔德（"夜曲"这一体裁为他首创，后经肖邦发扬光大）学习音乐。20 岁到 24 岁之间，他在交通部任职，业余时间登台演出，举行独唱音乐会。他在彼得堡的音乐沙龙中博得很高的声誉，被称为"天才的业余音乐活动家"。

令人难以置信的是直到 24 岁格林卡才开始正式地专业学习作曲。26 岁时他来到意大利歌剧之都米兰，离开祖国的格林卡非常思念祖国，于是萌生了一个想法，就是写一部真正的民族歌剧。19 世纪 30 年代，俄罗斯音乐天才格林卡返回俄国从事浪漫曲和歌剧创作。1936 年首演了他创作的《伊凡·苏萨宁》（又名《为沙皇献身》），大获成功。首演结束后普希金等俄罗斯知识界的精英都为他举办了庆功会。6 年后，他的第二部歌剧《鲁斯兰与柳德米拉》也上演了。这部以俄罗斯基辅公国为背景的神话史诗，为格林卡提供了写作更为绚丽多姿音乐的可能。1844 年，格林卡再次出国，在巴黎接触到活跃的文化生活和浪漫主义音乐的新作，在西班牙熟悉了热情奔放、色彩斑斓的民间歌舞音乐。此时，他创作了两首西班牙序曲：《阿拉贡霍达》和《马德里之夜》。在回国途中，他在华沙又创作了管弦乐《卡玛琳斯卡娅》，这是对俄罗斯民歌交响化的一种创新，对后来的俄罗斯作曲家影响很大。

因此，格林卡为艺术歌曲在俄罗斯的发展起到了至关重要的作用。他是将俄罗斯艺术歌曲推向成熟的引路人。格林卡是 19 世纪俄罗斯音乐的奠基者，被誉为"俄罗斯音乐之父"，他的创作牢固地扎根于俄罗斯民间音乐的土壤上，吸取了俄罗斯城市音乐文化的养分，借鉴了西欧古典乐派和浪漫乐派的音乐成果。他把这三者有机结合，既突出了俄罗斯艺术歌曲的鲜明民族风格，又使它建立在坚实的艺术技巧上，从而把俄罗斯音乐提高到了前所未有的水平。

【强力集团】　19 世纪 60 年代俄国废除农奴制的前后是民主运动高涨的时期，知识分子阶层的思想格外活跃，各个艺术领域都出现了具有民主主义思想的创作团体。在音乐界，以巴拉基列夫和评论家斯塔索夫为中心，形成了一个有共同见解和目标的小组，被称为"五人强力集团"，成员除了巴拉基列夫之外还有鲍罗丁、穆索尔斯基、里姆斯基-科萨科夫和居伊。他们视格林卡为老师，除了巴拉基列夫是专业从事音乐之外，其余都是从音乐爱好者步入音乐领域，致力于发展民族音乐文化。他们从事搜集、整理和改编俄罗斯民歌，对民间艺术的研究直接影响到他们的题材、内容、手法和风格特征。如创作取材于祖国历史、民间传说、神话故事的歌剧，还有形象鲜明、通俗易懂的交响音乐和器乐曲，还有一些带有抒情性和讽刺揭露性的歌曲。"五人强力集团"努力使音乐的内容和形式相一致，专业的表现手段与音乐的平易性相结合。从他们开始，追求音乐的民族性成了一种自觉的运动。我们下面来简单了解下这五位作曲家的生平和创作。

巴拉基列夫是"五人强力集团"的精神领袖，也是一个自学成才的作曲家。1855 年他在彼得堡演奏钢琴时结识了格林卡。格林卡为他的民族主义音乐理想深深感动，鼓励他继续学习。

1862 年巴拉基列夫建立义务音乐学校，在该校的音乐会上演出"五人强力集团"成员的作品。他主张深入学习民歌的本质，并到俄罗斯各地搜集民歌，出版民歌集，后到高加索旅行，对格鲁吉亚、阿塞拜疆等地的民间音乐十分感兴趣。1867—1880 年任宫廷音乐协会指挥，介绍柏辽兹、李斯特等当代西方作曲家的作品。

巴拉基列夫是第一位在作品中体现"五人强力集团"创作倾向与风格的作曲家，主要作品有两部交响曲，具有标题性构思的《以三首俄罗斯民歌为主题的序曲》，交响诗《塔玛拉》，钢琴幻想曲《伊斯拉美》。

鲍罗丁是高加索的乔治亚亲王盖地诺夫和一位军医夫人的私生子。亲王给了他一个农奴的姓，他获得了亲王私生子的地位，由女管家和家庭女教师抚养长大。鲍罗丁小时候对音乐和化学同时感兴趣。他选择了化学作为自己的职业，音乐只是他的业余爱好。从医学院毕业之后，他到了德国的海德堡做研究生，认识了女钢琴家普洛托波波娃，后来结婚。他 25 岁获得医学博士，31 岁担任医学院教授。

鲍罗丁只在周末或者身体不适不能接待病人的时候才创作音乐。强力集团的朋友们说："别人都希望你健康，我们却希望你生病。"1887 年 2 月 27 日，鲍罗丁在跳舞时因心脏病发作而去世。鲍罗丁最著名的作品是《在中亚细亚草原上》和歌剧《伊戈尔王子》，后者未写完，靠他的朋友里姆斯基-科萨科夫完成。

穆索尔斯基出生于普斯科夫的一个军人世家。他长大后成为了一名近卫团的军官。他参加强力集团的时候，其他人还没有把音乐当成自己的专业。后来，穆索尔斯基在 22 岁时决定退伍专门从事音乐创作。当时正值俄国的农奴制改革，穆索尔斯基的家庭也受影响，家里无法支撑穆索尔斯基当一个自由作曲家，他只好在交通部谋了个小差使，在赚取微薄薪水的同时业余从事音乐创作。穆索尔斯基的音乐创作深受民主主义思想影响，他认为艺术的目标是表现人民。在这种思想的指导下他创作了《鲍里斯·戈杜诺夫》、《图画展览会》和《霍万斯基党人叛乱》。穆索尔斯基的歌剧采用了多种多样的声乐和器乐手法，旋律既有显著的抒情风格和民族气质，又有强烈的戏剧性因素。

居伊是作曲家、音乐评论家，同时也是军事工程学家，曾任陆军工程兵大将。他的父亲是法国人，随拿破仑大军来到俄国后，却没有随着战友逃回去。他与一位立陶宛姑娘结婚，生了 3 个孩子，分别叫凯撒、亚历山大和拿破仑。居伊在大学里读的是军事工程，后来在军队中一路高升，当上了大将，是堡垒学的权威。1877 年俄土战争期间，他曾上前线指导俄军构筑工事。他一共创作了 10 部歌剧，还写了 4 部儿童歌剧。他撰写的音乐评论文章有很高的文学水平，宣传了"五人强力集团"的音乐思想和创作成就。

里姆斯基-科萨科夫出身于贵族，从小有志于成为一名海军，后来在海军中当上了乐队督察。他在受过一些传统音乐教育之后便开始创作交响乐。后因创作有一定的名气，27 岁担任海军中尉的他被圣彼得堡音乐学院聘为作曲与配乐的教授。院长希望他的到来可以为学院带来一番新的气象。他的代表作是《萨特阔》、《雪姑娘》、《金鸡》等。他在音乐史上的贡献还在于帮助"五人强力集团"中去世的成员完成他们的作品，例如帮助穆索尔斯基完成《霍万斯基党人叛乱》，帮助鲍罗丁完成《伊戈尔王子》等。里姆斯基-科萨科夫音乐的特征是风格明快、富于色彩性和幻想性，客观描绘多于主观感受。旋律精致具有民间特色。他是卓越的管弦乐法大师，不仅使斯特拉文斯基等俄国作曲家受益，而且还影响到拉威尔、雷斯庇基等西欧作曲家。

【柴可夫斯基】　　俄罗斯艺术歌曲的发展呈现高潮时期的代表人物是柴可夫斯基。与"五人强力集团"作曲家处于同时代的柴可夫斯基，在艺术歌曲领域取得了光辉成就。尽管柴可夫斯基首屈一指的创作当属交响乐，但他的创作几乎涉及了所有的音乐体裁和形式，艺术歌曲创作也是他一生音乐创作中的重要组成部分。

柴可夫斯基1840年生于矿山工程师的家庭。1859年毕业于圣彼得堡法律学校，在司法部任职。1861年入俄罗斯音乐协会音乐学习班（次年改建为圣彼得堡音乐学院）。1863年辞去司法部职务，献身音乐事业。1865年毕业后，在莫斯科音乐学院任教，同时积极创作，第一批作品问世。受富孀梅克夫人资助，1877年辞去教学工作专事创作。1878—1885年曾多次去西欧各国及美国旅行、演出。1893年6月荣获英国剑桥大学名誉博士学位。同年10月底在彼得堡指挥《6号悲怆交响曲》，首次演出后不久即去世。

柴可夫斯基一生共创作了11部歌剧、3部舞剧和数部戏剧配乐。柴可夫斯基的作品反映了沙皇统治下的俄罗斯广大知识阶层的苦闷心理和对幸福美满生活的深切渴望；着力揭示了人们的内心矛盾，充满强烈的戏剧冲突和炽热的感情色彩。

19世纪末随着无产阶级革命运动的兴起，俄国革命歌曲获得了广泛的传播。这些歌曲继承和发扬了十二月党人和平民知识分子创作革命歌曲的优良传统，具有反对沙皇专制的政治倾向和感人的艺术力量。除少数是专门创作外，绝大多数是采用广为流传的旧歌（民歌、城市歌曲、外国歌曲等）重新填词加工改造而成。其中影响最大的歌曲是《同志们，勇敢地前进》、《你们牺牲了》、《华沙革命歌》、《红旗》、《工人马赛曲》、《木棒》和《国际歌》等。这些歌曲一经流传，就成为无产阶级的强大精神武器，在革命斗争中发挥了团结群众、鼓舞斗志、揭露黑暗、打击敌人的战斗作用。19世纪末以来，俄国专业音乐的发展出现了新局面。本国的传统和外来的影响交织在一起，产生了多样的创作风格和个性。格拉祖诺夫创作了8部交响曲，3部舞剧，一部小提琴协奏曲和大量室内乐作品。他的音乐浑厚饱满，近似鲍罗丁的史诗风格。利亚多夫主要写作器乐小品，作有钢琴前奏曲、练习曲和采用民间题材的管弦乐曲《巫婆》、《魔湖》、《女妖》和《八首俄罗斯民歌》等。他承袭了强力集团的传统，同时也借鉴了法国印象派的手法，音乐精巧清新。塔涅耶夫嗜好复调技术，他的创作带有明显的哲理倾向，代表作有康塔塔《大马士革的约翰》、《读圣诗有感》，歌剧《奥瑞斯忒亚》和《C小调交响曲》等。斯克里亚宾早期的作品受到了肖邦的影响，他成熟时期的作品充满了狂热的幻想和感情，反映了处于革命风暴前夕的俄国旧知识分子的神秘、空想的精神状态。其代表作品有《第三交响曲》（《神圣之诗》）、交响诗《狂喜之诗》、《普罗米修斯》（又名《火之诗》），钢琴协奏曲，10首钢琴奏鸣曲，若干钢琴前奏曲、练习曲等。梅特涅尔的创作集中在钢琴和室内声乐方面，他写了3部钢琴协奏曲，16首钢琴奏鸣曲和100余首声乐浪漫曲等。他的作品思想深沉，感情真挚。其他一些作曲家，如阿连斯基、卡林尼科夫、里亚普诺夫等继续遵循俄国民族乐派传统，在创作、教学方面作出了一定的贡献。19世纪以来，俄国音乐表演艺术蓬勃发展，建立了俄国学派，涌现出许多著名的人物。其中有歌唱家彼得罗夫、斯特拉文斯基、夏里亚宾、涅日丹诺娃、索比诺夫、叶尔绍夫，钢琴家鲁宾斯坦、小提琴家格尔日马利、大提琴家达维多夫、指挥家库谢维茨基等。

纵观19世纪的音乐，俄罗斯艺术歌曲在音乐语言和艺术技巧方面更多地吸取了俄罗斯城市民间音乐的音调，并创造性地借鉴了西欧古典乐派和浪漫乐派的音乐成果。以柴可夫斯基为代表的艺术歌曲具有两个鲜明特征：一是深刻的抒情性，二是强烈的戏剧性。这些作品主题旋律鲜明，线条委婉悠长，运动起伏跌宕，音调亲切自然，感情色彩浓郁，是高度艺术化的结晶。

第四节　苏联时期的音乐

20世纪后，俄罗斯艺术歌曲更加注重表现社会现实，关注人们的内心世界。特别是"十月革命"之后，由于推翻了沙皇的专制统治，建立了新生的苏维埃政权，革命领袖列宁指出，艺术应属于人民，艺术应扎根于人民。他同时又强调普及教育，提高人民群众的文化水平。在 20 世纪 20 年代的新经济政策时期，苏维埃政府对文化持开放和鼓励创造的态度，在音乐上体现共产主义意识形态的前提下，对各种不同的美学见解和表现手段都比较宽容。这是苏联先锋派艺术最为活跃的时期，在音乐领域有两个引人注目的作曲家：罗斯拉维奇发展他独立的无序性序列主义；莫索罗夫以他制造现代工厂写实音响的《铸铁车间》，反映机器时代的美学理想。

1923 年成立了两个互相对立的音乐组织。"现代音乐协会"主张新时代应发展现代音乐，应采用先锋派技术来体现，"俄罗斯无产阶级音乐家协会"确信人民大众的音乐是率直而单纯的，甚至是最简朴的原始风格。他们中的最极端的成员不仅认为现代音乐，而且认为传统音乐都是与共产主义理想不相容的。

到了 20 世纪 30 年代，文化政策有了变化，强调文化艺术的社会功能，强调艺术应培养人民的爱国主义思想，鼓舞劳动热情，陶冶高尚的情操，先锋派失去了存在的土壤。1932 年成立的"苏联作曲家协会"取代了前两个组织。尽管艺术风格变得狭窄了，但苏联政府仍然重视艺术创作和艺术教育，产生了大量具有世界影响的作品，出现了许多杰出的艺术家，对 20 世纪的音乐有不可忽视的贡献。

"十月革命"前，绝大多数艺术家都是反对沙皇统治的。革命后，有的音乐家去国外定居，但是留在祖国的音乐家们继续着他们的创造，新生一代的音乐家也逐渐成长起来。

【拉赫玛尼诺夫】　　拉赫玛尼诺夫于 1873 年出生在俄罗斯谢苗诺沃的奥尼加城的一个富庶的地主家里。他的家庭有着很好的音乐环境，其曾祖父曾经在圣彼得堡师从著名演奏家菲德尔学习，他的母亲安娜·奥娜斯卡雅是圣彼得堡音乐学院的毕业生，他的最早的钢琴教育就来自母亲，这使他从小受到了良好的音乐熏陶。1882 年举家迁往圣彼得堡，9 岁的拉赫玛尼诺夫进入圣彼得堡音乐学院，师从德米纳斯基学钢琴。1885 年，他在表兄的介绍下，进入莫斯科音乐学院，师从茨维列夫，接受到极严格的训练，从此打下了坚实的基础。作为茨维列夫的弟子，他有机会参加圈里的聚会，先后见到了塔涅耶夫，柴科夫斯基等，并对他后来的创作，产生了影响。1914 年战争的爆发使得俄国动荡不安，此间他一直待在俄国南方。9 月拉赫玛尼诺夫突然接到瑞典方面的邀请，希望他到斯德哥尔摩演出，他利用这次机会，携妻带女一起离开了俄国，也就此告别了俄国。他先到斯德哥尔摩，然后转到哥本哈根。由于没有了固定的收入，他不得不增加场次，但依然入不敷出。1918 年年底他收到了美国方面的邀请。11 月，举家迁到美国纽约。在经纪人查尔斯·艾利斯的安排下，他成为"斯坦威"公司的签约艺术家。1919—1920 年他又与胜利公司签定了录音合同，灌录自己的钢琴作品。1921 年拉赫玛尼诺夫摆脱了经济危机，在美国买了房子，房子按伊凡诺夫卡老宅的样子建造，雇了俄国仆人，一切都按拉氏在俄国的老样子摆设。1923 年他逐渐增加了在欧洲的演出。生活安定之后，拉赫玛尼洛夫将精力投入到作曲中。至此，他终于完成了《第四钢琴协奏曲》。这首冗长的协奏曲献给俄国作曲家梅特涅。拉赫玛尼诺夫开玩笑说自己这部作品是钢琴协奏曲领域的《尼伯龙根指环》，意思是说作品的长度惊人。1927 年 3 月，他亲自登场演奏《第四钢琴协奏曲》，在费城首演。随后又进行了修改，于 1928 年在巴黎出版。1931 年 1 月拉赫玛尼诺夫突然在《纽约时报》发表一篇抨击苏联政府的文章。3 月 9 日，苏联政府作出了反应，在全苏范围禁演拉氏的作品，他一下子成了"人民的敌人"。1934 年拉赫玛尼诺夫在瑞士的谢纳尔别墅完成了他晚年最重要的作品《帕格尼尼主题狂想曲》。这首钢琴与乐队的作品是他晚年最著名的音乐。作者用帕格尼尼著名的随想曲中的"愤怒之日"为主题，展开 24 段变奏，其中第 18 变奏更是凭借电影《时光倒流七十年》而闻名遐迩；此时他的健康情况已经恶化，但是为了生活他仍需不停地巡演。1942—1943 年拉赫玛尼夫感到了前所未有的疲劳，情况到了 1943 年初变得越发糟糕，他已变得越发虚弱。医生初步诊断是胸膜炎积液严重，要求立即卧床休息。但他坚持演完了 2 月 17 日在诺克斯威尔的音乐会，然后才不得不结束巡演，和家人回到洛杉矶贝弗利山的家中休养。在洛杉矶，医生诊断为癌症晚期，且完全扩散到肺部和骨头。根据在他最后时刻陪在他身旁的钢琴家霍洛维茨回忆：拉赫玛尼夫的病情恶化得非常快。1943 年 3 月 28 日早晨，拉赫玛尼诺夫在家中去世，享年 70 岁。

拉赫玛尼诺夫对俄罗斯艺术歌曲的发展贡献巨大。其音乐创作里最主要的特点是感情真诚、旋律优美、灵活丰富，曲调如歌如叙，富有表现力，旋律对比明确，并有相当的力度。拉赫玛尼诺夫的几部钢琴曲把艺术歌曲的抒情性和文学性演绎得淋漓尽致，听者可以从中感受到作曲家的率真与朴实，作品表现了他对外部世界和对自己内心世界的认识和感受，反映了世纪之交人们动荡不安的思想情绪。而这种艺术风格正是这一时期俄罗斯艺术歌曲所关注的重点和集中呈现的社会现状。

【斯特拉文斯基】　　1882 年斯特拉文斯基出生于圣彼得堡附近的奥拉宁伯姆。他的父亲是皇家歌剧院的首席男低音。中学毕业后斯特拉文斯基进入圣彼得堡大学法律系，业余学习音乐，从 20 岁开始跟着里姆斯基-科萨科夫学习音乐。1909 年起写了许多著名的芭蕾舞音乐，享有世界声誉。第一次世界大战期间在瑞士居住，1920 年起为法国公民，1939 年开始定居美国，从事指挥和创作活动。他是现代主义音乐的重要代表人物之一，其创作大致可分三个时期：俄罗斯风格时期、新古典主义时期、序列主义时期。

斯特拉文斯基由于政治上的原因，长期脱离祖国，生活在国外。这使得他生活经历复杂，创作作品众多，风格多变。其主要代表作为早期三部舞剧音乐《火鸟》、《彼得鲁什卡》、《春之祭》。其他重要作品还有舞剧《婚礼》、《普尔钦奈拉》、《阿波罗》、《竞赛》，歌剧《俄狄普斯王》、《浪子的历程》、《普西芬尼》、《诗篇交响曲》、《三乐章交响曲》，钢琴曲《俄罗斯圣歌》、《我儿童时期的回忆》等。

斯特拉文斯基深刻影响了 20 世纪的音乐与艺术，他与著名画家毕加索一起被称为"一代双璧"。

【肖斯塔科维奇】　　肖斯塔科维奇生于圣彼得堡，苏联最重要的作曲家之一，20 世纪世界著名作曲家之一。1919—1925 年在彼得堡音乐学院学习钢琴与作曲；1923 年、1925 年先后毕业于钢琴、作曲专业，以毕业作品《第一交响曲》的演出而成名；1927 年在肖邦钢琴比赛中获奖。卫国战争中所创作的第七交响曲享誉世界，这部作品在国内外的广泛演出，既鼓舞了人民的斗志，也向全世界表明了苏联人民在反法西斯战争中大无畏的气概和必胜的信念。1957 年、1962 年先后因《第十交响曲》和《第十三交响曲》引起争论。1966

年，肖斯塔科维奇患有严重的心脏病，再也没有康复，但仍然坚持写作。重要作品有《第十四交响曲》、《第十五交响曲》、《第二小提琴协奏曲》，4 部弦乐四重奏和 5 部声乐套曲。肖斯塔科维奇一生经历了革命和战争岁月，经受了数次政治风浪，但他总是以真诚率直的态度对待音乐创作，是 20 世纪苏联最为优秀的作曲家。

当然苏联时期还涌现出了许多其他的著名音乐家，如米亚斯科夫斯基、哈恰图良、普罗科菲耶夫、卡巴列夫斯基等，限于篇幅，这里就不一一介绍了。

◎ 思考题

1. 分析中古时期俄罗斯音乐的特点。

2. 分析 18 世纪俄罗斯音乐的特点及出现了哪些著名的音乐家及其作品。

3. 论述 19 世纪俄罗斯音乐的特点，分析为什么该时期被称为俄罗斯音乐的繁荣时期。

4. 论述格林卡的主要音乐作品，为什么他被称为"俄罗斯音乐之父"？

5. 论述鲁宾斯坦兄弟对俄罗斯音乐作出的杰出贡献。

6. "五人强力集团"有哪五个代表性的人物？他们的代表性作品分别有哪些？

7. 柴可夫斯基有哪些代表性的音乐作品？其音乐风格呈现出什么特点？

8. 分析柴可夫斯基悲剧性音乐特点的形成原因。

9. 论述苏联时期俄罗斯音乐的特点。

10. 当今俄罗斯乐坛涌现出了哪些著名的音乐家？列举他们的代表性作品。

参 考 书 目

[1] 陈灿 . 欧洲音乐地图 [M]. 海口：南海出版公司，2009.

[2] 余志刚 . 西方音乐简史 [M]. 北京：高等教育出版社，2006.

［3］西尼亚维尔. 俄罗斯音乐史纲［M］. 梁香, 译. 上海：时代书报出版
　　　社, 1948.

［4］毛宇宽. 俄罗斯音乐之魂：柴可夫斯基［M］. 北京：人民音乐出版
　　　社, 2003.

［5］张洪岛. 欧洲音乐史［M］. 北京：人民音乐出版社, 2005.

第九讲　俄罗斯电影

　　说到俄罗斯，人们一定会想起它在文学和艺术上的伟大成就以及巨大贡献，不管是文学作品、音乐作品还是绘画、舞蹈，即使是对这些领域并不熟悉的人也能够叫出几位作家或艺术家的名字，说出几部伟大的作品。俄罗斯电影作为其艺术成就中的一部分，曾经辉煌一时，以其卓越的艺术表现力、丰富的哲理内涵和耐人寻味的观影效果在世界影坛上独树一帜，给国家带来过荣誉和骄傲，创造过大量财富。可是，在漫长的历史进程中，随着国家的发展和变化，俄罗斯电影却饱经风霜，历经磨难：不仅承受了始创之初的艰辛、经历了世界大战的洗礼、体验了苏联时期的辉煌，而且也饱尝了苏联解体之后的痛楚。如今，几经探索和努力后，俄罗斯电影已经慢慢走出谷底，正在逐步走向平稳、走向发展。一个多世纪以来，由于这个国家经历了巨大的变迁，它的电影也经历了"俄国电影"（1896—1917年）、"苏联电影"（1917—1991年）、"俄罗斯电影"（1991年至今）三个不同的历史时期。

第一节　俄国电影（1896—1917 年）

电影作为一种技术和艺术形式，最早出现在 1895 年的西方，由被称为"电影之父"的法国人路易·卢米埃尔兄弟所发明。最初的电影没有色彩、没有声音，可以说只是一系列黑白照片的拼接。1896 年，卢米埃尔兄弟雇佣了 20 个助手前往五大洲放映电影，于是电影这一新奇的事物很快被传入俄国。之后的十年在俄国传播的都是外国电影，其中以法国电影为主，直到 1908 年摄影记者、制片商亚历山大·德朗科夫拍摄了俄国的第一部故事片《斯捷潘·拉辛》（又称《伏尔加河下游的自由人》），影片讲述了斯捷潘·拉辛组织领导了俄国较大的一次农民起义，自此俄国开始了自己的民族电影发展之路。

从 1908 年至 1916 年间，俄国共拍摄了 1300 多部长短故事片。俄国电影工作者最初从历史和现实生活中汲取题材，早期作品受北欧影片影响较明显，后来则开始较多表现本国的传统和文化，拍摄了大量由本国古典文学作品改编的影片，这些影片大多取材于普希金、果戈理、屠格涅夫、契诃夫、托尔斯泰、陀思妥耶夫斯基、莱蒙托夫等文学大师的著名作品。当时的电影生产掌握在私营企业手中，影片生产技术条件较差，对电影作品艺术水平的提高有所限制。这一时期具有一定水平的影片有《黑桃皇后》（1916 年）、《安德列·科如霍夫》（1917 年）、《贵族之家》（1915 年）、《前夜》（1915 年）等。但是，这一时期的俄国电影很少为世人所知，直到"十月革命"前后，俄国出现了一次移民浪潮，这些移民将国内的电影拷贝带到国外，世界各地的观众才有了观看俄国电影的机会，从此俄国电影逐渐被世界所熟知。

第二节　苏联电影（1917—1991 年）

1917 年"十月革命"胜利，建立了世界上第一个社会主义国家政权——

俄罗斯苏维埃联邦社会主义共和国，1922年12月与乌克兰、白俄罗斯等国一起成立了苏维埃社会主义共和国联盟，也就是苏联。直到苏联解体（1991年年底）的70多年间，苏联电影由弱而强，迅速发展，成为世界上少数几个电影大国之一，在世界电影发展史上占有举足轻重的地位，为世界电影宝库贡献了一批一流的电影作品。在这70多年的历史间，苏联电影经历了三次发展高潮：20世纪20—30年代的第一次高潮，20世纪50—60年代的"新浪潮"和20世纪70—80年代的继续繁荣发展。

一、20世纪20—30年代

　　苏联建国后，列宁非常重视电影这种新颖的、直观的、更易广泛普及的艺术形式。他曾经说过："对我们来说，在所有的艺术形式之中，电影是最重要的。"① 1919年8月27日，列宁亲自签署了一项法令，将沙俄的电影企业收归国有，电影业由国家电影局主管，国家组建了电影制片厂。这一天也是苏联电影诞生的标志。根据列宁指示的精神，国家拍摄了大量的新闻片和纪录片，反映了国内生活中的重要事件。1918—1920年间还拍摄了一些古典文学改编的影片，如托尔斯泰的《谢尔盖神父》（1918年）、赫尔岑的《偷东西的喜鹊》（1920年）、高尔基的《母亲》（1920年）等。由于列宁的文艺政策相当宽松，为电影工作者提供了很大的创作自由，因此苏联早期的电影呈现出自由探索、流派纷呈的局面，也出现了震撼世界的作品。其中1925年爱森斯坦导演的无声片《战舰波将金号》以英雄主义的激情敬颂了1905年革命。该片在电影史上首创了蒙太奇的剪辑手法，获得了极大成功，成为当时世界公认的杰出作品，并在1927年巴黎国际电影节上获得大奖。蒙太奇源自法语单词montage，意思是剪接。蒙太奇是通过对镜头、画面、段落的分切和组接，对素材进行选择和取舍，以使表现内容主次分明，达到高度概括集中的一种电影艺术手段。下面来介绍著名的苏联蒙太奇学派。

　　苏联蒙太奇理论的第一位研究家是列夫·库里肖夫（1899—1970年），

---

① 列宁. 给 Г. M. 博尔强斯基的信 ［J］. 苏联电影，1933（1-2）：10.

他为现代蒙太奇理论打下基石，具有深远的世界性的影响。库里肖夫是苏联国立电影大学的教授，他的学生、苏联著名导演和蒙太奇理论研究家普多夫金后来在其著作《论电影的编剧、导演和演员》中这样阐释库里肖夫的蒙太奇思想和手法："库里肖夫认为每一种艺术首先必须要有素材，其次是构成这种素材的方法，而这方法必须特别适合于这种艺术。音乐家是以音响和旋律作为素材，按时间把它们组织起来。画家的素材是颜色，在画布上按空间把颜色配合起来。电影的素材就是由演员的表演、各种不同场面的拍摄等组成的片段，而素材的组织方法就是按一种特殊的、创造性的次序把片段连接起来，这种方法就是蒙太奇。"①库里肖夫做过一个非常有名的实验，他将一个处在平常状态下的戏剧演员的脸分别加上三个镜头：一碗汤、一口棺材、一个女孩，结果分别表现了不同的情绪：饥饿、悲伤和幸福。这就是镜头组合创造的奇妙的艺术效应，这个实验探索和证实了不同镜头的组接能够产生多样化的艺术效果。这一著名的实验也被称为"库里肖夫效应"，揭示了蒙太奇的魅力。

苏联蒙太奇理论学派的另一位研究者是库里肖夫的学生弗谢沃罗德·普多夫金（1893—1953 年），他是苏联早期著名电影导演和理论家。1926 年，他根据高尔基的小说改编拍摄了无声电影《母亲》，受到了世界的瞩目，随后又于 1927 年拍摄了《圣彼得堡的末日》和《成吉思汗的后代》，这三部电影奠定了他在世界电影史上地位。作为理论家，他的著作有《论电影的编剧、导演和演员》等，对蒙太奇手法进行了分类，提出了结构蒙太奇、对比蒙太奇和抒情蒙太奇，并在自己的创作中加以实践。

谢尔盖·米哈伊诺维奇·爱森斯坦（1898—1948 年）是迄今为止世界电影史上最伟大的导演和大师之一。如果说库里肖夫发现了蒙太奇的奥秘，那么爱森斯坦则发展和完善了这一理论，并在实践中取得了巨大的成果。爱森斯坦对蒙太奇的研究最初是从对汉字的认识开始的，汉字的形象表意，能组合成新字，比如"口"加上"鸟"就成了"鸣"。②他认为，两个蒙太奇镜头连接的结果不是两者之"和"，而是两者之"积"，能够产生新的概念和新的

---

① 吴小丽，张成杰．苏俄电影教程［M］．上海：复旦大学出版社，2010.

② 吴小丽，张成杰．苏俄电影教程［M］．上海：复旦大学出版社，2010.

形象。他在 1924 年拍摄《罢工》时进行了蒙太奇实验，将军警屠杀工人的镜头同屠宰场宰杀的镜头连接在一起交替出现，产生了强烈的视觉冲击和思想冲击。1925 年，他拍摄的《战舰波将金号》震惊了全世界，在巴黎为苏联赢得了最早的国际奖。

《战舰波将金号》讲述了 1905 年发生在"波将金号"战舰上的一次叛变。影片共分五段：第一段"人与蛆"，以战舰上水手工人被迫食用长满蛆的腐肉的不公平待遇埋下叛变的伏笔；第二段"但泽港的戏剧"，船长处决反对者，引发船员的叛乱并占领船舰；第三段"死者的控诉"是暂时的沉静，在哀悼战斗伤亡者的挽歌中，迎向下一段的激烈对抗；第四段"奥德萨阶梯"，波将金战舰上的水手和奥德萨港的百姓在阶梯上遭遇沙皇军队突然的镇压，四处逃窜的民众死伤遍野；第五段"与舰队相会"，历经暴力和混乱之后，影片在压抑和紧张的气氛中迈向最后的决战与胜利。这一影片是导演对蒙太奇独特与深刻的理解和思考的结晶，至今还具有很强的理论指导作用。特别是其中的"敖德萨阶梯"一段是整片的高潮，成为世界影坛的经典段落。

爱森斯坦为了向观众展现沙俄军队的残暴，民众的无辜、恐慌和愤怒，以及水兵的英勇和正义，在短短 7 分钟的片段中使用了 155 个镜头。导演运用整齐武装的军队从阶梯走下的镜头与人们惊慌逃跑镜头的不断切换，加强了画面的紧张感和屠杀的严酷，刺激观众的视觉加剧矛盾冲突，并且加深观众印象。它大致可以分为以下四个段落：（1）奔逃：突然之间，欢快祥和的形式伴随着音乐急剧扭转，沙皇军队开始大规模屠杀群众，群众开始四下逃窜；（2）母与子：一位母亲抱着垂死的儿子在敖德萨阶梯往上走，与手持钢枪的沿台阶而下的沙皇军队形成强烈的对比和冲突，向上向下运动的对比组接，使这两组镜头产生新的含义，体现了无辜的群众挣扎在生死之中，残暴的沙皇专制主义在肆无忌惮地压迫群众；（3）婴儿车：一个婴儿车在暴乱中沿着台阶下滑，下滑的瞬间过程被无限拉长，有点总也滑不到尽头的悲剧色彩，而在这个过程之中，婴儿的哭喊，车轮的滑动，周围围观群众的惊恐表情，这些特写镜头的快速交替，异常揪人心魄，新生命与时局的动荡不安交织，总是可以升华出更多的情感碰撞和对战争的批判；（4）雄狮的觉醒和怒吼：这是电影史上很经典的一个片段，远处的舰队在开炮反击，这时镜头别出新意地切了三个石狮子的镜头，成为电影史上的一个历史时刻，石狮子是静态的，但是三种不同形态的石狮子连接在一起，诞生了电影史上很重要的一个名词——隐喻蒙太奇，让沉睡、苏醒、怒吼的石狮子变成了反抗力量的化身，含蓄生动地表达了对惨无人道的沙皇政府的控诉和讽刺，石狮子也是人民起来革命反抗的象征。由此可见，蒙太奇的后期剪辑技术理论得到了充实和发展，这对电影的成熟无疑是很重要的研究之一。

大师辈出的 20 世纪 20 年代为苏联电影走向成熟奠定了坚实的基础。

二、20 世纪 30—40 年代

苏联的社会主义建设在 20 年代掀起了高潮，这一时期的苏联文学界也涌现出一大批世界著名的作品，如肖洛霍夫的《静静的顿河》《被开垦的处女地》、奥斯特洛夫斯基的《钢铁是怎样炼成的》等。1928—1932 年，苏联共产党在文艺界发动了对各种所谓形式主义和资产阶级颓废思潮的批判，之前提到的大师无一幸免。1931 年年底，《真理报》发表社论，号召电影工作者努力提高影片的思想艺术水平，跟上社会主义建设的步伐。之后影坛出现了诸如《生路》、《金山》、《迎展计划》等苏联第一批有声艺术片。1933 年，高尔基发表了题为《论社会主义现实主义》的文章，而"社会主义现实主义"在 1934 年 4 月被明确写入了作家协会的章程。章程规定："社会主义现实主义是苏联文学创作和文艺批评的基本方法，它要求艺术家从现实的革命发展中真实地、历史具体地去描写现实，同时，艺术描写的真实性和历史具体性必须与用社会主义精神从思想上改造和教育劳动人民的任务结合起来。"①这一创作方法的提出和确立，真正催化了苏联电影走向成熟。

20 世纪 30 年代有声电影成为了全球现象，是电影史上的伟大转折点，它

---

① 转引自许南明，富澜，崔君衍 . 电影艺术辞典［M］. 北京：中国电影出版社，1986.

使电影艺术能同其他艺术形式，诸如文学、音乐、戏剧等有机结合。这时一批作家开始为电影创作脚本，作曲家为电影谱曲，戏剧演员开始从舞台走上银幕，电影从业人员队伍得到空前扩大，一批批优秀的苏联影片不断奉献给观众，其中《大雷雨》（1934 年）、《列宁在十月》（1937 年）、《列宁在1918》（1939 年）等影片受到国内外广大观众的热烈欢迎和交口称赞。而1934 年瓦西里耶夫兄弟导演的电影《夏伯阳》获得了巨大的声誉，成为苏联社会主义现实主义电影创作的里程碑，为社会主义现实主义电影的确立和发展奠定了基础。

　　《夏伯阳》讲述了党领导人民反抗白军的英勇斗争。这部影片为社会主义现实主义电影艺术的确立和繁荣奠定了基础。夏伯阳是历史上的真实英雄人物，他的事迹曾由他的战友写成小说，后由瓦西里耶夫兄弟改编成电影。夏伯阳作为一支农民游击队的首领，战斗在 1919 年红军和白匪军作殊死搏斗的严酷战场上。电影的主要情节是他和他的队伍与白匪军几场你死我活的战斗。片中与他起正面冲突的对象是白匪军司令部的保罗兹金上校，他看上去和蔼可亲，一副有教养的、讲仁慈的知识分子的面孔。在和这样一个真实的对手的一次次较量中，夏伯阳的英勇、热情、率真得以完美体现。狡猾阴险的保罗兹金最后利用夏伯阳获胜后的麻痹，策动了夜间偷袭，夏伯阳在战斗中英勇牺牲，但他身披斗篷、横刀跃马驰骋的人民英雄形象，成为了一个经典形象永留人心。《夏伯阳》的成功标志着苏联电影创作进入了一个新的阶段，一个真正走向了社会主义现实主义创作的新阶段。

　　在这部影片之后，又涌现出了《我们来自喀琅施塔得》（1936 年）、《波罗的海代表》（1937 年）、《马克辛三部曲》（1935—1939 年）、《政府委员》（1939 年）、《教师》（1939 年）等影片，反映了苏联新生活建设者的精神面貌，表现了社会主义的伟大成就，特别是反映了革命思想对社会发展的推动作用。这时的苏联已经超过法国，成为世界上第一流的电影生产国。

　　20 世纪 40 年代初，苏联经历了第二次世界大战，这时故事片的生产基本停止，只以生产纪录片为主。1942 年出现了战争故事片，主要是通过表现妇女和儿童在战争中的悲惨遭遇和英雄事迹，激发人民对敌人的仇恨。战争期间，电影作为宣传和动员群众最为有力的手段之一，其作用和功绩不可埋没，这一时期有名的影片有《区委书记》（1943 年）、《她在保卫祖国》（1943年）、《卓娅》（1944 年）、《彩虹》（1944 年）等。战时还出现了传记影片这一新的电影类型，它详尽、具体、真实地纪录了从德国法西斯入侵到彻底被毁灭期间的许多重大事件，被誉为"伟大卫国战争的编年史"。1941—1945年苏联共拍摄了 489 期新闻杂志片、67 部短片、347 部大型纪录片。这类文献纪录片中的佼佼者有《莫斯科城下大败德军》（1942 年）、《斯大林格勒》（1942 年）等。

1945 年 8 月战争结束，苏联蒙受了巨大的损失，电影工业也面临重建。由于苏联政府对电影事业限制过死，政策偏激，导致一些文艺家要么一味地去粉饰现实，要么谨小慎微，缩手缩脚，甚至不敢也不愿意再进行电影创作。另外，由于错误地执行了一种所谓"缩小产量提高质量"的方针，结果 40 年代末 50 年代初，苏联电影出现了严重萧条的局面，故事片产量逐年下降：1947 年生产了 27 部，而到了 1951 年，年产故事片仅有 6 部，这是苏联电影史上故事片产量最低的一年，直至 1953 年才恢复到 28 部。在这一时期，苏联电影处于衰退与停滞的状态，像《钢铁是怎样炼成的》（1942 年）、《青年近卫军》（1948 年）、《乡村女教师》（1947 年）等优秀影片寥寥无几。社会主义现实主义的创作方法逐渐变成了僵死的公式，题材狭窄，内容雷同，风格样式单调，表现手法千篇一律，概念化的"理想人物"代替了真实存在的人物。苏联电影在战后陷入了低谷。

三、20 世纪 50—60 年代

20 世纪 50 年代中期，苏联的文学艺术遇到了一次重大的历史转机。1953年 3 月斯大林去世，1956 年赫鲁晓夫上台执政。随着国内政治形势的变化，苏联电影在创作观念上也发生了重大的转变，主要表现在：（1）从只能写伟大的"英雄"到可以表现平凡的普通人；（2）从只能写高大完美的正面人物至可以真实地表现有缺点和弱点的"小人物";(3)从千篇一律的政治说教转变为表现真实的人性,恢复和继承了苏联文学中的人道主义、人文精神的优秀传统①。文艺理论界展开了对社会主义现实主义方法的讨论。1954 年苏联作家第二次代表大会和 1959 年第三次代表大会都对此进行了讨论和修订,达成的共识主要有以下两点:一是在对社会主义现实主义的理解中,强调了社会主义人道主义的内容,赞美人的全面和谐发展,充分反映了人丰富的内心世界;二是强调"方法",鼓励艺术手法上的多样性和独创性,鼓励不同的流派和风格百花齐放。这次讨论推动了又一个创作高潮的掀起,苏联电影此时也跨入了一个黄金时代,这一时期在电影史上被称作"苏联电影新浪潮"。在这一次"新浪潮"中不仅影片产量急剧增长,从 1956 年的 50 多部到 1960 年的 100 多部,并持续逐年上升,到 20 世纪 60 年代中期相对稳定在 120~140 部,电影作品在内容的深度、题材的广泛、形式的革新以及风格样式的多样化等方面都有了极大的突破。除了一些"传统"题材,如反映革命斗争和社会主义建设主题、历史人物传记、文学作品改编等影片以外,还出现了一些触及某些社会现象、针贬时弊的影片。著名的影片有《雁南飞》(1958 年)、《一个人的遭遇》(1959 年)、《士兵之歌》(1959 年)、《第四十一个》(1957 年)、《大家庭》(1954 年)、《静静的顿河》(1958 年)、《苦难的历程》(1959 年)等。

格里高利·丘赫莱依导演的《第四十一》(1956 年)获得了 1957 年戛纳国际电影节特别奖。影片的主角是一个曾经击毙过 40 个敌人的红军女神枪手,她押解一位被俘的蓝眼睛的白匪军官,风浪把他们俩抛在了孤岛上,在岛上的共同生活中女战士与蓝眼睛俘虏产生了朦胧的感情,与世隔绝的生活使被社会斗争所压抑的自然人性得以释放。但是当白匪军的船只经过此岛,蓝眼睛军官不顾一切向船只奔去时,红军女战士终于举枪将他击毙。影片细腻地展现了女战士矛盾复杂的内心世界,令人信服地表现了人性与阶级在她身上的尖锐冲突。

---

① 吴小丽,张成杰.苏俄电影教程 [M].上海:复旦大学出版社,2010.

米哈伊尔·卡拉托卓夫于 1957 年拍摄了《雁南飞》获得了 1958 年戛纳电影节金棕榈奖、最佳女主角、最佳摄影等奖项。影片讲述了"二战"中的爱情悲剧。主人公薇罗尼卡和鲍里斯是一对幸福的恋人，他们经常在莫斯科河岸边散步，朗诵诗歌，数着天空中往南飞的大雁。战争突然爆发，鲍里斯应征入伍。在一次敌军轰炸时，鲍里斯的堂弟玛尔克乘机占有了薇罗尼卡，薇罗尼卡无奈地和他结了婚。而此时，鲍里斯却在前线执行一项侦察任务时，为抢救受伤的战友而不幸牺牲。薇罗尼卡终与玛尔克分手，她不信鲍里斯已远离人世而执着地等待他。战争终于结束，薇罗尼卡手持鲜花去车站迎接从前线归来的恋人，但鲍里斯却再也没有回来，女孩将怀抱中洁白的鲜花分送给一个个生还者后默默转身。空中大雁依旧。影片成功地塑造了一个真实生动、令人同情又尊敬的"小人物"形象，通过一个有弱点和缺点、成长中的普通人来表现卫国战争。

除了涌现出一批令世界瞩目的优秀影片，使苏联电影一下子登上了世界电影的巅峰之外，"新浪潮"时期另一伟大的成就是诞生了一位世界级的电影大师——安德烈·塔科夫斯基。他于 1962 年拍摄的处女座《伊万的童年》获得了威尼斯国际电影节金狮奖、旧金山电影节大奖、莫斯科国际电影节大奖等十几个奖项，这部影片震动了世界影坛，奠定了塔科夫斯基在世界影坛的地位。西方电影理论家将他与意大利、瑞典的另两位导演并称为世界上三位最具才华的电影艺术大师。

《伊万的童年》讲述了一个名叫伊万的 12 岁少年的故事，这个年纪的孩子原本应该享受无忧无虑的童年，但他的父母在"二战"期间被德国纳粹杀害，亲眼目睹这一切的伊万被带回了战俘营，他想方设法搜集到一些情报并逃了出来。出来后他遇到了一位红军上校，上校认为战争不是孩子的事情，欲安排他到战线后方上学，但伊万坚决拒绝，心怀仇恨的他强烈要求留下来，进入战场执行秘密的侦查活动，然而这一次他却再也没有回来。影片最后战争终于胜利，上校在翻阅纳粹党卷宗的时候看到了被绞死的伊万的照片，他双眸中没有丝毫恐惧和痛苦，只有和年龄不相称的刻骨的仇恨。塔尔柯夫斯基突破既往苏联影片中儿童的天使式的形象，而是描绘伊万这个孩子在战争中所承受的巨大压力，用其早熟而又不失纯真的眼睛目睹战争的残酷，镜头多次在伊万梦境中的父母、姐姐温暖的形象和现实战争的惨状中切换，揭示了战争对人性的扭曲。

"新浪潮"使苏联电影发生了根本性的变化，主要体现在以下几个问题上：一是关于表现真实的问题，即揭露现实中阴暗面的问题。现实生活中大量存在着困难曲折和种种消极因素，过去一直被人为地排除在艺术家的视野之外，人们见到的只是那些歌功颂德的粉饰之作。1956 年以后要求在电影中描写现实生活中的真实，揭露它的阴暗面，要求表现战争的真实，描写苏联人民在战争中的惨痛牺牲。二是关于人道主义的主题。人道主义是 14—16 世纪欧洲文艺复兴时期兴起的一种进步思潮，提倡关怀人、尊重人、以人为中心的世界观，宣扬个性自由。18 世纪法国资产阶级启蒙运动思想家进一步把人道主义具体化为"自由、平等、博爱"，要求充分实现和发展人的天性和权力。苏联文艺界在 20 世纪 60 年代初期展开了关于人道主义问题的大讨论，这一主题开始渗透到一切创作领域和所有题材之中，苏联电影变得具有人道主义关怀。三是关于正面人物形象的演变。30、40 年代苏联经典影片中的正面人物基本上都是一些单纯、完美的英雄人物，他们没有内在的矛盾冲突，没有复杂的性格特征。而"新浪潮"时期的电影不仅可以写"正面人物"的缺点，而且可以写人性的弱点，写复杂的内心世界。例如上面提到的《雁南飞》中的薇罗尼卡、《第四十一》中的女枪手、《伊万的童年》中的伊万，都不同程度地存在着人的弱点、内在的矛盾和冲突，这些具有自己优、缺点以及独特心灵的活人代替了那种历史纪念碑式的无个性的神像式人物。四是关于对艺术形式及表现手段的积极探索。这一时期的苏联电影受意大利新现实主义、法国新浪潮等西方现代流派的影响，电影创作的风格样式和表现手法日趋丰富多样。从原先那种平稳、循序渐进、单线索、有头有尾的结构形式转变到时断时续、时序颠倒、多含义多层次的戏剧式结构形式。①

---

① 吴小丽，张成杰. 苏俄电影教程［M］. 上海：复旦大学出版社，2010.

四、20世纪70—80年代

20世纪五六十年代苏联故事片的生产主要依靠莫斯科、列宁格勒、基辅等几个大的电影制片厂，到了20世纪70年代，标志着电影创作繁荣的首先是苏联各加盟共和国电影的发展。此时苏联共有39个制片厂，专拍故事片的就有19个，年产故事片150—160部，全国已形成一个30多万人的电影工作者队伍。大量涌现的中、青年电影创作人是20世纪70年代苏联电影创作繁荣的另一个标志，他们开拓了许多新的创作领域，题材宽广多样，在反映生活的深度和广度方面都有了较大的进展，而且风格样式各具，表现手法新颖。20世纪70—80年代中期的创作题材主要有战争、道德、工业、历史、儿童、国际政治等，其中最具突出成就的是战争题材和道德题材。

战争题材：苏联军事战争题材的影片从20世纪40年代出现直到今天依然绵延不绝，这一题材之所以经久不衰且优秀作品层出不穷，不仅是由于政府的提倡，也不仅是经历了残酷战争的人民和作家对战争的耿耿于怀，更重要的是这些层出不穷的作品并非对过去作品的简单重复和模仿，而是随着人们不断变化的社会心理和美学趣味形成了一代又一代不断更新的军事电影艺术，它积极影响了人们的社会审美意识，所以其优势地位一直不曾动摇。苏联的战争影片大致可以分为三个阶段：第一阶段是20世纪四五十年代以《青年近卫军》为代表的第一代，这一阶段艺术家的着眼点放在人们对战争的贡献以及他们所建的功勋上，主要以英雄主义和献身精神去激励和教育人民；第二阶段是20世纪五六十年代以《雁南飞》、《伊万的童年》为代表的"新浪潮"中的战争影片，它们从战争是人类的浩劫这一认识角度来透视战争，表现了战争对人的命运、人的精神、人格的影响，表现了战争悲剧性的一面；随着人们对战争思考的不断深化，在20世纪七八十年代诞生了第三代战争影片，以《这里的黎明静悄悄》、《战地浪漫曲》为标志，既诅咒战争，又礼赞军人，既表现战争的残酷性，又体现出正义战争必胜的信念，既表现了战士的英雄主义，又对他们美好的人情人性作了真实感人的描绘。观众受到革命激情和美好人性的鼓舞感染，对革命烈士无比尊崇、痛惜，沉浸在对战争深刻反思的氛围中，从而比较全面地把握了战争和人的关系。

《这里的黎明静悄悄》是斯坦尼斯拉夫·罗斯托茨基指导的战争片，根据鲍里斯·瓦西里耶夫的同名小说改编，讲述了苏联卫国战争时期，准尉瓦斯科夫带领五位女战士在广袤的森林中进行激烈残酷的阻击战，最终战胜数倍于己的德寇的故事。1942年夏天，瓦斯科夫准尉带领两个班的女高射机枪手驻扎在一个小车站旁的村子里。车站周围是战略要地，敌机经常来轰炸或骚扰。一天，班长丽达在邻近的树林里发现了空降的德寇。于是，瓦斯科夫带领一支由丽达、热妮娅、丽扎、加尔卡、索妮娅等五个姑娘组成的小分队到林中去搜捕德寇。在与敌人交战中，姑娘们一个个都牺牲了。班长丽达受重伤后不想拖累瓦斯科夫，她托付瓦斯科夫去找她儿子，随即开枪自杀。瓦斯科夫满腔仇恨地直捣德寇在林中的扎营地，他缴了敌人的械，押着德国俘虏们朝驻地走去。途中，他见到以少校为首的援兵迎面奔来，欣慰地因伤口流血过多而晕倒了。许多年之后，已白发苍苍、左手截去后安上假手的瓦斯科夫带着已成长为青年军官的丽达的儿子来到当年战斗过的树林里，找到了当年这五个女兵的坟墓，给她们立了一块墓碑。一些没有经历过战争、到当地来旅游的欢乐的年轻人，不由自主地对着墓碑肃立致哀。这部电影无疑是苏联七八十年代最优秀的战争片，它一方面真实地表现了战争的残酷，五个姑娘一个接一个牺牲的悲剧真实得令人窒息，另一方面又充分表现了姑娘们忠于职守、在战争中成长、视死如归的英雄主义与爱国主义精神。

道德题材：20世纪70年代，电影艺术家们越来越重视从道德探索的角度去认识生活、分析问题，出现了一大批道德题材的影片，已成为苏联电影的重要现象，并且始终保持着良性的发展势头。进入20世纪80年代，它在整个电影生产中数量最多，比例最大，可以说道德题材作品已经成为苏联电影的主流，在深度和广度方面都取得了新的成就。其中一类是爱情伦理片，代表作有《莫斯科不相信眼泪》、《两个人的车站》、《湖畔奏鸣曲》等；另一类是社会伦理片，这一题材的代表作有《红莓》、《个人生活》、《辩护词》等。

《莫斯科不相信眼泪》是由弗拉基米尔·缅绍夫执导的影片，于1980 年 2 月 11 日在苏联上映。该片讲述了一个女孩在爱情中受挫后自强不息，最终找到自己真正幸福的故事。17 岁的服装厂的女工卡捷琳娜冒充教授的女儿，在一次派对上结识了电视台的摄影师拉奇科夫，两人很快坠入情网。不久卡捷琳娜身份被揭穿，此时她已有身孕仍惨遭抛弃，不过倔强的卡捷琳娜没有被不幸打倒，一个人艰难地将女儿养大并发愤读书、努力工作。16 年后，卡捷琳娜成了一家大工厂的厂长，一次她和高级电工果沙相遇，两人很快建立了真挚的感情。但自从果沙发现了她的厂长身份后，便对她敬而远之，这使卡捷琳娜十分痛苦。在朋友的帮助下，两人几经挫折终于相互谅解，结成伴侣。影片的轻喜剧风格使全篇诙谐风趣、轻松幽默，该片人物生动、生活真实，在上映后获得观众极为强烈的反响，在美国、中国等地放映后也引起观众的普遍好评，并于第二年获得奥斯卡最佳外语片奖。

工业题材：当时苏联一些电影理论家认为，由于社会已处在科技革命时代，生产上建立的功勋就是现代英雄主义的表现。还有一种理论认为，在当前这个时代，人的生活的各个方面——道德、哲学、精神等往往都会集中在工业生产过程中表现出来。另外，苏联的工农业建设中确实也存在大量问题，不能不引起艺术家的思考。苏联在工业题材的影片中，塑造了实干家的形象，他们不论是企业领导、工人还是农庄经理，都是生产中锐意进取的改革者。比较著名的影片有《奖金》、《反馈》等，但不少影片流于图解说教，人物形象也较为苍白。从 20 世纪 70 年代末开始，这类题材影片的创作逐渐走向消失。

历史题材：苏联电影从一开始就很注重历史题材的创作和对古典文学的改编，长久以来在这方面形成了传统并积累了相当的经验。20 世纪 80 年代拍摄的《残酷的罗曼史》、《列夫·托尔斯泰》、《战争与和平》等历史题材影片，均是鸿篇巨制，艺术水准高超，至今脍炙人口。

儿童题材：苏联一贯很重视儿童题材影片的拍摄，比较善于表现少年儿童的心理状态和性格特点。比较著名的影片有《童年后的一百天》、《稻草人》、《中学生圆舞曲》等。

国际政治题材：这类影片是专为配合苏联对外政策而制作的，产生于 20 世纪 60 年代末。苏联官方曾多次指出：应当拍摄专门表现国际舞台上的政治事件的影片，它应当成为国际舞台上意识形态斗争中的有力武器。苏联虽然拍了不少政治影片，但总的来讲，这类作品艺术成就不高，代表作品有《马克·尼肯先生的逃亡》、《黑夜笼罩着智利》、《德黑兰 43 年》等。

以上就是就 20 世纪七八十年代电影题材的多样化所作的分类介绍。总体而言，这一时期的苏联电影继承了 20 世纪二三十年代的革命传统，在汲取了 20 世纪四五十年代以及 20 世纪五六十年代的经验的基础上继续追求繁荣和发展。它在题材的开掘上更加深入，影片的风格样式和表现手段也进一步走向多样化。

20 世纪 80 年代中期也就是苏联解体的前夕，这一阶段的苏联电影形势发生了很大的变化。自 1985 年戈尔巴乔夫任苏共中央总书记后，苏联电影人受到国家改革形势的影响，纷纷对当时的电影体制进行一定程度的改革。其中一些改革措施取得了一定的成效，再加上 20 世纪 90 年代初民营电影公司开始出现，使得苏联电影生产出现了如火如荼的局面，可以说这一时期的苏联电影获得了一定程度的发展。但是由于一些改革措施过于激进、一些领导人员的决策失误，再加上民营电影公司越来越处于生产无序的状态，使得苏联电影发展开始危机四伏，为苏联解体之后电影产业发展出现全面崩塌的状况埋下了伏笔。

戈尔巴乔夫在 1986 年苏共第二十七次代表大会上提出"民主化"和"公开化"的口号之后，这一政治主张立刻引起当时苏联社会的极大反响。舆论的"公开化"使得当时的苏联媒体新闻界重新获得了自由，新闻工作者们开始不断地把过去国家历史的"空白点"、"污点"以及官方的秘密档案公布于众，揭露和批判当时的苏联社会。在这种时代大背景下，苏联电影行业的从业者也开始跟随潮流，对当时的电影体制进行了大刀阔斧的改革：措施一，1986 年召开了全苏联第五次电影工作者代表大会，以民主投票的方式选举了新的电影协会主席，成立了新的领导班子。新选举出来的影协领导成员在决策时充分发扬民主，认真规划并确立改革目标以及明确具体的改革任务，顺应当时苏联社会兴起的民主化和自由化的改革趋势，立志要与过去旧的电影体制进行决裂。会上电影协会成员纷纷表示要摒弃阻挠电影前进的陈规陋习和因循守旧的思想，在打破之前电影发展运行中形成的不良机制的基础上实行改革。措施二，对国家最高的电影领导机构——国家电影委员会也进行了全方位的改革，任命了新的委员会主席，工作重心从对剧本的审核变成控制影片的进出口数量以及规划国家电影发展的战略指导。苏联时期，国家电影委员会是最高的电影领导机构，有权对电影的创作、制作、投资以及拍摄进行规定，甚至一部电影最后是否能成功拍摄，国家电影委员会在当时拥有绝对的话语权。或许就是因为该机构权力如此之大，使它在这场"民主化"与"自由化"的改革大潮中成为了电影人士集体批评与反对的对象。于是，在大家一片主张"自由"、"民主"的呼声与愿望中，国家电影委员会被迫放弃了许多权力，其中最重要的就是它对剧本的审查权被剥夺，电影制片厂可以根据自己的想法来决定想要拍摄的影片。当然，这次针对国家电影委员会的改革措施虽然可以在一定程度上集思广益，提高创作者的积极性，但是长此以往，必然会使电影创作陷入不可控制的局面，进而影响电影发行体系的正常运转。所以，这项决定不仅没有让当时的苏联电影创作走向繁荣，而且也引发了行业人员的不满。随着1991年苏联解体，再加上自己权力真空，国家电影委员会也随即消失。

国家电影委员会权力被削弱的同时，电影协会的作用却在逐渐加强。电影协会的工作由甄别委员会和资格审查委员会分别负责。前者主要负责把过去搁置起来的影片进行重新审查评定，后者主要负责解决创作人员，尤其是青年创作人员的权益问题。虽然改组后的电影协会存在的时间不长，但是他们还是做了许多工作，其中有一些我们必须承认给当时的苏联电影确实带来了一时繁荣。首先，电影协会最重要的一项决定就是扩大电影制片厂的自主权，制片厂能够比较自由地决定自己拍摄什么类型的影片，但是也需要自己承担风险，在拍摄过程中需要自筹资金，自负盈亏，经济核算制度开始成为制作影片的主要原则。其次，电影协会解禁了一大批影片。这些影片大多数都具有鲜明的艺术思想和别具一格的表现手法，此前由于各种政治和社会原因而被搁置没有被公开放映。这些被解禁的电影要么讲述了过去发生的一些黑暗的历史事件，要么表达出作者对当时苏联社会的不满与批判，解禁之后在各大院线公映均引起了巨大的反响。最后，电影协会取消了电影审查制度，对于电影题材的审核也逐渐放宽。具体措施是打破过去一直实行的由国家统一发行影片的模式，开始允许个体公司进入发行领域。在改革初期，这些措施在一定程度上确实会给当时电影的创作和制作创造了相对宽松自由的氛围，使电影生产数量急剧上升。据不完全统计，1986—1991 年全苏联共拥有近250 个电影生产单位，一共生产了电影影片 350 多部，有的统计更多①。在数量增多的同时，苏联电影也得到了世界上许多国家的认可和欢迎。

改革初见成效，发行体制的改变不仅让以美国影片为首的外国影片能够顺利地进入俄罗斯电影市场，与此同时共有 118 个国家购买了苏联的电影影片，一时间俄罗斯电影市场可以说十分繁荣。其中有一部电影不得不提，那就是 1988 年上映的电影《小薇拉》。该片不仅在苏联引起广泛关注，还被美国电影公司购买并且在美国上映。

《小薇拉》讲述了女主角薇拉作为家中小女儿备受宠爱，她在中学毕业之后，在爱情和亲情之间的选择中不停左右摇摆，最后却迎来悲伤结局的故事。出生在工人家庭的小薇拉中学毕业，因为成绩不好没有考上大学。父母脾气暴躁，经常吵架，他们对整天游手好闲的小薇拉十分不满，于是命令在莫斯科工作的哥哥维克多回来教育她。为了打发无聊的时光，小薇拉打扮成时髦女郎，在公园的露天舞会上结识了冶金学院的大学生谢尔盖，并于当天在谢尔盖的宿舍过了夜。之后，彼此相爱的小薇拉和谢尔盖准备结婚。谢尔盖搬到了小薇拉家里，但他看不惯小薇拉父母的生活方式。一次，在和小薇拉的父亲发生口角之后，谢尔盖被醉酒的小薇拉的父亲捅了一刀。在母亲再三请求并不断施加压力下，小薇拉到警察局做了伪证，把行凶的责任推到了谢尔盖身上。失去爱情和希望的小薇拉万念俱灰，她吞食了大量安眠药，后被哥哥发现解救。而父亲喝醉后心脏病突发倒在厨房的地上离开了人世。

①　李芝芳. 当代俄罗斯电影［M］. 北京：文化艺术出版社，2003.

该影片在展现青年一代信仰危机的同时，又生动展示了当时的苏联社会毫无生机、死气沉沉的特征，大胆地反映了当时的社会现实。特别值得一提的是，影片中第一次出现的大尺度镜头在苏联观众中引起了广泛争论。因为在过去的苏联电影中，这样的场面是极其少见的。这部影片是苏联解体前唯一一部大尺度影片，真实地反映了在西方文化影响下一个普通家庭的生活状态，由于反映了社会阴暗面，曾被苏联政府禁映。电影先后获得 1988—1990 年法国安格斯电影节欧洲评判大奖、哥伦比亚波哥大电影节最佳女演员金奖、欧洲电影奖最佳编剧、蒙特利尔世界电影节特别奖、莫斯科尼卡奖最佳女演员。除了电影本身，该片女主角娜塔莉亚·涅戈达还成为了西方著名时尚杂志《花花公子》的封面人物，苏联人能够登上美国杂志的封面，这在以前根本就是无法想象的事情。所以，《小薇拉》在国外的成功可以在一定程度上反映出当时苏联电影协会电影体制改革成功的一面，这些改革措施的实行的确会给当时的苏联电影带来一时的繁荣，但是我们也必须明确一个问题，那就是在改革之后所引起的一系列的负面影响却使之后俄罗斯电影行业的发展很长时间都陷入危机之中，再也难以恢复到曾经苏联电影在世界电影史上的地位。所以，这场发生在 1986 年的苏联电影改革措施带来的也不全是良好的影响，我们必须要全面分析和对待。

随着《小薇拉》成功在国外走红，当时从事苏联电影出口的工作人员看到改革初期的成效之后，仿佛被胜利冲昏了头脑，纷纷认为苏联的国产影片在国外都会受到欢迎。然而，他们不仅过高估计了当时苏联电影的整体水平，也错误估计了国际电影市场对当时苏联电影的接受能力，再加上当时国家对电影审查制度的取消，使得当时苏联电影界的生产人员创作了很多影片。但是他们在创作中要么一味模仿西方三四流的低俗影片，频繁使用吸毒、色情、暴力等元素，要么制作只有极少数人才能欣赏和理解的叙事缓慢、情节和内容贫乏的晦涩难懂的文艺片，一般观众都对此类影片不感兴趣。再加上当时国家经济日益衰退，后续的资金支持得不到保障，所以当时的电影行业出现了一个奇怪的现象——电影生产如火如荼，但是影片质量却在大幅度下降，导致后来发行的苏联电影很少能够被西方国家所接受，甚至有的国家停止购买苏联影片，与此同时更糟糕的是苏联电影同样也得不到本国人民的认可。

苏联电影协会改革随着当时国家的政治危机渐渐停止了改革步伐。到了1989 年，国家政治局势十分动荡，导致电影改革已经无法进行下去，当时的苏联电影协会主席不得不将正在进行的公开化改革强制结束，并且主动辞职。之后，苏联电影改革开始出现了混乱局面，一些反对改革的人士接连在各种新闻媒体上抨击电影协会，这场被称为"苏联电影人的自我救赎"的改革最终以失败而告终。

五、20 世纪 90 年代初

1990—1991 年，苏联电影的产量剧增，由从前每年生产 150 部左右增加到 375 部，但是电影的质量却继续大幅度下滑。一位俄罗斯评论家曾经说过："这是俄罗斯电影的癌细胞没有控制的扩散期。"这一时期电影产量剧增、质量下降的原因主要有三点：（1）国家电影委员会放弃了对电影的审查权，使电影制片厂或者个人只要拥有足够的资金，就可以根据自己的意愿随便投拍任何影片。（2）在 20 世纪 80 年代末出现了一次短时间内突然兑换大额面值卢布的货币政策。这是由于苏联时期一些不法商贩曾经靠着非法或者半合法的经营积攒了大量的卢布，但是由于当时的分配制度，使得这些卢布面临贬值但是却又无法购买任何东西，所以他们面对这些卢布无计可施。政府想要通过突然袭击的办法使这些卢布作废。但是这些人早已听到风声并有所准备，并且通过各种途径将手中持有的卢布全部"洗牌"，变成合法的货币，于是他们纷纷把目光聚集在电影制作这一领域上面。众所周知，拍摄一部电影需要花费大量的资金，并且根据当时的社会风气，电影通过一些广告宣传方式就能够获得非常可观的收益，甚至可以宣传得更夸张、更不切实际一些。所以，在 20 世纪 90 年代初，有相当多的新人开始参与电影的拍摄制作。在这个时期，电影的拍摄数量有了一个飞跃式的增长。但是我们也可以从中预见，这些电影新人并不是真正热爱电影这个行业才选择加入的，反而纯粹只是为了自己的私人利益才参与进来的，他们的目的只是想要通过拍摄电影这个名头让自己的资金进行"洗白"，而对于拍摄出来的电影是否能够受到大众的欢迎，他们根本就不关心，或者说他们对于是否能够完整地拍摄出影片根本就不在乎。所以，这个时期拍摄出来的影片的质量不仅没有提升反而大幅度下降也就不难理解了。（3）在 20 世纪 80 年代末 90 年代初，苏联出现了很多个体电影制片厂，也就是我们后来所说的"民营电影"。这种电影制片厂与国有电影制片厂的区别就是，它们能够摆脱国家对电影题材的干涉，可以依靠市场调研、投资者和拍摄者的喜好自主决定电影的拍摄内容，采用独立核算、自负盈亏的制度，同时实行公司制、股份制管理。苏联时期对于电影这种文化类产品一直都是国家机构统一进行管理，那么在苏联解体的前夕出现了这种倾向于"市场化"和"资本主义化"的电影制片厂，当然是和当时的国家政策，也就是戈尔巴乔夫的"民主化"与"公开化"的改革息息相关。1987年苏联首先出台了有关成立合作社法规的政策，虽然这主要针对的是经济领域，但是随着改革进程的加快，电影界也必然受到了影响。许多志同道合的，或者曾经在幕后工作鲜有人知的电影工作者纷纷因为共同的理想聚集在一起，成立电影公司进行电影制作。民营电影（也译作独立电影）出现以后，相关人士为了更好地为今后电影的发展做铺垫，采取了一些有力措施。比如在1991 年成立了民营电影协会，规定该协会不受国家电影委员会的管辖，在当时具有一定权力的电影协会也对这项规定非常支持，并且作为民营电影协会成员之一参加了民营电影协会的成立大会。①

　　当时的苏联电影人对于民营电影的发展抱有很大期望，并且把苏联电影复兴的重任都寄托到了它的身上。事实上，民营电影的出现，打破了曾经国有电影的垄断地位，在一段时间内可以说风光无限，而在苏联解体后的最初几年，民营电影也可以称得上是俄罗斯电影界的半壁江山。有数据显示，截至苏联解体时，民营电影公司就已经发展到了 200 多个，以当时社会发展现状来说，数量可以说是很多了。我们不得不承认，这种个体经营的电影公司确实给当时的苏联电影行业吹来了一缕清风，带来了新的活力，一定程度上可以起到推动电影生产的作用，并且相对于当时的社会现状（特指 1990—1996 年）以及在各大国有制片厂纷纷陷入经营困境的状况下，个体电影制片厂发展的良好趋势使得它们在一定程度上决定了这一时

---

　　①　史晓黑．苏联解体后俄罗斯电影发展研究［D］．山东大学，2018.

期俄罗斯电影的整体面貌。

表1　　　　**1992—1996 年民营和国营电影公司投资生产影片数量对比**

年　份	1992	1993	1994	1995	1996
影片总数	178	137	74	48	28
民营电影公司投资生产的电影数量	19	26	29	36	15
国家投资生产的电影数量	159	111	45	12	13

从上表的数据我们可以了解到，自 1992 年起，俄罗斯电影生产开始大幅度滑坡，到 1996 年可以说跌到谷底，只剩下不到 30 部。整体来看宏观上的数据虽然不尽如人意，但是从微观上来看，独立电影生产的影片数量要远远大于国家投资生产的影片，所以我们可以说在这一时期，民营电影公司在一定程度上促进了当时俄罗斯电影的生产。然而随着苏联解体，国家经济状况进一步恶化，通货膨胀使得货币大幅度贬值，刚刚兴起的独立电影公司难以承受如此大的社会经济震荡，所以很快便衰落下去。1992—1996 年电影生产数量开始大幅度下降，1996 年降至最低，这一年民营电影公司一共生产了 15 部电影，与之前的数据有天壤之别。就这样，随着民营电影公司的整体衰落，整个俄罗斯电影产业的发展陷入了危机和低谷。

第三节　"俄罗斯电影"（1991 年至今）

一、20 世纪 90 年代

苏联解体之后，俄罗斯社会的各个方面都遭受了前所未有的打击。从政治上来说，人民虽然从政治上的民主化和公开化中获得了一些自由，但是党派林立以及各种纷争使国家难以形成强大的政治力量来支持以后的国家建设；经济上，金融财阀和工业寡头掌握着国家大部分经济命脉，使得生产秩序混乱，物价飞涨，进而导致俄罗斯人民生活水平下降；文化上，经济发展的迟滞导致人民渐渐不再重视文化生活，博物馆、艺术馆、画廊等各种文化场所生意冷清，无法维持正常生计。电影曾是苏联引以为傲的文化艺术，也遭受到了毁灭性的打击，创作人员的思想由于社会秩序的混乱而陷入了迷茫，电影制作与生产由于物价飞涨而趋于停滞，电影发行体制由于发行权的泛滥而遭到极大破坏，电影放映体系的正常运转也受到影响。这些问题在苏联解体这个政治大变革之后全面爆发，俄罗斯的电影产业在这之后的很长一段时间内都在危机中挣扎，发展举步维艰。解体初期，俄罗斯电影业陷入三个困境：一是被外国劣质影片占领，二是电影制片厂分裂，三是观众流失。①

　　解体后，俄罗斯电影处于被二三流美国电影占领的状态。1992 年俄罗斯政府推行的"休克疗法"使得物价失控，拍摄电影的各种器材的费用上涨了几十倍，导致拍摄电影的预算大幅度增长，各个创作团体拍摄进度逐渐放缓并趋于停滞。到了 1993 年，俄罗斯出现了严重的经济危机，卢布贬值，物价飞涨，进而导致电影生产和服务费用也跟着上涨。比如一盒柯达电影胶片在 1991 年 9 月的价格是 900 卢布，过了一年之后则需要 16000 卢布，在 1993 年价格已经飙升至 100000 卢布。为了收回投资，影片制作人要以高出投资的价格卖出其作品。但同时在电影市场上却有相当多的美国影片等着出售。当时，大约有 60% 的美国影片因其质量低劣而不能在本国上映，于是便被卖入俄罗斯，且它们的售价大大低于俄罗斯本国影片。于是一些劣质的外国影片很快充斥了电影放映场所，使俄罗斯人几乎看不到国产影片，包括得了国际奖的优秀影片。1992 年，俄罗斯上映了 313 部影片，其中仅 22 部本国电影，其余 291 部影片中美国电影占了绝大多数。一位俄罗斯影评家也曾经说："所有以前被禁止的，只要是从西方买来的，现在都成了时髦的东西。"这话看似夸张，但是却比较准确地反映了当时俄罗斯电影人的创作状态，那就是他们丢掉了曾经领先世界的苏联电影的创作传统和评判标准，没有了以前多种多样的电影题材，包括爱国主义、革命主义、伦理道德、喜剧之类的题材都鲜有涉及。相反，他们去模仿美国劣质电影中那些不入流的情节，以此来吸引观

---

① 史晓黑．苏联解体后俄罗斯电影发展研究［D］．山东大学，2018.

众的好奇心，走上了一条错误的道路。

我们可以把这期间的电影大致分成两类，那就是"黑色"和"黄色"。"黑色"，顾名思义，就是题材偏向社会的黑暗面，极力渲染阴暗恐怖的社会气氛，影片中到处都是犯罪、谋杀、打斗的画面，缺乏温暖与爱的气息。而"黄色"，指的就是色情镜头无处不在，可以说编剧和导演为了博眼球，而不顾剧情是否需要就故意加进去一些色情画面。在国家政治动荡的年代，面对西方电影一下子大量涌入的这种情况，在缺乏正确的评判标准的前提下，当时的俄罗斯电影人很难分辨孰好孰坏。这种做法的结果就是在一味模仿西方的过程中，好的东西没有学习到，又丢掉了本国优秀的创作传统。

这期间国外对于俄罗斯电影的投资数额在逐渐升高，这也是俄罗斯国产电影的生产没有完全停滞的一个重要原因。但是国外的投资也存在着一定的弊端。在电影主题的选择上要一定程度上适应西方人的口味，在拍摄手法的使用上要模仿美国式的拍摄电影的手法，在演员的表演方法上，也同样出现了从过去苏联的体验派到美国电影的表现派的变化。这些影片或者含蓄、或者比较大胆地揭露了苏联时期乃至解体后俄罗斯时期的社会现实，虽然在从前的苏联电影改革时期的影片中我们也能够找到拥有类似主题的电影，但是此时由外国投资的电影展现出来的俄罗斯——是西方人想要看到的俄罗斯，或者说并不一定是真实的俄罗斯。

经济的倒退给电影业带来的直接影响是失去了维系生产的基本条件——政府的资助。国家的电影制片厂因为拍片资金耗尽而一个个关闭。这时要拍片，从筹备阶段到发行，一切都由具体的单位和个人来实施。于是在俄罗斯电影制片厂、列宁格勒电影制片厂的周围出现了一些小型的独立电影公司。如世界著名的莫斯科电影制片厂分裂成了 9 个独立的制片厂，每个制片厂都进行独立的经济核算。经济危机和大制片厂的分裂使俄罗斯影片数量锐减，从 1991 年的 350 部左右急剧下降，至 1996 年时只年产 21 部。可以说，俄罗斯电影在 1991—1996 年发展趋于半停滞的状态。在 1996 年国家开始对国有电影制片厂进行大规模投资之后，这些电影制片厂才逐渐重现生机。

电影观众逐年流失和锐减是对俄罗斯电影业生死存亡影响最大的问题。电影上座率在苏联改革后的 1986—1989 年间下降率为 6.8%，1991 年达到

40%~50%，1992年为68%。20世纪80年代末，每个苏联公民平均每年观看电影12~13次，1996年人均观影只有0.3次，也就是俄罗斯平均一年只有十分之三的人看过一次电影。有此现象的原因不难理解，一是国产的优质影片实在是凤毛麟角，即使有，国内也因为价格等问题不愿购买；二是几年来引进的外国片质量太差，在最初的新鲜感消失后，观众开始大倒胃口。但这也有正面的效果，由于对外国劣质片的厌恶，使得人们重新将希望寄托在本国电影业的振兴上，并强烈要求制定法律抵制劣质的外国影片和打击充斥在国产片中的污秽内容。

虽然在苏联解体初期，俄罗斯国产电影的生产遭遇了一系列危机，但是还是有一些非常优秀的影片受到了俄罗斯民众的喜爱，有的影片甚至还在国际电影节中屡屡斩获奖项。比如由尼基塔·米哈尔科夫导演并亲自参演的讲述斯大林时代的电影《烈日灼人》（1994年）获得了第67届奥斯卡金像奖最佳外语片奖。

> 《烈日灼人》讲述的是苏联"肃反运动"时期的故事。1936年夏天，人们正在享受着"斯大林号"热气球升空六周年纪念的假期，红军师长、战斗英雄科托夫和妻子玛露莎、小女儿娜迪雅来到乡间别墅度假。这座宽敞华贵的洋房是玛露莎父亲、沙俄时期著名音乐家波瑞斯留下的遗产。在午饭之前，一个长发长须、戴着墨镜的人走进别墅。当此人一一摘掉脸上的化装后，人们兴奋地认出他就是波瑞斯昔日的得意门生米迪亚，他离开这个家已经整整十年，没人知道他的下落。米迪亚借给小姑娘娜迪雅讲故事的契机道出了十年来的经历：当年他本打算与心爱的玛露莎结婚，过一种平静的田园生活。可红军的一道指令让他陷入进退两难的地步：要么前往巴黎为苏联进行间谍活动，要么留在国内开始无尽的铁窗生涯。米迪亚为了能够早日回到玛露莎身边而选择了前者，没想到一走就是十年。当他现在来到这本应属于自己的房子时，却发现一切都早已物是人非。米迪亚还揭开了一个更大的秘密：当年下命令让他离开祖国的人正是现在的别墅主人、玛露莎的丈夫科托夫。讲完一切后，米迪亚私下向科托夫透露了此行的真实目的：两个小时后他和其他几个秘密

警察将以叛国罪名逮捕科托夫。科托夫确信米迪亚逮捕他只不过是个人仇杀，是对科托夫强征他入伍、抢走玛露莎的报复，靠他的声望和他与斯大林的密切关系，秘密警察将永远不敢碰他。科托夫镇定地处理着剩下的时间，按原先的安排与朋友踢球、接受少先队员的敬礼。两小时后，装满内务人民委员会特工的黑色汽车来了，临走前，科托夫气定神闲地与娜迪雅捉迷藏。在汽车上，科托夫的自信依然不可动摇，他告诉特工们，当晚他就可以给斯大林打电话，特工们敢逮捕他就是在摧毁自己的未来。然而，当他试图离开黑色汽车时，特工们对科托夫拳打脚踢，科托夫这才明白了真正要逮捕他的人正是斯大林。汽车前方斯大林的巨幅肖像被气球吊着冉冉升起，遮天蔽日的领袖肖像随风卷曲、变形，看上去狰狞、恐怖。在车上，被打得鲜血淋淋的科托夫留下了眼泪。回到莫斯科的寓所，米迪亚在浴缸里用剃刀割腕自杀。同时，科托夫也在被捕后不久遭枪毙；玛露莎被判处十年监禁，死于集中营中。1956年，赫鲁晓夫为科托夫叛国事件平反。

　　这部电影并没有以正反两方面去强调政治斗争的对或错，而是反映了在特定条件下，当一个人处在一个残酷的时代，无法决定自己命运的无奈的社会现实。导演没有做过多的追问和过于苛责的批判，而是平静地叙述了受害者面对祖国的反目和亲人的离别时那种无法言喻的痛楚与无法愈合的伤痕。为了反衬出主题的残酷，导演还在影片中插入了大量如诗如画的田园风光，将俄罗斯诗化电影美学与情绪感染的结合发挥得淋漓尽致，正是这种和谐而强烈的对比才能恰当表现出那种灼人的烈日。由于艺术上的成功，影片上映后好评如潮，被普遍认为是一份新俄罗斯电影人交给世界的宣言书，标志着新俄罗斯电影艺术家们开始重新探索新的电影发展道路，并且能够以奇特方式完成凤凰涅槃式的重生。这部电影被誉为"能够给遭受重创的俄罗斯电影人以希望、给在漫漫长夜守候俄罗斯电影的人们以曙光"。

　　俄罗斯电影产业的发展于1996年跌至谷底之后，慢慢开始走出低谷，平稳发展。发生这样的变化首先是由于电影产业的发展得到了俄罗斯政府的支持和重视，不仅在财政上得到政府的补贴，而且之前在电影改革当中所犯下

的一系列关于电影生产、发行、放映的错误也得到了承认和纠正。俄罗斯政
府在 1996 年通过了《电影法》，把这些新模式的探索以政策和法律条文的形
式确定下来。其次，在国家政策的支持下，几个大型国有电影制片厂的发展
逐渐步入正轨，并且进行了股份制改革（莫斯科电影制片厂除外），更加焕发
出生机与活力。最后，对民营电影制片公司进行了洗牌和重组，民营电影企
业在具有远见卓识的经营管理者的带领下逐渐发展壮大，成为促进俄罗斯国
产影片迈向国际大银幕的主要助力。总体来说，在 1996—2000 年的时间里，
随着整个国家政治、经济形势趋于稳定，俄罗斯电影正在走出危机。电影制
作水平正在逐步提升，创作出来的优秀影片使本国观众对国产片逐渐恢复了
信心，人们慢慢恢复了去影院看电影的习惯，以此来支持本国影片的放映，
这反映出俄罗斯民众对于国产影片反映出来的斯拉夫文化的特有情感一直存
在。曾经陷入危机的俄罗斯电影产业正在逐渐走出困境，开始复苏发展，为
之后在 21 世纪俄罗斯电影产业更加健康有序地发展打下良好的基础。

　　这一时期俄罗斯时有优秀影片震动国内外影坛，并获得著名电影节大奖。
特别是俄罗斯电影的领军人物尼基塔·米哈尔科夫，他在市场经济大潮中得
心应手，国内外投资方都把能给他投资作为一种莫大的荣誉，除了之前提到
的《烈日灼人》外，他的《乌尔加》、《西伯利亚理发师》都轰动一时，后来
他还成为了俄罗斯影协主席。他获得重要奖项的主要影片还有《一个乘客的
剧本》（1995 年）、《民族狩猎的特别之处》（1996 年）、《跳舞人的时代》
（1997 年）、《窃贼》（1998 年）、《莫洛赫》（1999 年）等。

　　《西伯利亚理发师》于 1999 年 2 月 20 日在俄罗斯上映，该片讲述了
一个俄国男人和一个美国女人在两种不同的文化背景下所发生的一段悲
剧的感情故事。故事的背景是 1885 年的俄罗斯，整体分三个时间节点，
1885 年、1895 年、1905 年。这里的理发师不是一个人，而是一部机器，
是一个美国商人去俄国推销的一种机器，这种机器开动起来可以在短时
间内自动地把树木都砍倒，因此被称为森林的理发师。这个商人身边带
了一个漂亮的女人珍，和她假扮父女，为顺利推销自己的机器进行公关。
电影的开头，几个俄罗斯军校士官生溜到火车上，遇到了这个成熟漂亮

的神秘女人珍，其中就有安德烈·托尔斯泰。这个年轻的士官生单纯、喜欢音乐戏剧，对生活充满了热情的同时又很冲动。年轻的士官生一下子爱上了这个漂亮的女人。在年轻人的心里，爱情很简单，很单纯。但是女人的心思却没有那么简单，她是商人带来贿赂蒙德洛夫将军的交际花，是带来勾引将军的。另外一个小伙子对珍也有好感，安德烈与他进行了决斗，并在决斗中受了伤。珍来到病房看望安德烈，他要求用俄罗斯的传统方式吻别。两人的感情得以升温。此时，蒙德洛夫将军对珍也很有好感，要求安德烈帮忙向珍求婚。哪知安德烈借机向珍打开了心扉，表达爱意，讲述了自己的爱恋。将军尴尬而又极其恼火地离开，投资商老头对士官生破坏了自己经营的事情，非常生气，害怕资金落实不了，而珍也是心情十分矛盾，内心深处渴望获得真爱，但残酷的现实使她不得不继续讨好将军。在一次为亲王到访而举办的宴会上，安德烈不能忍受所爱的人和将军坐在一起交头接耳，面带笑容。冲动之下的他拿起琴弓跳向将军，狠狠地用琴弓抽在他的身上。这件事的结果是——士官生以刺杀大公的罪名被判处七年苦役，然后流放五年，服刑地西伯利亚。得知他即将离开，珍匆忙赶往火车站见最后一面，士官生的同学们纷纷到车站送别，但是看不到安德烈。大家唱起了歌曲，安德烈终于抑制不住自己的情怀，也放声高歌，歌声随着火车的鸣笛远去。十年之后，珍为了找到安德烈，留在了俄罗斯，并已嫁给了当初假扮自己父亲的老头，老头用大公赞助的资金造了一架伐木机，名字就叫西伯利亚理发师。珍找到了一个机会去西伯利亚，一到达这里就跳上马车匆匆赶往正在流放的士官生的家里，在那间平凡的乡间小院中寻找着昔日恋人的身影，满怀着希望。然后她看见了屋子里的婴儿床，明白他早已有了自己的家庭和生活。怀着失望，珍驾着马车绝尘而去。不过即使她真的见到了安德烈，她真的愿意陪这个已经不再年轻英俊的男人在遥远的西伯利亚共度残生吗？即使她愿意，他们真的会幸福吗？所以，导演是聪明的，他选择让他们不见。电影结尾，一个眉毛有些花白，满脸胡茬的中年男人从破旧的小屋飞奔出来，穿过丛林去急切地追赶驾着马车的珍，可是跑着跑着，他却停住了，由于十年的苦役和流放生活，他已不再是年轻的充满活力的士官生，脸上疤痕累累，粗糙的皮肤，破旧的衣衫，完全是西伯利亚的伐木工形象。他远远地看着依旧年轻、漂亮，风韵犹存的珍，点了一支烟，长舒一口气。一晃又十年过去了，一位女士开着时髦的汽车在山坡上奔驰，遇到了一位正在训练新生的教官，女士邀请教官和自己同乘，两人说起了一个新的士官生，教官表示这是个又聪明又有毅力同时又令人头疼的家伙。女士轻笑，表示他是自己的儿子，教官拿起一幅在车上的照片问道是谁？女士说是孩子的父亲，照片上赫然留着二十年前安德烈年轻的面孔。

二、21世纪的俄罗斯电影

进入21世纪后，俄罗斯电影产业的发展更为迅速。尤其是2000年俄总统普京执政以来对俄罗斯国产电影表现出了极大的关注，他非常重视国产电影的发展，出台了一系列政策来扶植电影产业。近年来，在政府对于海外影片占据本土市场份额的策略进行调整的基础上，俄罗斯电影凭借其独特的文化艺术风格、有所提高的影片质量，在当下竞争异常激烈的国际电影市场上取得了一定进步，并形成了一定的影响力和号召力。总体来说，2000—2010年是俄罗斯电影产业通过改革步入正轨的阶段，在2010年之后取得的一系列成绩也证明了改革的正确性，在此基础之上俄罗斯电影产业也出现了一些新的特征。

进入21世纪以来，俄罗斯电影人无论是在创作手法上，还是在题材的选择上，都开始回归苏联电影时期的优秀传统。俄罗斯国产影片的质量在一定程度上得到了提高，电影题材类型多样，其中战争片、喜剧片和科幻片为主要电影题材，动画片、纪录片占据一席之地，同时艺术片地位也有所提升。

战争片的表现尤为突出，这类影片在展现苏联时期的历史同时，也反映了新时期人们对当时事件的反思。比如在2005年上映，由费奥多尔·邦达尔丘克执导的电影《第九突击队》，一经上映就引起了俄罗斯全国人民的关注，因为这是俄罗斯第一部有关阿富汗战争的电影。对于大多数俄罗斯人民来说，阿富汗战争是他们心中一道难以愈合的伤疤，但是这部影片没有涉及当时敏感的政治话题，而只是纯粹还原当时的战争场面，反映了俄罗斯人在面对战争时所体现出的英勇与顽强。同样由费奥多尔·邦达尔丘克执导，在 2013 年上映的战争题材的电影《斯大林格勒》更体现了人类对于战争的反思。俄罗斯电影评论家这样评论《斯大林格勒》："这部电影并不是像苏联传统战争电影那样通过宏大的战争场面来展现'主旋律'，而是以抒情的调子以战争为背景，通过战争中人与人的关系和处境使人们回忆起这场可怕的战争，揭示战争的非人性。"①

俄罗斯喜剧片则继续继承苏联时期的传统，实行完全的本土化政策，在影片中反映出只属于斯拉夫民族的幽默感。近些年的喜剧片的内容更加贴近现实生活，喜剧效果也更加纯粹。

俄罗斯科幻片与喜剧片的表现手法又有所不同，导演不仅继承和发扬了苏联时期蒙太奇学派塑造人物形象的手法，同时又与美国好莱坞的制作风格，即高度的商业化融合起来，借此来推动故事情节的发展。这样不仅可以弥补好莱坞大片重特效、轻视人物情节的不足，还可以在此基础上创作出俄罗斯特有的科幻大片。2004 年上映的电影《守夜人》就是俄罗斯导演对于电影特效的出色运用的一个有力证明，该片不仅实现了在拍摄技术上的重大突破，同时也取得了不错的票房成绩。《守夜人》的成功表明俄罗斯电影正在逐渐向世界舞台回归，并且让俄罗斯民众对于国产电影的信心有所增强，在俄罗斯电影史上具有重大意义。

除此以外，俄罗斯动画片、纪录片在每年的电影总产量中几乎都占有一席之地，这主要是政府对其进行投资的结果。由于这两种类型的影片商业价值不大，一般很少引起投资者的注意，但是它们的公益性较强，动画片能够帮助引导儿童树立正确的价值观，记录片也在一定程度上具有社会舆论导向功能，所以这两种类型的影片也就成为了政府投资的重点对象。

俄罗斯在艺术片方面也取得了不错的成绩。苏联时期的电影就以绝妙的艺术性获得大众认可，近些年俄罗斯电影人不断探索，在继承苏联时期优秀

---

① Елисеева. Изобразительные теденции в новом отечественном кино，Вестник ВГИК. No 2，Июль 2014.

艺术传统的基础上，又加强了艺术片所包含的想象力和思辨力，体现出作者对人性的深度探索和思考。近些年来俄罗斯艺术片在国际市场表现不俗，尤其受到欧洲观众的喜爱，并且接连在世界电影节上斩获各类大奖。比如 2011 年由亚历山大·索库洛夫执导的《浮士德》获得第 68 届威尼斯电影节金狮奖和第 26 届俄罗斯尼卡奖最佳影片奖，获得第 25 届欧洲电影节提名。还有 2014 年由安德烈·萨金赛夫执导的《利维坦》获得第 72 届金球奖最佳外语片，获得第 67 届戛纳电影节金棕榈奖提名等。

我们可以看到 21 世纪的俄罗斯电影发展形势喜人，但是相关数据显示，目前俄罗斯国产影片能够最后收回成本的影片不足 20%，说明在相当长的一段时期内，俄罗斯影片依然离不开国家财政的扶持，以及需要提高制作水平，降低成本①。在俄院线放映的电影中，引进的海外影片的上映率依旧占据着主要地位。其中，俄罗斯电影市场主要由本土电影、美国电影和其他国家电影构成，其中美国电影占大多数，甚至有时可以占据市场份额的 70%，可以说俄罗斯国产电影与美国电影之间的较量还会持续很长一段时间。

表 2　　　　　　　**俄罗斯 21 世纪以来已上映影片票房 TOP20**

排名	影片名称	票房（亿卢布）	俄罗斯上映时间	国别
1	阿凡达	36.1	2009	美国
2	一跃而上	30.4	2017	俄罗斯
3	加勒比海盗：死无对证	23.3	2017	美国
4	疯狂动物城	22.8	2016	美国
5	复仇者联盟：无限战争	21.6	2018	美国
6	毒液	21.4	2018	美国
7	爱宠大机密	21.4	2016	美国
8	小黄人大眼萌	18.7	2015	美国

---

① 史晓黑. 苏联解体后俄罗斯电影发展研究［D］. 山东大学，2018.

续表

排名	影片名称	票房（亿卢布）	俄罗斯上映时间	国别
9	星球大战：原力觉醒	18.7	2015	美国
10	加勒比海盗：惊涛骇浪	17.8	2011	美国
11	死侍	17.7	2016	美国
12	速度与激情7	17.4	2015	美国
13	最后的武士	17.3	2017	俄罗斯
14	复仇者联盟：奥创纪元	17.2	2015	美国
15	霍比特人：五军之战	16.8	2014	美国
16	斯大林格勒	16.7	2013	俄罗斯
17	速度与激情8	16.5	2017	美国
18	冰川时代：大陆漂移	16.4	2012	美国
19	自杀小队	16.1	2016	美国
20	银河护卫队2	16.1	2017	美国

根据表格数据显示①，21世纪以来，俄罗斯已上映影片的票房 TOP20 中，有三部国产影片上榜，分别是 2013 年的《斯大林格勒》、2017 年的《最后的武士》和《一跃而上》，其中《一跃而上》排名第二，深受俄罗斯观众喜爱与追捧。而其余的影片均是美国制作出品，可见美国好莱坞影片对俄本土电影市场的冲击依旧很大。

影片《一跃而上》是由安东·梅格尔季切夫执导的篮球电影，于2017 年 12 月 28 日在俄罗斯上映，该片由真实事件改编，讲述了苏联男篮在 1972 年慕尼黑奥运会上打败美国队获得冠军的故事。电影从苏联男篮换了新教练开始，队员和教练之间经过长时间的磨合达到默契，接连

---

① 数据来自 www.kinopoisk.ru。

赢得各大比赛。奥运会即将到来，教练在媒体面前放话说："我们会打败美国队。"这句话引起一片哗然，他受到了身边工作人员甚至队员的质疑，大家都认为美国队是无法战胜的，他回应道："总有一天美国队会输给某个队，我希望那个队是我们。"果然在影片最后，他带领苏联男篮夺得了奥运金牌。

《斯大林格勒》是俄罗斯与美国合拍的战争题材影片，由俄罗斯导演费多尔·邦达尔丘克执导，于 2013 年 10 月 10 日在俄罗斯上映，同月 31 日在中国上映，是俄罗斯第一部 IMAX-3D 巨幕影片。1942 年的斯大林格勒，苏联军队根据作战计划向盘踞伏尔加河左岸的德国军队展开反攻。德国士兵在虎式坦克的带领下，排山倒海般向断壁残垣进发，斯大林格勒平民组成人墙，与举枪的德国士兵对峙，伏尔加河畔浓烟滚滚，战机空袭尸横遍野，位于斯大林格勒市中心的街心喷泉被炸得支离破碎。苏联军队年轻的狙击手屏气凝神，瞄准下一个目标，战士们怒吼着穿过枪林弹雨。从兵临城下的压抑，到绝地反击的拉锯战，无一不道出战争的惨烈。然而反攻受阻，只有格罗莫夫大尉率领的几名侦察兵到了对岸，并来到一栋 3 层楼的房子里，他们临危受命要不惜任何代价守住这栋房子。除了另外几名奇迹般幸免的苏军士兵外，他们遇到了这栋房子的最后一位住户——19 岁的卡嘉。卡嘉的父母早已死于战火，由于眷恋自己的城市和家园，女孩固守此地，穿梭战火之中。卡嘉的出现为五个在冰冷战争中浸泡许久的苏联大兵带来了对生活的渴望，善良的卡嘉用自己微薄的力量，抚慰着这些在战争中受伤的灵魂，一起度过最艰难的时刻。影片的尾声，德军强攻卡嘉的大楼，五个士兵面对坦克重甲的围攻，已无力自保。他们用电台呼叫总部请求轰炸自己，总部在电台中说出了最后的对白："永别了，我的兄弟们。"很快。阵地被炮火覆盖，大楼慢慢消失在灰烬里。影片以斯大林格勒战役为背景，描述了一段具有戏剧性和人性冲突的故事。在硝烟弥漫的阵地上空，也许唯有"情"才是超越阵营的唯一语言。这部电影在俄罗斯颇受好评，用 3D 效果渲染战争的惨烈，视觉体验很震撼，对感情线的描写也非常动人，入围了 2014 年奥斯卡最佳外语片奖的角逐。

下面再看看中国近 5 年引进俄罗斯影片的情况（见表 3）：①

表 3

年份	影片名称	上映日期	类型	中国票房（万元）
2018 年	太空救援	1 月 12 日	动作、冒险	1685
	莫斯科陷落	2 月 2 日	剧情、科幻	238
	花滑女王	3 月 30 日	剧情、爱情	1716
	冰雪女王 3：火与冰	4 月 5 日	动画、家庭	7422
	最后一球	6 月 29 日	剧情、运动	602
2017 年	灵狼传奇	4 月 29 日	动画、奇幻	1151
	守护者：世纪战元	5 月 19 日	动作、科幻	2024
	绿野仙踪之奥兹国奇幻之旅	7 月 21 日	动画、家庭	905
	维京：王者之战	12 月 1 日	剧情、动作	1411
2016 年	火海凌云	8 月 19 日	剧情、动作	2929
	他是龙	8 月 19 日	爱情、奇幻	5558
	暗杀游戏	10 月 14 日	动作、科幻	2110
	冰雪女王之冬日魔咒	12 月 31 日	动画、家庭	3560
2015 年	冰雪女王	8 月 3 日	动画、奇幻	408
	这里的黎明静悄悄	8 月 25 日	剧情、战争	730
2014 年	夺命地铁	1 月 10 日	剧情、惊悚	2000

下表是俄罗斯电影在中国的票房 TOP10 情况（见表 4）：

表 4

名次	影片名称	中国上映时间	电影类型	中国票房（万元）
1	冰雪女王 3：火与冰	2018	动画	7422

---

① 数据来自 www.maoyan.com。

续表

名次	影片名称	中国上映时间	电影类型	中国票房（万元）
2	斯大林格勒	2013	战争	7196
3	他是龙	2016	爱情、奇幻	5558
4	冰雪女王之冬日魔咒	2016	动画、家庭	3560
5	火海凌云	2016	动作	2929
6	暗杀游戏	2016	科幻、动作	2109
7	守护者：世纪战元	2017	科幻、动作	2024
8	夺命地铁	2014	灾难	2000
9	穿越火线	2013	战争	1721
10	花滑女王	2018	剧情、爱情	1716

随着中俄关系及文化交流的日益紧密，再加上 2012 年进口片配额放宽，俄罗斯电影的引进数量也逐年增加，但其票房收益却起伏波动、举步不前。2012 年，国内上映 1 部俄罗斯电影，共收获 547.6 万票房；2013 年，引进 2 部俄罗斯影片，《穿越火线》和《斯大林格勒》在内地上映，票房超越了以往的俄罗斯引进片，共 9 千万；2014 年、2015 年分别有 1 部和 3 部俄罗斯影片登陆内地院线，累计收益跌至一两千万的体量。2016 年俄罗斯影片在内地的市场有了突破性进展，除 4 部进口片以外，还另有 3 部中俄合拍片与内地观众见面，累计票房收入为 1.5 亿元；2017 年，虽然在数量上保持了同样的 4 部，但累计收益却降至 5500 万元。

2018 年掀起的小语种电影引进热潮给了俄罗斯进口片进入国内市场的机会，有《太空救援》、《莫斯科陷落》、《花滑女王》、《冰雪女王 3：火与冰》、《最后一球》五部俄罗斯进口片轮番进入国内市场，但整体收益仍然举步不前，累计收益约 1.2 亿元，和美国大片单部动辄破几亿的票房差距明显。

目前，俄罗斯进口片在国内市场的票房冠军为 2018 年清明档上映的系列动画片《冰雪女王：火与冰》，票房收入 7422 万元，紧随其后的是 5 年前上映的《斯大林格勒》，为 7196 万元。

动画电影是所有小语种影片的主要类型之一，随着国内动画电影市场被逐步打开，这一题材也成为了近几年最热门的进口电影题材。动画电影区别于真人电影，它拥有较为固定的受众人群，且国内动画电影市场仍然处于供不应求的状态，急需进口动画片的补充。虽然动画电影整体票房成绩不高，但其成本却较低，仍然可以保证一定的收益，若形成品牌效应，其收益就会更大，实现系列的翻倍式增长。这也是诸如《冰雪女王》系列、《灵狼传奇》、《绿野仙踪之奥兹国奇幻之旅》等被相继引进中国，并取得不错成绩的原因所在。

俄罗斯本土大片是其进口片的最重要的类别，无论是 2018 年的《莫斯科陷落》、2017 年的《维京：王者之战》，亦或多年前的《夺命地铁》，在俄罗斯本土都被冠以超级大片的名头。但是中国观众早已经历了美国好莱坞顶级制作的反复洗礼，对所谓的"大片"有了很强的免疫力。而俄罗斯本土影片的特效制作、剧情走向、叙事方式等方面并不能胜过美国大片，中国观众不但不会为此类影片买账，甚至还会觉得影片制作粗糙，其最终票房成绩不能与美国大片相提并论也就不难理解了。下面介绍几部近年引进的口碑较好的俄罗斯影片。

第一部要说的就是《太空救援》，这部影片由克里姆·斯彭科执导，于 2017 年 9 月 21 日在美国奇幻电影节首映，2018 年 1 月 12 日在中国上映，改编自 1985 年美苏"星球大战"期间俄罗斯"礼炮 7 号"救援事件，当年"礼炮七号"意外与地球失联，工程师维克托和退役宇航员弗拉基米尔临危受命，面临太空舱寒流、空间站失火、太阳能充电系统失灵等一系列超乎想象的困难，创造了超乎想象的人类奇迹，从而避免了一场史诗级的太空灾难。这部《太空救援》与其他同类型影片最大的不同，便是其取材于真实事件的震撼性，在片中穿插了不少珍贵的历史画面与片段。包括维克多和即将临产妻子的告别，弗拉基米尔面对小女儿"爸爸你什么时候回来"的发问，这些生动的细节都曾真正发生在历史的长河之中，而普通个体在亲情、爱情与友情等关系中的抉择，更发人深省。

《火海凌云》是由尼古拉·列别捷夫导演的动作灾难片，是俄罗斯第二部 3D-IMAX 的电影，于 2016 年 4 月 21 日在俄罗斯上映，一举成为俄罗斯 2016 年上半年最卖座的本土影片，于同年 8 月 19 日在中国上映。影片翻拍自 1980 年的苏联电影《机组乘务员》，影片的主人公廖沙原本是一名非常专业的战斗机飞行员，但性格过于耿直，在一次任务中得罪了领导被开除，应聘到民航当了一名飞行员。他和津琴科、亚历山德拉等机组成员在一次飞行过程中志愿前往火山爆发的昆吴岛营救被困人员。然而降落后局势陡变，火山再度喷发，机场几近烧毁，这班俄罗斯机组成员竭尽全力，带领来自世界各地的幸存者通过层层考验，最终逃出生天。影片后半部分的营救行动场面宏大、节奏紧凑、扣人心弦，而前半部分讲男主角与父亲、与导师津琴科、与女友亚历珊德拉之间的情感纠结，细腻地刻画了人物性格、塑造了人物形象，让每个角色都拥有鲜明的性格特征。

《夺命地铁》是由安东·梅格迪契夫执导的一部灾难题材片，于 2013 年 2 月 21 日在俄罗斯上映，2014 年 1 月 10 日在中国上映。该片讲述的是俄罗斯莫斯科地铁站因路面施工导致墙壁开裂发生渗水，地铁站的老巡查员发现这一情况后立刻向地铁工作人员汇报，可是工作人员觉得老巡查员因长期酗酒糊涂了并没有将此事放在心上。另一方面安德鲁医生带着女儿一起登上地铁送女儿去上学，安德鲁妻子的情人也因堵车恰巧登上了这趟地铁。在地铁行驶过程中驾驶员突然发现前方出现大量的积水于是急忙紧急刹车，这一举动导致地铁上数百位乘客因为惯性纷纷挤压在一起，地铁也因急刹车脱离了铁轨。当一切平息后安德鲁发现女儿在混乱中不见了，他一边帮助受伤的乘客一边寻找着自己的女儿，而安德鲁妻子的情人在逃出车厢后正好看到了这一幕，随后也帮助安德鲁寻找女儿以及帮助受伤乘客。大批乘客离开地铁后在积水中慢慢地向着站台的方向前进，可是越来越高的积水正慢慢地接近带有高压电的铁轨，逃亡的人群却对此一无所知。最后积水终于触碰到了高压电，水中的人群纷纷抽搐着被活活电死。这时地铁站的工作人员才将电路关闭，可是已经太迟了，水里没有电后安德鲁等人也下入水中前往站台逃生，在前行的过程中更多的水推着地铁冲向了他们，他们躲过了这一劫后又克服重重困难,最终回到了地面上。影片中充斥着复杂的人性也充斥着各种情感,有感情不和的夫妻,有始终见不到妈妈的孩子,有半路相遇的男女青年,还有复杂的三角关系。该片全程充满着大量对白,在大量的人与人对话间夹杂着种种的险情,才能使影片显得更加真实、更加贴近生活,因为现实中谁也不知道灾难会在何时发生,它都是在你我毫无防备的交谈中突然出现的。

《花滑女王》是奥列格·特罗费姆执导的爱情片,根据俄罗斯前花滑冠军伊莲娜·别烈日娜亚的真实经历改编。该片于2018年2月14日在俄罗斯上映,一经上映就连番打破俄罗斯电影票房纪录。该片于2018年3月30日在中国上映,虽然票房仅排在俄罗斯进口片第十,但收获了不错的口碑,豆瓣评分更一度高达8.6。影片讲述了娜佳从花样滑冰菜鸟到闪亮之星的蜕变之路。家境贫寒、天赋不足的娜佳十分热爱花滑,凭借母亲的鼓励和自己的不懈努力崭露头角,并在教练的鼓励下竞争成为世界顶级花滑男选手里奥纳夫的搭档,两人屡获佳绩,并坠入爱河,成为备受瞩目的金童玉女。花滑世界杯前夕,娜佳意外受重伤,不得不离开梦想与荣耀的冰面,人生跌至谷底,里奥纳夫也选择了离开。回到家乡休养期间,娜佳遇到了充满元气的冰球运动员萨沙,他的暖心陪伴逐渐让娜佳解开心结,并重新开始追逐梦想。《花滑女王》的剧情并不复杂,甚至有些套路,但故事中情感的抒发、起伏跌宕的剧情架构都让影片洋溢着生命燃烧的激情。人生蜕变之美,在影片中展示得如此自然流畅,水到渠成。除了来自母亲与教练的"亲情",作为娜佳成长的一部分,两段跌宕起伏的爱情戏更是紧紧抓住了观众的心。悲喜交加的恋曲、起起伏伏的爱情,在温馨搞笑、催泪纠结的剧情里,我们看到了爱情是娜佳人生的支点,是她成长、蜕变的动因。当她在冰面上为爱而舞时,她的美丽更自信、更从容。将爱情与励志主题交融得如此之好,让《花滑女王》的矛盾冲突更有戏剧张力,更具燃点。

从票房来看,俄罗斯电影表现不及日本、韩国、印度等国,在小语种电影热潮中,俄罗斯电影为什么在国内票房平平,难以打通国内市场?探究这一问题我们还需回到俄罗斯引进片的片单本身。原因主要有以下几点：

1. 俄罗斯影片市场风向把握不准。经历了去年各种印度、日本影片黑马的洗礼，越来越多的人意识到，在好莱坞特效超级大片独霸天下的状态下，全民话题讨论、深刻的现实主题思考与批判是小语种影片撕开市场口子的利器。而在这一大背景下，俄罗斯进口片还停留在几年前凭借视觉大片攻占电影市场的阶段，依然大量引进所谓的本土超级大片，并没有及时把握这一风向转变并跟随这个变化趋势，自然不会得到市场的青睐。

2. 受众群体定位不清。俄罗斯进口片在国内还没有找到自身的定位和最主要的目标群体。我们都知道印度电影凭借着现实批判赢得国内中产的喜爱，日本电影凭借动漫基础迎合年轻人喜爱，那么俄罗斯电影以什么打动和吸引国内观众？《冰雪女王》以动画方式收获孩子的喜爱，《斯大林格勒》以"二战"题材激发父辈回忆，《他是龙》以浪漫爱情吸引年轻女性。这些影片彼此各不相同，缺乏一致性与连贯性，让人对俄罗斯电影始终缺乏一个统一的认知。

3. 缺少市场前行者。印度电影在横行中国市场之前也经历了《三傻大闹宝莱坞》、《我的个神啊》等"神作"在年轻电影观众中的私下流传，泰国电影之前的《暹罗之恋》、《初恋那件小事》以及为数众多的鬼片也有不少的拥趸，日本电影更是凭借着动漫影响了几代人。而以俄罗斯为代表的其他小语种影片在国内市场的定位困境主要在于观影基础的缺乏，缺少能够在年轻人或者是电影观众中流传的经典口碑作品，认知的断层让年轻观众对俄罗斯电影充满陌生感。俄罗斯电影也必定需要市场前行者探路并经过一定时间的积累，才有可能最终赢得市场观众的兴趣、获得持续和稳定的收益。

◎ **思考题**

1. 请列举三位苏联蒙太奇理论的研究者，并分别说出他们的主要贡献。

2. 请说出电影《战舰波将金号》经典段落"敖德萨阶梯"的制作特点及其在世界电影史上的意义。

3. 请简述20世纪30年代苏联"社会主义现实主义"创作方法的提出及

内容，并列举其代表作品。

4. 第二次世界大战期间，在苏联出现了哪两种新的影片类型，请分别举例说明。

5. 请简述 20 世纪 50 年代中期苏联电影在创作观念上发生了哪些重大的转变。

6. 请举例说明 20 世纪 70—80 年代苏联电影的主要创作题材。

7. 请举例说明苏联不同时期军事战争题材影片的特点。

8. 请分析 20 世纪 90 年代初苏联电影产量剧增而质量下滑的原因。

9. 请简述苏联解体后俄罗斯电影所面临的困境。

10. 请简述近 5 年俄罗斯电影在中国的票房情况并分析原因。

参 考 文 献

［1］ E. A. Елисеева Изобразительные тенденции в новом отечественном кино，Вестник ВГИК. No 2，Июль 2014，226с.

［2］ 陈阳，［俄］德米特里·利沃维奇·卡拉瓦耶夫 . 俄罗斯商业电影发展新趋势［J］. 域外，2018（07）.

［3］ 黄杰 . 五部俄罗斯电影轮番上映，市场有待开拓［J］. 观察与思考，2008（9）.

［4］ 贾长平 . 浅析俄罗斯电影的发展［J］. 电影文学，2008（11）.

［5］ 贾长平 . 苏联解体后的俄罗斯电影研究［J］. 吉林艺术学院学报，2007（02）.

［6］ 李芝芳 . 当代俄罗斯电影［M］. 北京：文化艺术出版社，2003.

［7］ 史晓黑 . 苏联解体后俄罗斯电影发展研究［D］. 山东大学，2018.

［8］ 吴小丽，张成杰 . 苏俄电影教程［M］. 上海：复旦大学出版社，2010.

［9］ 许南明，富澜，崔君衍 . 电影艺术辞典［M］. 北京：中国电影出版社，1986.

［10］ www. kinopoisk. ru。

［11］ www. maoyan. com。

第十讲　俄罗斯文学

　　俄罗斯是一个文学大国，但却是一个后来居上的文学大国。何出此言，我们不妨列举一下俄罗斯文学名家的名号：普希金、莱蒙托夫、丘特切夫、陀思妥耶夫斯基、列夫·托尔斯泰、契诃夫、高尔基、布罗茨基、索尔仁尼琴……花上整页的篇幅也并不一定能列举完。这从一个方面可以反映出俄罗斯文学的体量，以及它在世界文学中的地位。

　　从另一方面来看，从年代来考量，这些名字从普希金开始至当代，总跨度不过短短二百余年。文学体量巨大，作家作品涌现的时间却相对集中于两个世纪左右的时期，让人不得不承认，俄罗斯文学是一个姗姗来迟又后来居上者。它用两三百年的时间走过了中国文学、欧洲文学一两千年来走过的道路，一举跻身世界文学的前列，取得了相当辉煌的成就。俄罗斯文学的发展进程及其成就是一个相当耐人寻味，也相当值得研究的客体。

　　回到我们当下的语境，也就是在"俄罗斯社会与文化"

的框架下讨论俄罗斯文学问题，无疑要比纯粹的俄罗斯文学研究更加有趣，涉及范围和视野更广。在这种情况下，我们可以梳理俄罗斯文学史的各个发展阶段，尤其是与重要社会历史事件相关的节点性文学事件、人物和作品。其次可以分析每个阶段的代表性作家和作品，辅以生动的历史故事。最后总结俄罗斯文学特点、地位，及其与世界文学的交互。

采取这种方法，可以在有限的篇幅内概览俄罗斯文学所有重要的历史节点、人物和作品，使我们对俄罗斯文学有一个总体的认识和把握，同时也对大部分重要细节有所了解。

第一节 古代俄罗斯文学

首先必须承认，相对其他文明古国而言，俄罗斯是一个历史并不悠久的国家，它一度在世界上的存在感并不明显。9世纪起，俄罗斯民族国家才开始建立，形式为统治松散，人口不多的公国，在世界舞台上仍是配角。至13世纪，罗斯诸公国被蒙古人征服。直到16世纪蒙古衰落，莫斯科公国崛起，领导其他公国战胜了统治它的蒙古帝国，或者说蒙古帝国的一部分，也就是钦察汗国，又称金帐汗国。

何谓金帐汗国？因为蒙古帝国的疆域过于辽阔，在被征服地区建立了钦察汗国、察合台汗国、窝阔台汗国和伊儿汗国。四大汗国的统治者在血统上出自"黄金家族"。统治俄罗斯、匈牙利、波兰、北高加索地区的钦察汗国为了彰显自己的"黄金血统"，把可汗的大帐漆成金色，于是被称为金帐汗国。俄罗斯人在战胜了金帐汗国取得民族独立后，莫斯科大公伊凡四世将自己的名号由大公变为沙皇，国力逐渐强盛，开始迈上东征西伐的帝国道路。

从11至17世纪，是古代俄罗斯文学的时代。这个阶段的文学作品的主要形式是编年史、民族史诗和宗教布道文，其产生的主要原因是生活的需要和教会的需要。首先，民族意识的萌发，对记叙战争、英雄人物等重要历史事件的需要催生了编年史和民族史诗。编年史是一种按照年代记录历史事件的体裁，其作者大多为修道院的僧侣以及贵族宫廷中的书记员。民族史诗又称为史诗歌，是一种无韵的诗歌，篇幅通常不长，最常见的修辞手法是复沓，由吟游诗人和歌手在乐器的伴奏下吟唱出来，在民众间口口相传。其次，俄罗斯民族在接受基督教后，神职人员迫切需要将从拜占庭帝国得来的东正教宗教典籍翻译成教会斯拉夫语，从而催生出一大批宗教翻译文本和翻译文学。

在 11—17 世纪的古代俄罗斯文学作品中，流传至今并且可以称道的作品不多。11 世纪的《律法与神恩讲话》是宗教布道文中的杰作，作者是身为东正教神职人员的伊拉里昂神父。《律法与神恩讲话》是一部洋溢着爱国主义的布道文，伊拉里昂认为信仰基督教的各民族是平等的，俄罗斯与世界各国也是平等的，并以此思想来对抗拜占庭至上说。《律法与神恩讲话》构思缜密，逻辑严谨。它首先将律法与神恩做比较，为后文做铺垫；其次开始叙述神话的核心部分，并赞颂弗拉基米尔大公以及其他俄罗斯统治者的丰功伟业；最后则是对上帝的祷告。

12 世纪初的《俄罗斯编年史》又称《往年故事》，是一部由多位作者共同撰写的古代俄罗斯编年史的大合集。这部作品的宗旨是讲述俄罗斯国家的起源，它以年代为线索，没有统一的情节和人物，文本松散，但作者在书中不光记叙历史事件，还关心国家前途命运，积极进行道德说教，使《俄罗斯编年史》成为一部历史政论作品。

民族史诗《伊戈尔远征记》是古代俄罗斯文学的巅峰，也是俄罗斯文学源头的一座丰碑。《伊戈尔远征记》发现较晚，是 18 世纪末俄罗斯一位收藏家在斯巴斯-雅罗斯拉夫的一处修道院中发现的，书稿被发现时是一份手抄本，混杂于众多 16 世纪的古代文献中。《伊戈尔远征记》大致作于 12 世纪末，讲述的是罗斯诸多公国割据，屡屡遭到游牧民族袭扰，诺夫哥罗德大公举兵征讨南俄草原上的突厥人，最终全军覆没的历史故事。全书虽然以历史上的真实事件为描写对象，但进行了多处文学加工，同时加入许多政论内容和抒情元素，使得作品兼具叙事、说教和抒情的功能。《伊戈尔远征记》具有很高的文献价值和艺术水平，堪与西欧的《罗兰之歌》、《尼伯龙根之歌》等史诗相媲美。

第二节　18 世纪的俄罗斯文学

18 世纪是俄罗斯文学发展的转折期和积累期。为何称之为积累期，因为 18 世纪的俄罗斯正经历重大社会变革：俄罗斯民族的千古一帝——彼得大帝在国内推行全盘西化的改革。提及彼得大帝，则是一位无论研究历史还是文学都跨不过去的人物。彼得大帝是俄罗斯的第一位皇帝，此前俄罗斯民族国家领袖的名称是大公和沙皇。彼得大帝认识到俄罗斯与西欧各国的差距以及政治经济制度的落后之后，开始在俄罗斯推行大刀阔斧的西化改革。在他统治期间，俄罗斯帝国经济开始起飞，国力日渐强盛，将俄罗斯的领土扩张到史上第二大，并在北方的沼泽地带上硬生生建起一座新首都，也就是如今俄罗斯的文化首都圣彼得堡。在这种经济社会全方位突飞猛进的时代，俄罗斯文学也迎来了自己发展的特殊时期。它积极吸收西欧古典主义文学的营养，开始出现新的文学形式，也就是颂诗、悲剧、讽刺长诗和小说体裁。

这四种文学形式，其中悲剧体裁是常见的文学形式，主要以戏剧形式出现。颂诗和讽刺长诗则是截然相反的一对：颂诗的特点是遵守逻辑，崇尚理性，还必须严格区分正面人物和反面人物，要么高大伟岸，要么猥琐邪恶。换而言之，颂诗的功能是歌功颂德，赞颂国家、战争凯旋和皇权的。而讽刺长诗则恰恰相反，是运用颂诗的高雅书面语体来讲述低级的事物，或者用低俗语言讲述高雅事物，用内容和形式的不对称来达到滑稽效果。另一方面，二者的区别还存在于社会阶层上，颂诗是贵族文学，所谓的主流文学，而讽刺长诗则多见于平民文学。

进一步分析其流派，则颂诗属于典型的古典主义。需要指出的一点是，俄罗斯的古典主义是直接来源于西欧古典主义的，是移植来的，而不是在文艺复兴的基础上发展来的。因为俄罗斯不存在文艺复兴阶段，当西欧的文艺复兴如火如荼的时候，俄罗斯还处在蒙古人控制下的中世纪。换句话来说，俄罗斯文学是直接从压抑的中世纪黑暗跃进至理性的古典主义。而讽刺长诗则属于感伤主义，它关注的中心是人性和个体的精神世界。到了 18 世纪后半叶，在感伤主义中已经出现了早期批判现实主义文学的萌芽。

受颂诗和讽刺长诗的影响，这一时期的俄罗斯小说也处于一个先经历古典主义，后发展至感伤主义的阶段，主要仍是翻译和模仿西欧文学，尤其是法国文学。提及法国文学在俄罗斯的流行，则不能忽视女皇叶卡捷琳娜二世在其中起到的作用。叶卡捷琳娜是彼得大帝的外孙媳妇，是普鲁士的公爵小姐，从普鲁士远嫁俄罗斯宫廷后得不到皇储的宠幸，二人分别公开拥有自己的情人。在皇储正式加冕为皇帝后，二人关系更是势同水火，最终演变为皇权更迭，叶卡捷琳娜联合贵族与将军发动政变，自己登基为女皇。在叶卡捷琳娜统治下，俄罗斯帝国向南向西扩张，帝国版图空前绝后，这是女皇的功绩。在私生活上，叶卡捷琳娜效仿法国宫廷贵族，喜好阅读法国骑士小说和爱情小说。女皇的私人爱好从侧面推动了俄罗斯文学和翻译事业，她出资资助文学翻译工作，翻译了一大批法国小说。因此，这个阶段的俄罗斯小说有明显的模仿、改编和借鉴痕迹。

俄罗斯古典主义的形成与康捷米尔、特列季亚科夫斯基、罗蒙诺索夫、苏马罗科夫、冯维辛等人的创作密不可分。

安季奥赫·康捷米尔（1708—1744年）出身摩尔达维亚的大贵族，幼年随父亲来到俄国。他精通多门语言，涉猎广泛，常年担任俄国驻外使节，与孟德斯鸠、伏尔泰等名流多有交际。康捷米尔在俄罗斯文坛的地位是由他的九篇讽刺诗所奠定的。这些作品多取材于彼得大帝改革时期的现实生活，虚伪、懒惰、虚荣、贪婪都是他抨击的目标，民众的愚昧保守、贵族的寄生生活也是他谴责的对象。康捷米尔是俄罗斯文学史上第一个起身抨击贵族，为普通民众发声的诗人。为此，他的创作引起了民众的广泛关注，同时也招致了统治阶层的不满，让他长期驻外工作，数次要求回国都未获准许，最后客死法国，事实上是一种特殊形式的流放。

亚历山大·苏马罗科夫（1717—1777年）同样出身于大贵族家庭，是俄国贵族中全身心投入文学创作的第一人。他将文学视为教育贵族阶级，提升民族文化水平的重要途径，试图运用诗歌来影响整个社会。苏马罗科夫是俄罗斯古典主义戏剧的奠基人，他的诗歌具有古典主义的明晰和朴实。在同时代文学家中，苏马罗科夫以悲剧作品著称，一生中创作了九部悲剧和十二部喜剧。他的悲剧作品取材于俄国历史，戏剧冲突通常是理智与激情的斗争、社会义务与个人情感的斗争，而且获胜的一方总是社会因素，以此教化民众树立国家利益高于一切的思想。在读者中流传最广的则是他的抒情诗，苏马罗科夫的抒情诗重视抒写人的体验，其抒情首先是与爱情主题联系在一起的，并且带有明显的道德因素。苏马罗科夫还是个寓言作家，一生中创作了近四百篇寓言，他的寓言故事被诺维科夫称为"俄罗斯的艺术宝库"。

米哈伊尔·罗蒙诺索夫（1711—1765 年）是俄国历史上首位百科全书式的人物。与同时代的其他文学家不同，罗蒙诺索夫出身贫寒，生于俄罗斯白海边的一个文盲农民家庭。幼年时的知识启蒙来源于一位识字的邻居。19 岁时他徒步来到莫斯科，进入莫斯科神学院学习，毕业时由于成绩优异，被派到德国马尔堡大学留学，回国后终其一生都在俄罗斯科学院工作，还创立了俄国第一所化学实验室和第一所大学——莫斯科大学。

罗蒙诺索夫在文学、教育、物理、化学、天文、冶金方面都有突出成就，是俄罗斯历史上著名的科学家、思想家和哲学家。他在俄国文学中的地位，则是由他的诗歌创作，尤其是诗体改革所奠定的。罗蒙诺索夫的诗歌是典型的古典主义，与苏马罗科夫不同，罗蒙诺索夫的诗歌比较复杂，形式华丽，尤其擅长创作庄重典雅的宫廷颂诗。与此同时，他赞颂的对象却不限出身，从农奴、牧人、商人、军人到航海家、学者和沙皇，都是他诗歌的主人公。

罗蒙诺索夫在俄语诗体方面所做的改革，对于俄国诗歌的发展具有极为重大的意义。古代俄罗斯文学中的诗歌大多是没有严格韵律的自由诗。在 17 世纪波洛茨基提出的"音节诗律"的基础上，以及同时代诗人特列季亚科夫斯基提出"重音诗律"的基础上，罗蒙诺索夫进一步完善了俄语诗歌格律。他在《论俄语诗律书》中给出了一种最适合俄语表达习惯的诗体，即重音音节诗律，提出在诗行中给予音节和重音同样的重视，从而使俄语诗歌格律更加科学严密。罗蒙诺索夫的诗体改革适合俄语的特点，解决了俄罗斯诗歌的形式问题，对后世的俄罗斯文学发展起到了有力的推动作用。罗蒙诺索夫在文学上的贡献如此之大，以至于被誉为"俄罗斯文学的彼得大帝"。

18 世纪下半叶，俄罗斯文学经历了从古典主义到感伤主义过渡的阶段。

60 年代开始，受西欧启蒙主义思潮的影响，社会上开始出现对古典主义主导美学和道德范畴的失望情绪，文学领域随之出现了感伤主义的萌芽。感伤主义起源于西欧，反映的是资产阶级的要求，即个性解放，摆脱封建制度对于个体的压迫。如果说古典主义者的主要任务是歌颂国家和皇权，那么感伤主义的关注中心则是人，而且不是笼统意义上的人，而是具体的人类个体。感伤主义用情感崇拜对抗古典主义的理性崇拜，将人的内心世界和心理活动作为主导题材，因此大多数感伤主义作品的主人公都来自中下阶层，这也是感伤主义在平民阶层大获成功的根本原因。感伤主义所带来的新的文学内容催生了新的文学体裁，日记、旅行记、家庭心理小说等散文体裁成为其主要形式。

感伤主义的两位代表人物是卡拉姆津和拉吉舍夫。如果说卡拉姆津代表的是浪漫主义的感伤主义，那么拉吉舍夫则代表的是现实主义的感伤主义。

尼古拉·卡拉姆津（1766—1826 年）年轻时曾有短暂从军经历，一度还接近过共济会组织。在西游历欧 3 年之后，24 岁的卡拉姆津回国，创作了《俄国旅行家信札》，并发表在自己创办的刊物《莫斯科杂志》上，这是他参与俄罗斯文学活动的开端。在《俄国旅行家信札》中，他呼吁俄罗斯全面转向西方，向欧洲看齐。作品在国内引起了巨大反响，引发了长达 20 余年的争论。

亚历山大·拉吉舍夫（1749—1802 年）是俄罗斯感伤主义的另一位代表人物。在传统的俄罗斯文学史著作中，拉吉舍夫普遍被认为是俄国第一位知识分子革命家。他因为创作《从彼得堡到莫斯科旅行记》揭露俄国农奴制现实而遭到查禁。普希金声称"我追随拉吉舍夫歌颂自由"，更强化了他革命家的形象。然而无论是从体裁上看《从彼得堡到莫斯科旅行记》，还是就其强烈的同情心和伤感的情绪而言，拉吉舍夫的《从彼得堡到莫斯科旅行记》都可以被视为一部感伤主义作品。只不过他在一定程度上将同情心政治化了，并因此在叶卡捷琳娜晚年的专制统治下受到更严酷的对待。

简而言之，18 世纪的俄罗斯文学可以用三个词组来概括：理性的古典主义、浪漫的感伤主义以及过渡性特征。

第三节　19 世纪的俄罗斯文学

一、19 世纪俄罗斯文学的"黄金时代"

时至 19 世纪，俄罗斯文学的局面大为改观。经历了 18 世纪的积累期和过渡期，俄罗斯文学在 19 世纪开始空前繁荣。不妨来回顾几个名字：普希金（1799—1837 年）、莱蒙托夫（1814—1841 年）、果戈理（1809—1852 年）、屠格涅夫（1818—1883 年）、陀思妥耶夫斯基（1821—1881 年）、列夫·托尔斯泰（1828—1910 年）、契诃夫（1860—1904 年），等等。这些如雷贯耳的文学大家的生卒年份和主要创作时期全部集中于 19 世纪。正因为如此，19 世纪才被称为俄罗斯文学的"黄金时代"。

"黄金时代"这一文学奇观的出现绝对不是偶然的，而是在一定的社会政治经济背景下的结果。前面已经提及 18 世纪中后期，俄罗斯帝国在女皇叶卡捷琳娜的统治下国力迈入鼎盛，位列欧洲列强之一。时值欧洲的传统陆权强国（法国、普鲁士、奥地利）都在拿破仑战争中实力大损，而在东欧独善其身的俄国留存了实力，更是在莫斯科城下击败远征的拿破仑大军，光复欧洲各国王室，沙皇亚历山大一世更是被尊为欧洲的救世主。这一战发生于 1812 年，史称"1812 年俄法战争"，俄罗斯国内称之为"1812 年卫国战争"。

击败拿破仑之后，俄罗斯帝国也当仁不让地将势力西扩，迅速向巴尔干地区和中亚进行扩张，并且成功压制了奥斯曼帝国，甚至在夺取中亚之后开始威胁到大英帝国的殖民地印度。除此之外，俄国还多次干扰欧洲各国的内部事务，在 1848 年爆发的欧洲大革命中，俄国人还以所谓欧洲宪兵的身份出兵镇压各国的革命运动。当时的欧洲，几乎所有爆发革命的地方都有俄国镇压者的身影。这就是俄罗斯帝国最巅峰的时期。

正是在大战凯旋、国力鼎盛的背景下，俄罗斯民族意识与个人意识空前觉醒，俄罗斯文学也进入了一个大繁荣、大发展的时期。诗人、作家、剧作家开始进行积极的文学创作探索，想要创造一种在内容和形式上都具有俄罗斯民族特征的，符合俄罗斯社会艺术发展要求的文学。另外，俄罗斯文学本身也有融入欧洲文学进程的内在要求。于是，流行于西欧，主张个性独立，追求精神解放和自由的浪漫主义成为这一时期俄罗斯文学的主流，并发展至顶峰。

进入19世纪20年代，也就是1825年，俄罗斯帝国发生"十二月党人起义"。"十二月党人起义"对俄罗斯社会和文学产生过巨大的影响。起义的骨干人员是1812年战争中一大批贵族军官，他们参加了对法国的反攻，在西欧的见闻使他们受到了进步思想的影响，从西欧返回后，对国内的农奴制度和专制制度极为不满。回国后，他们成立秘密的革命组织，企图按照西方的方式来改造国家，并在沙皇亚历山大一世去世，尼古拉一世登基继位的那天发动了起义。结果起义军推选的领袖临阵脱逃，起义军群龙无首，被新任沙皇血腥镇压。镇压革命之后，沙皇尼古拉一世不肯善罢甘休，流放了一大批幸存的起义者，连同情起义的文化名流也不放过。这其中受牵连的就包括俄罗斯文学的天才诗人——普希金。我们可以在普希金的创作中看到这种鲜明的变化，以1825年为分界线，之前的创作以浪漫主义为主，赞颂自由反对专制的同时，也不乏为祖国、军队所作的作品，比如著名的《致恰达耶夫》。1825年之后则风向一转，比如著名的《鲍里斯·戈都诺夫》、《叶甫盖尼·奥涅金》、《青铜骑士》等作品，都表达了自己对国家民族前途命运的忧虑。这是一种从浪漫主义向现实主义的过渡，不过此时的现实主义还只是处于起始阶段，还未获得相对浪漫主义的整体优势。现实主义在俄国的确立和巩固，是在普希金、莱蒙托夫和果戈理的现实主义创作达到顶峰之后。换而言之，普希金、莱蒙托夫和果戈理不仅是俄国浪漫主义的杰出代表，更是俄罗斯现实主义的奠基人。这是19世纪上半叶的大趋势，即浪漫主义当家，现实主义初露头角。

二、"俄罗斯文学之父"亚历山大·普希金

亚历山大·普希金（1799—1837年）是现代俄罗斯文学语言的创立者，

被誉为"俄罗斯文学之父"、"俄罗斯诗歌的太阳"。普希金出身贵族，有黑人血统。其母是著名的"彼得大帝的黑孩子"阿伯拉姆·汉尼拔的孙女。其父是世袭贵族，爱好文学，拥有众多藏书，与文化界交往颇多。如同当时多数贵族家庭一样，幼年普希金在成长中很少受到父母的关注，却沉浸在父亲藏书室中的大量法文图书中，八岁时已可以用法文写诗。

1811 年，普希金被送入彼得堡的皇村学校。这所学校专门招收贵族子弟，文学气氛浓厚，自由思想活跃。在皇村学校学习的六年中，虽然普希金痛恨学校严格的管理制度压抑了自己自由的天性，却在这里结识了许多校内外文学界、军界的朋友，更开始了自己积极的文学创作活动。皇村学校是普希金进步思想初步形成的摇篮。

从皇村学校毕业后，普希金来到首都彼得堡，在外交部任十等文官。在彼得堡，普希金一边过着贵族青年的放浪生活，一边笔耕不辍进行诗歌创作。1820 年，他的长诗《鲁斯兰与柳德米拉》发表，在社会上引发巨大轰动，诗坛泰斗茹科夫斯基对他尤为欣赏。在创作《鲁斯兰与柳德米拉》的同时，普希金因为写作了一组充满强烈反专制色彩的《自由诗颂》引起统治者的不满。沙皇亚历山大一世决定将诗人流放至苦寒的西伯利亚或者白海上的孤岛，后经卡拉姆津和茹科夫斯基等人斡旋，才改为流放至南方的高加索山区。19 世纪对贵族和文人的流放不比 20 世纪，条件实际上相当宽松，除了不可随意离开流放地回到首都，不可随意公开发表作品，诗人仍具有相当程度的自由。普希金先跟随拉耶夫斯基将军在高加索山区、克里米亚半岛等地旅行，后在英佐夫将军手下任职。再往后他转去敖德萨，受敖德萨总督沃龙佐夫的监管。保守的总督无法忍受普希金的自由精神，也因普希金与他的妻子交好而心生嫉妒，向沙皇当局写信告状。1824 年夏天，沙皇下令将普希金押送至其父母在普斯科夫省的世袭庄园幽禁。被流放和被幽禁期间是普希金文学创作的高产期。在高加索山区，他写出了《高加索的俘虏》、《茨冈人》。在幽禁期间，他开始创作长篇诗体小说《叶甫盖尼·奥涅金》。

1825 年"十二月党人起义"失败后，普希金获得沙皇赦免，得以重新回到莫斯科，但仍旧处于当局的严密监视之下，任何作品都需要经沙皇本人审阅才可发表。在这种环境下，普希金仍旧保持高产，创作了长诗《波尔塔瓦》、长篇小说《彼得大帝的黑孩子》，还写下《西伯利亚矿井的深处》等对十二月党人表示同情的政治抒情诗歌。1830年，普希金与冈察罗娃订婚，父亲将位于下诺夫哥罗德的庄园波尔金诺送给新人作为礼物。普希金前往波尔金诺，却被当地流行的瘟疫所困，滞留3个月之久。在这里，诗人度过了一个高产的秋天，史称"波罗金诺的秋天"。他完成了《叶甫盖尼·奥涅金》的最后两章，创作了长诗《科隆那一家人》、小说集《别尔津的小说》、四部小悲剧，以及大量抒情诗。1830年冬天，普希金返回莫斯科与冈察罗娃完婚。次年，眷侣二人回到首都彼得堡，普希金仍在外交部任职，还被沙皇封为"宫廷近侍"，实际是为了监视诗人。1835年，普希金在自己创办的《现代人》杂志上发表长篇小说《上尉的女儿》。

1837年，普希金为了维护自己的名誉，向追求自己妻子的法国公使养子乔治·丹特提出决斗，在决斗中腹部中弹，两天后伤重不治而亡。普希金的死激起俄罗斯知识界和进步人士的愤怒，纷纷指责是沙皇政府巧设圈套杀死了诗人。

在普希金的短暂的生命中，创作时间持续了23年，期间还有流放、旅行、幽禁、供职，而他留下的作品竟然数量如此之多，就像一个琳琅满目的博物馆。他的作品体裁多样，有诗歌、传记、小说、戏剧和文学批评。单就诗歌来说，其作品又分为长篇诗体小说、长诗、政治抒情诗、颂诗、讽刺诗等。一方面是体裁丰富，另一方面，诗人作品的主题也是多种多样，总的概括起来有四类：反映现实生活；记叙家族和民族历史；爱情与友谊；异域风情。

反映现实生活主题贯穿普希金的创作始终。诗人各个时期创作的政治抒情诗、风景诗，都是直接反映社会、自然和生活的。他在诗歌中描写祖国美好的山水，抨击专制制度，歌颂自由。这类作品有《别尔津的小说》、《黑桃皇后》、《杜勃罗夫斯基》等，其中最具代表性的是诗人耗费八年时间写就的长篇诗体小说《叶甫盖尼·奥涅金》。别林斯基曾称《叶甫盖尼·奥涅金》为"一部俄国社会生活的百科全书"。这部长篇诗体小说是普希金创作的巅峰，作品中塑造的人物奥涅金是俄罗斯文学中"多余人"形象的鼻祖。

记叙家族和民族历史也是普希金创作的重要主题之一。19世纪是俄罗斯民族意识高涨的时代，无论是上流社会还是中下层民众都对民族历史展现出浓厚兴趣。普希金也毫不例外，他一边关注历史题材的文学作品，做出文学批评，一边以历史为题材进行了大量文学创作。例如《普加乔夫》、《彼得大帝史》、《青铜骑士》、《上尉的女儿》等。此外，普希金对于自己家族传奇般的历史也兴趣盎然，直接以自己外曾祖父汉尼拔的经历写作了长篇小说《彼得大帝的黑孩子》，遗憾的是这部作品因为普希金的英年早逝而未完成。

书写爱情与友谊是普希金创作的主要主题。身为俄罗斯文学史上数一数二的抒情诗人，普希金不仅才华横溢，更风流多情。爱情和友谊主题几乎占去诗人抒情诗歌的半壁江山。普希金先后为十余位动人的女性写下动人的诗作，《我爱过您》、《假如生活欺骗了你》等作品早已成为不朽之作。与冈察罗娃的结合是普希金抒情诗风格的转折点。1830 年前，普希金的抒情诗表达的主要是负面情绪，表现对以往爱情的感伤和追思；1830 年后，他的抒情诗中占据主导地位的是激情和对女性的赞颂。与普希金多舛的感情经历不同，在普希金的小说作品中，例如《上尉的女儿》、《暴风雪》等，男女主人公的恋情往往先经历波折，最后都终成眷属。在书写友情方面，普希金为志同道合的朋友写下过许多赞颂友谊的诗篇，不同于爱情诗的短小精致，友情诗作一般铺陈而自然。

异域风情主题直接来源于普希金本人的生活。幼年普希金是在外祖母和奶妈的照料下长大的，她们经常给他讲述民间童话故事。普希金成年后热衷于搜集民间史诗、传说和民歌，并以此为基础创作出《鲁斯兰和柳德米拉》、《渔夫和金鱼的故事》、《金公鸡的故事》等作品。之后的南方流放生活更为普希金的创作提供了大量异域风情的素材。高加索山脉的壮丽，少数民族山民生活的剽悍，军队生活和官兵口授的传奇战争经历，都成为普希金文学创作的直接灵感来源。《茨冈人》、《高加索的俘虏》、《阿尔兹鲁姆旅行记》都是这类主题的代表作。

三、米哈伊尔·莱蒙托夫

1837 年 1 月，当普希金在决斗中负伤离世后，一位年轻的诗人以诗歌

《诗人之死》强烈谴责沙皇政府，这位年轻的诗人就是普希金之后俄罗斯最伟大的诗人莱蒙托夫。他被视为普希金的继承者，却与普希金经历同样的命运，因决斗英年早逝。

米哈伊尔·莱蒙托夫（1814—1841 年）出身于一个军人家庭，父亲、外祖父都是帝俄军队中的下级军官。莱蒙托夫的幼年是在外祖父的塔尔罕内庄园中度过的，接受莫斯科式的私人家庭教育，会说流利的法语和德语。幼年的幸福生活并未持续很久，莱蒙托夫的父母关系逐渐冷淡，父亲与德语家庭教师和女仆私通。不久，母亲因肺结核去世，父亲远走图拉，将年幼的莱蒙托夫留给外祖母照看。莱蒙托夫幼年体弱多病，饱受淋巴结核的困扰。11 岁时，外祖母带莱蒙托夫到高加索山区的温泉胜地疗养，大高加索山脉的自然人文环境第一次给少年莱蒙托夫留下了深刻印象，并在这里经历了情窦初开。两年后，13 岁的莱蒙托夫随外祖母迁居莫斯科，进入莫斯科大学附属贵族寄宿学校学习，开始初涉写作。1830 年，16 岁的莱蒙托夫退学，来到莫斯科城外的斯托雷平家族的庄园避暑，与贵族女子苏什科娃相恋，却同时与另一名女子暗通款曲，并因此开启了自己的抒情诗写作时期。同年秋天，莱蒙托夫进入莫斯科大学学习，这一阶段他诗歌抒情的对象是大学同窗的妹妹，并开始涉足小说写作。大学时期是莱蒙托夫诗歌创作的巅峰期，他频繁出没于沙龙和化装舞会，却并未参与莫斯科大学诸多活跃的哲学和政治小组。

1832 年春天，莱蒙托夫离开莫斯科前往圣彼得堡求学，但圣彼得堡大学拒绝承认他在莫斯科大学的成绩，因此他转投近卫骑兵士官学校。两年的军事训练占去了莱蒙托夫所有的时间，几乎无法进行创作。1834 年，莱蒙托夫从军校毕业，成为近卫骠骑兵团的一名少尉军官。他涉足苏什科娃与他人的婚姻，又以戏剧性的方式与苏什科娃决裂。1835 年后，莱蒙托夫的创作再趋活跃，长诗《大贵族奥尔沙》、《波罗金诺》使他在军中以及上流社会声名鹊起。1837 年，在得知普希金死讯后，莱蒙托夫写下诗歌《诗人之死》，缅怀逝者并抨击沙皇的黑暗统治，引起社会轰动。莱蒙托夫随即被捕，沙皇亲自过问了审判过程，将他流放至正在高加索山区执行任务的下诺夫哥罗德骑兵团，保留少尉军衔。在追随部队的日子里，高加索的自然风光、山民的生活方式以及民间文学再次给莱蒙托夫留下深刻的印象，还结识了被流放的十二月革命党人。在外祖母和友人的奔走下，莱蒙托夫于 1837 年 10 月提前结束流放，调回圣彼得堡的"皇帝陛下"近卫骠骑兵团。

1838—1840 年是莱蒙托夫在俄罗斯文坛名声大噪的时期，他加入普希金文学圈，与茹科夫斯基、维亚泽姆斯基等人结识。该时期也是莱蒙托夫文学创作的高潮，长篇小说《当代英雄》便诞生于 1840 年。

1840 年 2 月，莱蒙托夫在舞会上与法国大使的儿子巴兰特为争夺公爵夫人谢尔巴托娃的青睐而争风吃醋，冲突上升至个人荣誉和国家荣誉的高度，二人遂相约决斗。决斗日，巴兰特持枪射失，莱蒙托夫将枪口对准别处射出子弹，随后二人自行散去。但莱蒙托夫之后被军事法庭逮捕，被判再次流放至高加索山区服役。

1840 年 4 月，莱蒙托夫来到流放地。第二次流放与第一次有很大不同：根据沙皇的直接命令，莱蒙托夫被派往克里米亚战争的一线。1841 年春，27 岁的莱蒙托夫因作战英勇回到首都休假，创作了一系列诗作。5 月，他前往皮亚季戈尔斯克疗养，在那里遇上了近卫骑兵士官学校的同学马丁诺夫。6 月，莱蒙托夫与马丁诺夫因为开玩笑发生争执，二人决定付诸决斗。莱蒙托夫并未朝老同学开枪，再次朝天射击，而马丁诺夫直接击中了对手的胸口，导致莱蒙托夫的死亡。

纵览莱蒙托夫短暂而辉煌的一生，我们可以发现他与普希金的诸多相似之处。都出身贵族，幼年都没有父母的陪伴，都启蒙甚早，少年即开始创作；都对俄罗斯的乡村和自然抱有深情，都批判专制向往自由，都被流放至高加索山区，甚至最终都死于决斗，英年早逝。二人间的相似性如此之多，以至于文学批评界关注更多的是二者间的区别。梅列日科夫斯基说过："普希金是俄罗斯诗歌的太阳，莱蒙托夫是俄罗斯诗歌的月亮，整个俄罗斯诗歌在他们之间摆动，在静观和行动这两极之间摆动。"别林斯基认为莱蒙托夫的天才"可与普希金并驾齐驱，或许比他更胜一筹"。杜勃罗留波夫将他们的特色分别概括为"普希金的美和莱蒙托夫的力量"。

更难得的是，像普希金这样百年难得一遇的天才诗人，在 19 世纪初的俄罗斯大地上竟然接连诞生两位。普希金的光辉让多少诗人诗作显得黯然失色，感叹生不逢时，然而莱蒙托夫并不在此列。普希金在世时，莱蒙托夫已从事文学创作多年，著有诗作几百篇，其中不乏《帆》这样的名作。虽然默默无闻，但当普希金逝世，周围亲朋噤若寒蝉的时候，莱蒙托夫站出来以一首《诗人之死》喊出了所有人的心声。从另一方面来讲，甚至可以说普希金的死成就了莱蒙托夫，为后者崭露头角提供了客观的机会，但其中起关键作用的仍旧是莱蒙托夫自身的天赋和个性。

1837年发表《诗人之死》一战成名后，至1841年决斗身亡，莱蒙托夫的创作时间只有4年之短，其中还包含流放、行军、作战任务等。但就在这4年中，莱蒙托夫完成了长篇小说《当代英雄》，《恶魔》、《童僧》等多部长诗，充分显现出莱蒙托夫非凡的文学天赋。

莱蒙托夫的创作中存在两种特征明显的主题，其一是求索抗争的主题，其二是孤独意向的主题。

求索抗争主题来源于莱蒙托夫所受的思想熏陶和社会环境影响。自幼受十二月党人和法国大革命影响的莱蒙托夫，成年后无法忍受沙皇政府日益严苛的专制，以及对言论自由的压迫，将自身的悲愤、对国家民族命运的思考都写进诗歌中。《诗人之死》、《一个土耳其人的哀愁》、《预言》等诗歌都是这类主题的代表作。

孤独意向的主题，来源于莱蒙托夫的成长经历和成年后孤傲乖僻的性格。莱蒙托夫幼年丧母，父亲出走，在外祖母的教养下长大，这是其孤独感的源头。成年后，莱蒙托夫不苟言笑，待人冷淡，经常刻薄地嘲笑他人，即便是朋友也不嘴下留情。因此，他在文学界交友甚少，就连早年对他评价甚高的别林斯基也渐渐疏远；在军界则因为对同僚出口嘲讽，导致多次决斗。各种原因导致莱蒙托夫的诗歌中表现孤独意向的主题十分常见。囚徒、恶魔、孤帆、流星等象征性的形象都在诗人笔下成为经典。《囚徒》、《悬崖》、《我的恶魔》、《帆》等诗歌作品是此类主题的代表作。

四、自然派代表果戈理

俄国文学中的自然派指的是19世纪四五十年代的现实主义文学。更细分一些，可以说自然派指代的就是俄国早期批判现实主义文学。自然派的主要代表人物是果戈理，之后被归入此流派的还有屠格涅夫、陀思妥耶夫斯基、赫尔岑等一众如雷贯耳的名字。自然派的主要创作体裁是中短篇小说，主要主题是用现实主义态度捕捉社会生活与自然的细节，揭露和抨击阴暗丑恶的事物，同时表达人道主义精神。

自然派的代表作家尼古拉·果戈理（1809—1852 年）出生于俄罗斯帝国的小俄罗斯（即乌克兰）农村，童年和青少年时期都在乡间过着亦地主，亦农民的生活。父亲从事演剧活动和喜剧写作，受其影响，果戈理自幼便喜爱民间文学和戏剧，中学时期经常参演讽刺戏剧，并大量阅读了十二月党人以及普希金的诗歌。

1829 年至 1832 年间，果戈理来到彼得堡担任公职，亲身体验到外省人在首都当小职员的贫苦。1830 年，果戈理发表小说《圣约翰节前夜》，作品得到茹科夫斯基的好评，二人也成为挚友。1831 年，充满浪漫、神秘色彩的短篇小说《狄康卡近乡夜话》发表，得到普希金和别林斯基的高度评价，果戈理也因此进入普希金文学圈。1834 年，果戈理进入圣彼得大学执教，教授历史，同时他根据普希金给予的启发开始构思《死魂灵》。1835 年是果戈理创作的一个小高潮，他连续出版了戏剧剧本《三等弗拉基米尔勋章》和《婚事》，以及两部短篇小说集《彼得堡故事》和《密尔格拉得》，标志着果戈理从浪漫主义风格向现实主义的转型。同年他从彼得堡大学离职，专心从事写作。

1836 年，以普希金提供的一则笑话为基础，果戈理创作出讽刺喜剧《钦差大臣》，起先引起社会轰动，而后剧目公演的阻碍逐渐增多，有些甚至直接来源于沙皇尼古拉一世本人。同年 6 月，果戈理出国游历，在西欧侨居期间完成了长篇小说《死魂灵》的主体部分。1841 年他携作品手稿回国欲出版，被书报审查机关否决，后通过别林斯基的关系得以通过审查。1842 年，《死魂灵》第一卷在彼得堡面世，引起了比《钦差大臣》更大的社会反响，这部作品被公认为是俄国批判现实主义的奠基之作。此时的果戈理几乎被公认为当时俄国首屈一指的作家，别林斯基将果戈理的小说视为俄罗斯现实主义文学成熟的重要标志。

此后，果戈理的身体和精神状况逐年恶化，创作工作不得已停滞。1852

年，预感自己行将就木的果戈理烧掉了几近完成的《死魂灵》第二卷手稿，此后拒绝进食，于1852年2月21日逝世。

果戈理作品中始终萦绕着神秘、怪诞、魔幻的氛围，有人将之归结于作家对俄国民间故事中神怪，乃至"恶魔学"的痴迷。然而，果戈理的研究爱好只是表象，其作品特殊氛围的根源首先来源于他从乌克兰乡村到首都彼得堡，从东欧到西欧的生活轨迹；其次，来源于他创作生涯早中期和晚期互相矛盾的思想和立场；最后，来源于作家痛苦的内心世界。果戈理的观念中存在对比强烈的两面性：一方面，他对俄国专制制度下的种种落后、庸俗、丑恶抱有强烈不满，意图改变；另一方面，自幼家传的强烈宗教情结，服务上帝和国家的抱负束缚了他的手脚。因此，果戈理才被别尔嘉耶夫称为俄罗斯文学中最令人费解的人物。

五、伊万·屠格涅夫

19世纪中期发生的克里米亚战争又称第九次俄土战争，不仅直接影响到了俄罗斯文学的走向，甚至影响到了俄罗斯帝国的国运。战争的双方是俄罗斯帝国一方，以及奥斯曼土耳其加西方列强一方。这场战争发生在1853年，也是俄罗斯充当欧洲宪兵，积极西扩的恶果。俄罗斯和土耳其因为争夺巴尔干半岛的控制权而在欧洲大陆爆发了战争，是拿破仑战争之后，第一次世界大战之前，规模最大的一次国际战争。战争初期，奥斯曼土耳其处于劣势，英国、法国秉持欧洲均势政策，不愿见到一个在欧陆一家独大的俄国，更不愿见到自己在近东的利益受损，于是先后向俄罗斯帝国宣战。主战场在位于黑海的克里米亚半岛，战争一直持续到1856年才结束，落后的政治制度带来落后的军事技术和训练，战争以俄方的失败而告终。俄罗斯帝国损失了50多万人的军队，丢掉了大片领土，包括高加索地区、摩尔多瓦、阿拉斯加，还失去了近东、巴尔干地区的种种特权，从而直接引发了俄罗斯国内一波波的暴动浪潮。在这种情况下，沙皇不得不顺应国内呼声，签署法令废除农奴制，实施资本主义改革。

百足之虫死而不僵，俄罗斯帝国这个庞然大物虽然在克里米亚战争后元气大伤，但还不足以使其分崩离析，还可以勉强维持，真正导致它垮掉的是俄罗斯帝国在第一次世界大战中耗尽了自己最后的国运。

在这种国运由极盛转向衰败，西方强国的先进技术文化与国内的落后形成鲜明对比的情况下，有识之士，尤其是文化界会迫切地想要表达自己对国家民族前途的忧虑，表达自己对祖国的热爱，表达对底层人民生活的关切。这样的诉求导致文学创作完全抛弃了浪漫主义。浪漫主义主张个性独立，追求精神解放和自由，这种浮于表面的文学形式在当时的俄罗斯已经不可能再有大的作为，也不会有市场。于是俄国文学全面转向了现实主义，对自然和社会生活做写实的描绘和体现，乃至批判现实主义，浓缩丑和恶，精炼美和善，再集中表现出来，以唤醒良知和进步。

这一时期的小说领域有屠格涅夫、陀思妥耶夫斯基、列夫·托尔斯泰"三驾马车"，有世界三大短篇小说家之一的契诃夫；诗歌领域形成了费特、丘特切夫为代表的纯艺术派，与涅克拉索夫为代表的公民诗歌的两极对峙。这个时期，形式更显自由的小说体裁开始取代诗歌，占据文坛的主导地位。这一众现实主义大师或用小说，或用诗歌，试图唤醒社会和民众对于国家、对于民族前途和命运的关注。应当说他们是极富有社会责任感的一代文学家。

如果说以普希金、莱蒙托夫和果戈理为代表的 19 世纪上半叶的作家群体缩小了俄罗斯文学与世界先进文学的差距，那么以屠格涅夫、陀思妥耶夫斯基、列夫·托尔斯泰为代表的俄罗斯文学则在 19 世纪下半叶迎头赶上，超越了世界文学的先进水平。

伊万·屠格涅夫（1818—1883 年）常与列夫·托尔斯泰和陀思妥耶夫斯基并列，被称为俄罗斯最伟大的三位小说家之一。他出身于俄罗斯中部奥尔良省的一个大贵族家庭，父亲是个性情温和的退役军官，母亲是位粗暴蛮横的庄园主。屠格涅夫童年和少年时代是在自家的庄园中度过的，虽然自幼受到良好的教育，14 岁时便熟练掌握法语、德语、英语三种外语。然而母亲对待农奴的专横、心狠手辣在屠格涅夫心中留下深刻印象，作为对比的则是父亲温厚的形象。小说《木木》和《初恋》中便分别写到了他的父亲与母亲。

1827 年屠格涅夫和全家移居莫斯科。1833 年屠格涅夫进入莫斯科大学学习，1834 年转校至彼得堡大学哲学系。毕业后，屠格涅夫前往德国，在柏林大学继续学习哲学。柏林大学的求学经历使他像那个年代的大多数留学德国的俄国知识分子一样，成为黑格尔哲学的拥趸。1841年屠格涅夫回国，随即开始文学创作。

1843年是屠格涅夫创作生涯中具有特殊意义的一年，他公开发表了长诗《巴拉莎》，作品得到别林斯基的赞赏，此后二人建立了深厚的友谊。这对屠格涅夫一生的创作都具有重要意义。同年，屠格涅夫认识了法国著名歌唱家波林娜·维阿尔多，与她及其家人建立了终生的亲密关系，从1845年开始追随波林娜在欧洲游历，常年居住在德法等国。在欧洲旅居期间，作家常常将俄国与西欧做比较。作为那个年代最了解西欧的俄国知识分子之一，屠格涅夫在作品中往往对俄罗斯怀有更深的眷恋，对西欧则抱有某种怀疑和厌恶。对俄国现实的不满，尤其是对农奴制的不满，是屠格涅夫始终不变的社会立场，甚至为此疏远了深爱着他，却对农奴十分凶残的母亲。

1847年，屠格涅夫在《现代人》杂志上发表了随笔作品《霍尔与卡里内奇》，获得意料之外的巨大成功。于是在随后的几年中他一发不可收拾，连续写作了二十多篇类似的作品，并在1852年结集出版，这便是震动俄罗斯文坛和整个社会的《猎人笔记》，它给作者带来了巨大的文学声誉。《猎人笔记》对改革前俄国乡村生活做出了现实主义的、人道主义的刻画，它影响了沙皇亚历山大二世，间接促使他做出废除农奴制的决定。

还是在1852年，果戈理逝世，屠格涅夫不顾当局禁令，撰文哀悼果戈理，盛赞果戈理的文学成就，触怒了沙皇当局，在彼得堡被判处拘留一个月，而后被送回自己在斯巴斯科耶的庄园内幽禁18个月。19世纪50年代，屠格涅夫创作了一系列以贵族知识分子为主人公的中篇小说和长篇小说，例如《多余人日记》、《罗亭》、《阿霞》、《贵族之家》等。俄罗斯文学中的专用名词"多余人"就是在《多余人日记》发表后才被广为使用的。

19世纪60年代初，屠格涅夫长篇小说《前夜》、《父与子》，将笔触从贵族知识分子转移到平民知识分子身上，表现了俄罗斯社会的发展趋势，传达出时代的要求。这两篇作品一经问世，在社会上引发巨大反响，社会各阶层对其讨论之激烈在俄国文学史上十分罕见。在这一时期，生性温和而大度的屠格涅夫与许多俄国文化名流发生过争执，在刊物和报纸上撰文针锋相对，甚至闹到友谊决裂和决斗的地步。他与刚察罗夫因作品原创性的问题绝交；与涅克拉索夫的交情深厚，却因为思想上的分歧分道扬镳；与车尔尼雪夫斯基的理念不合，在政见上相互交锋。所有这些都说明，屠格涅夫的思想立场是充满矛盾的，作为俄罗斯知识分子中著名的西方派，与国内的斯拉夫派在国家民族道路问题上势同水火。在西方派内部，他又是温和的，在农奴制被废除之后，屠格涅夫又明显显露出斯拉夫派的社会改良主义倾向。

从 1862 年起，屠格涅夫长期定居国外，只偶尔回俄罗斯小住。在巴黎，屠格涅夫成为"俄罗斯文学大使"，与福楼拜、莫泊桑、都德等人交好，向西欧介绍俄罗斯文学，尤其是普希金和列夫·托尔斯泰的作品。1877 年，屠格涅夫发表自己的最后一部长篇小说《处女地》，行文中已显露出对俄罗斯社会生活最新情况的陌生。1883 年，屠格涅夫客死巴黎近郊，根据作家的遗嘱，遗体被运回俄罗斯，安葬于别林斯基墓旁。

在俄罗斯小说家中，屠格涅夫是一位心理大师，他的长篇被公认为是典型的社会心理小说，用独特的笔触捕捉笔下人物的内心历程和精神世界。在世界文学内，屠格涅夫又以抒情大师著称，其小说富有抒情诗的意味，作为抒情诗人又是一位现实主义者。作为小说家，屠格涅夫的特点是简洁，作品情节并不复杂，但发展迅速，每个人物都经过精心设计。屠格涅夫的小说创作为俄罗斯和欧洲小说提供了一种新的形式，他的长篇小说浓缩而紧凑，中篇小说却承载着一般长篇的分量，用插叙和远景代替占篇幅较大的有关人物和情节的发展过程描述，用心理和情感的瞬间集中渲染人物的精神和道德面貌。这是屠格涅夫对俄罗斯和欧洲文学创作的贡献。

六、费奥多尔·陀思妥耶夫斯基

费奥多尔·陀思妥耶夫斯基（1821—1881 年）出生于莫斯科的一个军医家庭，父亲是玛利亚贫民医院的医生。这家医院所在的区域是莫斯科的贫民区，陀思妥耶夫斯基和哥哥就住在过道上隔出的一间小屋里。1834—1837 年，他先后在莫斯科的两所寄宿学校学习，期间阅读了大量俄罗斯和西欧文学作品。1838 年，陀思妥耶夫斯基考入彼得堡军事工程学校，1841 年晋升为陆军准尉，毕业后在军方的绘图部门工作。1844 年，一直怀有文学梦的陀思妥耶夫斯基辞去军职，以陆军中尉退役，投身文学创作事业。

1845 年，陀思妥耶夫斯基写就了第一部书信体小说《穷人》，作品一鸣惊人，得到了别林斯基和涅克拉索夫的极高评价，被列为自然派的新杰作，涅克拉索夫更称他为"新的果戈理"。1846 年，陀思妥耶夫斯基发表第二部小说《双重人格》。这两部作品表现的都是人性的矛盾、人格的分裂甚至变态心理。陀思妥耶夫斯基独特的创作风格在其两部处女作中就已经显露无疑，人物复杂的心理活动、相互之间的不信任不理解以及自然社会环境的冲突导致的分裂和隔阂，自此便在陀思妥耶夫斯基的作品中生根萌发。

1849 年，因为参与彼得拉舍夫斯基小组的集会，陀思妥耶夫斯基与小组的核心人物同时被捕。此时，作家的矛盾性再次凸显出来，一方面陀思妥耶夫斯基信仰傅里叶主义，认为可以通过和平的经济方式对俄国进行改革，另一方面却又参与彼得拉舍夫斯基小组的地下印刷和政变计划。案发后，陀思妥耶夫斯基被判处死刑，临刑前一刻得到沙皇的赦免，改为流放西伯利亚服 4 年苦役，期满后再在军中以士兵身份服役 5 年。

陀思妥耶夫斯基并未因此放弃文学梦，但他的政治信念开始发生变化。4 年的苦役中他不断批判自己，潜心默想，使他后期作品的思想深度再上台阶。

10 年后的 1859 年，陀思妥耶夫斯基因癫痫病以陆军少尉身份退役，并获准回到首都彼得堡，恢复发表作品的权利。1859 年发表的《舅舅的梦》以及《斯捷潘契科沃村及其居民》标志着陀思妥耶夫斯基重返文坛，然而真正使他声名大振的是 19 世纪 60 年代发表的两部小说《被侮辱的和被损害的》和《死屋手记》。《死屋手记》是陀思妥耶夫斯基在西伯利亚鄂木斯克要塞中的亲身见闻的写照，由一系列没有情节联系的日记、回忆和随笔组成，核心线索是主人公第一人称的心理感受。

1863 年，陀思妥耶夫斯基最重要的作品之一《地下室手记》发表。《地下室手记》是作家创作社会哲理小说的尝试，也是俄罗斯第一部社会哲理小说。这部作品在作家的创作生涯中具有转折意义，从它开始，陀思妥耶夫斯基更注重小说的社会哲理内涵。1866 年，长篇小说《罪与罚》发表，作品为陀思妥耶夫斯基带来了世界性的声誉。

正是在《地下室手记》和《罪与罚》完成的 60 年代中期，陀思妥耶夫斯基完成了世界观、社会政治思想和文艺思想的最终转变。作家在俄国主流的西方派和斯拉夫派之外，独立形成了"根基主义"，根基意为土壤和人民，根基主义是一股本土化民族文化的审美思潮，主张知识分子应该在宗教伦理的基础上与人民接近。

1867 年，陀思妥耶夫斯基在国外完成长篇小说《白痴》，主题是描写美好的人，用以与车尔尼雪夫斯基等人的"新人"形象相抗衡，表达根基派的社会观点。1871 年陀思妥耶夫斯基回国，发表长篇小说《群魔》，这部作品中陀思妥耶夫斯基的社会政治观念体现得最为直接，书中影射了俄国当时的革命者群体，旗帜鲜明地反对暴力革命。19 世纪 70 年代，随笔体裁的《作家日记》和教育小说《少年》发表。

1879 年到 1880 年发表的《卡拉马佐夫兄弟》是陀思妥耶夫斯基晚年的压轴之作，它凝聚了作家多年的经历和常年的思考，以及诸多重大现实问题，作品使作家声望达到了顶峰。《卡拉马佐夫兄弟》是俄罗斯文学史上最深刻、最伟大的作品之一，是堪与列夫·托尔斯泰的《战争与和平》相媲美的史诗性巨著。

1881 年，陀思妥耶夫斯基因肺病去世。在 20 世纪，这位 19 世纪作家得到世界范围的推崇，甚至被视为现代主义的鼻祖。他对矛盾性和荒诞性的洞察，对人类复杂内心世界的剖析，都使他及其作品成为世界文学中一个常说常新的话题。

七、列夫·托尔斯泰

列夫·托尔斯泰（1828—1910 年）是俄罗斯文学和世界文坛的巨人，同时又是一位极具特点，性格复杂的人类个体。列夫·托尔斯泰一生为人类贡献了卷帙浩繁，数量几乎无人可以匹敌，同时极具分量的文学作品。

1828 年，列夫·托尔斯泰出生于其家族世袭的庄园亚斯纳亚波良纳（意为"明媚的林间空地"）。庄园位于俄国中部图拉省，是由托尔斯泰母亲的祖先建立的。托尔斯泰的母亲出身显赫，其祖先是彼得大帝的近臣。托尔斯泰的外祖父曾任俄国驻柏林大使，政治上失意后便专心经营这座庄园，庄园中大部分建筑都是他留下的。托尔斯泰 82 岁生命中的 60 年都是在这座庄园中度过的。

托尔斯泰的童年是不幸的，2 岁时母亲病逝。9 岁时，父亲在外离奇死亡，托尔斯泰成为孤儿，转由亲戚监护。

1840 年，由于监护人过世，托尔斯泰及兄弟姐妹前往喀山投奔姑妈。1844 年他进入喀山大学，学习东方语言学，次年改学法律。1847 年，托尔斯泰中断学业返回亚斯纳亚波良纳庄园。在自家的庄园里，托尔斯泰经常与农民交流，试图减轻他们的负担，但是未获得农民的理解和信任。

1851 年，托尔斯泰参军，与哥哥一同被派往高加索山区与山民作战。在此期间他开始了自己的文学创作。1852 年，他的自传体中篇小说《童年》发表在《现代人》杂志上，令他声名鹊起。1854 年克里米亚战争爆发后，托尔斯泰参与了塞瓦斯托波尔战役。1855 年塞瓦斯托波尔要塞陷落，托尔斯泰回到彼得堡。

1856 年，中篇小说《少年》发表。1857 年，中篇《青年》发表。自传体三部曲令托尔斯泰名声大噪。作家本人晚年将自己的一生分为四个时期：14 岁前美妙、天真无邪、快乐而诗意的童年时期；此后荒唐、虚荣、浪荡的 20 年；从结婚到灵魂诞生的 18 年，虽说没有犯下任何被社会舆论谴责的罪行，但只自私地关心家庭、财产、文学声誉和其他乐事；最后 30 年是竭力倡导并身体力行地追求道德完善的人生阶段。托尔斯泰的创作被公认为具有明显的自传色彩，因此上述的各个时期都在其作品中得到或多或少的体现。

托尔斯泰于 1856 年退伍，次年首次出国游历，访问了德国、法国、瑞士、意大利，并用批判眼光写下反映西欧社会现实的短篇《卢塞恩》。1860—1861 年，作家再次出国旅行，考察西方教育制度，结果令他大失所望。回国后他创办教育杂志《亚斯纳亚波良纳》和农民子弟学校，主张知识分子应向农民学习，而不是相反。1863 年，中篇小说《哥萨克》发表，标志着作家的创作技巧臻于完善。

1863—1869 年，托尔斯泰创作了史诗性的巨著《战争与和平》。书中的"战争"指的是 1805—1812 年，法国与俄罗斯之间断断续续的战争，"和平"

则指的是这期间俄国各阶层的生活，从贵族的舞会、狩猎，到士兵的战斗和农民的日常劳动。托尔斯泰出身贵族，对上层社会社交圈的刻画得心应手；他有意接近底层民众，主动体验平民生活，使自己了解中下阶层的生活方式；他在军中服过役，对战场和战斗细节的描写更是一般作家不能及。《战争与和平》不仅精细描绘出了俄国的整个社会面貌，对战争和历史关键节点的大场面描写更是前无古人。

1873 年，托尔斯泰经过反复构思，开始创作《安娜·卡列尼娜》。这部享誉世界的长篇小说的核心是家庭主题，以及与之相关的家庭伦理主题。但是据此就将《安娜·卡列尼娜》归为家庭小说，认为托尔斯泰从历史题材转向了家庭题材，是不确切的。《战争与和平》中同样有相当分量的家庭描写，也就是前文提到的"和平"的部分。而《安娜·卡列尼娜》通过描写 19 世纪下半叶俄国广袤的自然、人民生活和重大的社会问题，同样构成了小说的社会性和史诗性。陀思妥耶夫斯基在《作家日记》中曾指出，《安娜·卡列尼娜》不是一部家庭小说，而是一部真正的社会小说。

1881 年，小说《忏悔录》发表，同年托尔斯泰决定举家迁居莫斯科，一方面是为了给子女提供更好的教育条件，另一方面是为了迁就在莫斯科出生的妻子。托尔斯泰在莫斯科完全抛弃了奢侈的贵族生活方式，代之以苦修式的生活。他不抽烟不喝酒，不吃肉类甚至不喝牛奶，自己缝制衣物和鞋子，每天打水劈柴写作，余下的时间用来走访和会客。1884 年中篇小说《伊万·伊里奇之死》发表。

1899 年，托尔斯泰第三部也是最后一部大型叙事作品《复活》在莫斯科问世。这部小说的创作耗时十年之巨，但因为含有激烈抨击官方道德的字句，而被俄国书报检查机关删节得面目全非（完本的首次出版是在伦敦）。《复活》这部作品反映作家对社会、宗教和人的思考，尤其突出地显现了作家思想中的矛盾：青年时的放纵和晚年禁欲、说教的矛盾；激烈地抗议政府、教会以至于被逐出教门与积极寻找"自己的上帝"之间的矛盾；捍卫家庭的完整性、神圣性却最终离家出走，等等。托尔斯泰在《复活》中要表现的也正是这样一种人性的矛盾，表现人性深处中潜藏的未知奥秘和灵魂的痛苦挣扎。

1901 年，托尔斯泰离开莫斯科，回到亚斯纳亚波良纳庄园。思想上的追寻和苦苦求索让托尔斯泰在晚年无法感到心灵的平静。他意识到剥削的罪恶，却无法摆脱自己贵族剥削者的身份；他试图在宗教中探寻有关世界、社会、人类问题的最终答案，却被教会逐出教门；他想过苦修式的清贫生活，却无法让十几位家人全部追随自己的理念。最终，托尔斯泰宣布放弃自己的贵族头衔和一切财产，在1910年10月的一个深夜，同家庭医生一起离家出走。旅途中的作家在火车上受凉感染肺炎，被迫在一个叫阿斯塔波沃的小站下车，在站长的小木屋中休养。11月7日，托尔斯泰与世长辞。

托尔斯泰的创作在文学史上的地位已经为世界所公认。19世纪俄国批判现实主义文学是继古希腊罗马神话、莎士比亚戏剧之后，世界文学史中的第三座高峰。而托尔斯泰便是这高峰的巅峰。

八、安东·契诃夫

安东·契诃夫（1860—1904年）是19世纪后期俄国最重要的批判现实主义作家，也是具有世界影响的短篇小说家。契诃夫生于俄罗斯帝国西南部塔甘罗格的一个小商人家庭。契诃夫的父亲和祖父都是农奴，祖父靠着在糖厂做工为全家赎了自由身。契诃夫的童年生活是三点一线式的，每日放学后和兄弟们一起看守商店，早上5点起床参加教堂唱诗班的训练。契诃夫自中学起开始接触文学和戏剧，并自己制作了一本杂志，内含自己创作的故事和短剧。

1876年，契诃夫的父亲破产，卖掉了包括房屋在内的所有财产，逃往莫斯科避债。留在塔甘罗格的契诃夫生活一下没了着落，只得边上学边做家教维持生活。1879年，契诃夫从中学毕业，进入莫斯科大学医学系学习。同年，他的小说《写给博学邻居的一封信》发表在《蜻蜓》杂志上，这也是他正式刊发的处女作。为了补贴家用，契诃夫在大学期间勤于写作，一批讽刺小说和幽默小品文陆续发表，也逐渐拥有了一批喜爱他风格的读者。1885年，契诃夫从莫斯科大学毕业开始行医，其小说创作也迎来了一个高峰期，一些短篇小说名篇如《变色龙》、《小公务员之死》、《胖子和瘦子》便发表于这个时期。

从 1886 年开始，契诃夫逐渐减少了幽默小品文的写作，作品题材开始变得更加严肃。这其中的原因包括几位作家、剧作家的建议，也与契诃夫的旅行见闻有关：他前往帝国南方养病，先是回乡探访，而后沿着果戈理的足迹，走访了克里米亚半岛和高加索山区。短篇小说《苦闷》、《凡卡》，中篇小说《草原》的发表引起文学评论界的关注和好评，标志着契诃夫在风格和艺术形式上完成跨越，迈向批判现实主义。1889 年，戏剧《伊万诺夫》在彼得堡公演取得成功，同年中篇小说《没有意思的故事》发表。

1890 年年初，契诃夫前往远东的萨哈林岛（即库页岛）考查采风，穿越西伯利亚的见闻，萨哈林岛的恶劣自然环境，居民的贫苦生活，以及被流放的政治犯的凄惨处境给契诃夫留下了深刻印象，使他对沙俄政府的专制统治有了更深层次的认识。同年 8 月，契诃夫结束旅行回到彼得堡，并由此改变了自己不过问政治的态度，开始在作品中揭露黑暗的社会现实。1892 年发表的著名小说《第六病室》和 1894 年发表的报告文学《萨哈林旅行记》都来源于此次旅行得来的素材。

1898 年，契诃夫与斯坦尼斯拉夫斯基、高尔基、丹钦科等人结识并成为好友，常常探讨戏剧理论和小说的发展途径。同年，他的戏剧《海鸥》公演并取得巨大成功，还发表了《姚内奇》和《套中人》等小说作品。1899 年，契诃夫的肺病恶化，移居南部的雅尔塔养病，创作了《带狗的女人》、《宝贝儿》等小说和戏剧《万尼亚舅舅》。1900 年，他被选为俄罗斯科学院名誉院士，两年后，为抗议沙皇尼古拉二世剥夺高尔基的名誉院士称号，他宣布放弃自己的名誉院士称号。1904 年，契诃夫出现严重的哮喘，前往德国治疗无果，在巴登维勒逝世，遗体归葬于莫斯科。

概览契诃夫的一生和创作生涯，可以发现其人生轨迹中几个需要着重注意的特点，以及其作品风格转换的阶段。首先从生平来看，契诃夫出身贫苦，亲历过社会底层生活；他游历过大面积的国土，见证过各色人等的生活状态；他在创作生涯后期与思想先进人士过从甚密，态度从不问政治变为不认同专制统治。其次，从创作风格的阶段来看，契诃夫早期的作品是现实主义风格，主要以轻松的幽默小说、小品文、喜剧为主；中期（1886—1890 年）重新审视文学创作的意义，开始关注严肃题材；晚期（1891—1904 年）作品全面转向批判现实主义，尖刻地揭露沙皇统治下俄罗斯社会的阴暗面。

作为与托尔斯泰同时代的作家，契诃夫在托翁的光辉下丝毫不显黯淡。如果说托尔斯泰的长处是大型叙事作品，契诃夫则以短篇小说见长。他不仅被视为俄国文学史中最杰出的短篇小说大师，也与果戈理、莫泊桑、爱伦·坡并列，被视为世界文学史中最伟大的短篇小说家之一。托尔斯泰曾将契诃夫与普希金并称，认为二者的叙事方式都以简洁、富有表现力见长，将俄国文学的形式向前推进了一步。

与此同时，作为剧作家的契诃夫对俄国戏剧的贡献同样巨大，直接引领了19世纪俄国戏剧的转型，并对20世纪世界戏剧的走向产生了深远影响。契诃夫的成就可与托尔斯泰比肩，二者共同成为19世纪俄国批判现实主义最后的高峰。

至此，从19世纪初的普希金起，到19世纪末期的契诃夫止，这个时期的俄罗斯文学被称为"黄金时代"。他们用了不到一百年的时间，先将俄罗斯文学水平追赶至世界文学先进水平，而后继续高歌猛进，超越了世界文学的先进水平，在世界文坛独领风骚近半个世纪。

第四节　19世纪末至20世纪前期的俄罗斯文学

到了19世纪末期，俄罗斯文学再次进入过渡期和转型期。从体裁上来看，在这个阶段，短篇小说开始大行其道，长篇小说开始衰落。从流派上来看，现代主义开始崛起，挤占现实主义的份额。

提及现代主义，又涉及特定历史文化背景。19世纪末是西方主要国家经济迅猛发展，谋求对外扩张的年代，简而言之就是工业化和城市化。这个进程打破了传统的人际关系结构，加快了社会节奏，改变了自然景观。具体涉及俄罗斯帝国内部，情况则更加复杂。沙皇亚历山大二世在全国推行改革，彻底废除农奴制，一方面冒犯了大地主、大贵族的利益，另一方面，获得自由的农民可以自由迁徙，但由于土地减少，又要支付赎身的赎金，以及由改革带来的混乱破坏了以前的那种安定感，反抗斗争更加激烈了，各地农民暴动频发。沙皇亚历山大二世采取的策略则是一概无情镇压，最终导致自己被革命团体刺杀。俄罗斯社会生活也进入了一个尤为黑暗的时期。

俄罗斯的现代主义文学就是在这种背景下兴起的，它不主张用作品去再现生活，而是提倡从人的心理感受出发，表现生活对人类精神的压抑和扭曲。在现代主义文学作品中，人物往往是变形的，故事往往是荒诞的，主题往往是绝望的。

19 世纪末期到 20 世纪前期的俄罗斯文学就处在这样一个特殊的文学时代。19 世纪末期到 20 世纪初，俄罗斯接连发生了几件影响深远的大事。第一件大事是前文提到的 1881 年沙皇被刺杀。第二件大事是俄罗斯与日本为了争夺中国东北产生矛盾，在 1904 年爆发了日俄战争，俄罗斯的太平洋舰队被全歼，绕大半个地球赶来的波罗的海和黑海舰队一部也被全歼，陆上战场同样节节败退。战争最后以俄罗斯大败，日本惨胜告终，俄罗斯帝国丢失了它在远东的绝大部分利益，当然，这些利益也是它依靠不平等条约非法获取的利益。第三件大事是俄罗斯在 1914 年作为协约国一方参加了第一次世界大战，在战争中损失惨重，彻底耗尽了帝国的元气。1917 年，俄罗斯先后爆发"二月革命"和"十月革命"，"二月革命"是资产阶级发动的，推翻了俄罗斯的帝制，建立了资产阶级临时政府。但仅仅过了 8 个月，就又被列宁领导的无产阶级革命推翻。至此，俄罗斯帝国国祚 200 年（1721—1917 年），被社会主义制度的苏联所取代。俄罗斯文学，或者说苏俄文学也迎来了前所未有的新元素，也就是社会主义意识形态。

这个时期的俄罗斯文学家们面对一个日薄西山、纷乱四起的帝国，依旧创作出了众多文学性、艺术性极高的作品，形成俄罗斯文学史上的一个小高峰，史称"白银时代"。"白银时代"是相对于普希金时期的"黄金时代"而言的，这个名词准确概括了俄国文学的又一段杰作高产的时期。在这个多元的时期，各种文学流派和潮流共存，各种创作风格争芳斗艳，俄国文学家群体与哲学、宗教、艺术领域的杰出人物一道，共同促成了俄罗斯的"文艺复兴"和俄国文化的"狂欢节"。

"白银时代"名家辈出，譬如高尔基、别雷、蒲宁、勃洛克、阿赫玛托娃、马雅可夫斯基，等等；同时流派林立，比如象征主义、阿克梅主义、未来主义、新古典主义以及现实主义和现代主义结合的创作。

一、象征主义

象征主义在俄国文坛兴起始于19世纪90年代末。世纪之交的俄国暗流涌动，重大历史事件不断涌现，各个阶层普遍笼罩在迷惘、惶恐的阴云里。俄国思想界和文艺界明显弥漫着浓烈的末世情绪，都在为追求国家、民族、人性的出路而苦苦求索。虽然探索的道路不同，最后的答案也不尽相同，但这种迷惘的心态却成为象征主义文学最佳的土壤。

象征主义是一种世界观，该流派的创作者不再追求忠实地表现外部世界，而是要通过象征的、隐喻的和装饰性的画面来表现虚幻的梦想，以启示于人。

亚历山大·勃洛克（1880—1921年）是20世纪俄罗斯最伟大的抒情诗人、剧作家，俄罗斯象征主义文学最具代表性的人物。马雅可夫斯基称他为"一整个诗歌时代"，阿赫玛托娃称他为"20世纪的里程碑"。

勃洛克出身于彼得堡一个贵族知识分子家庭，外祖父是彼得堡大学校长，父亲是华沙大学的教授，母亲和姨妈们是作家和翻译家。勃洛克出生后不久父母离异，幼年被寄养在外祖父家中。书香门第的氛围，家中女性亲属积极参与文化活动，都给予勃洛克极大影响。

勃洛克从小受到良好教育。1898年，他进入彼得堡大学法律系学习，开始大量阅读茹科夫斯基、普希金、莱蒙托夫、丘特切夫等人的诗作。3年后他转至语文系。1903年，勃洛克与化学家门捷列夫的女儿结婚，妻子便是"美妇人"的原型。

勃洛克很早便开始诗歌创作，象征主义兴起之后，他立刻作为青年象征派的一员步入诗坛。1904年，勃洛克的第一本诗集《美妇人集》发表，一举成名。这本诗集是诗人对象征主义诗歌的最初尝试。随后，勃洛克相继发表诗集《意外的喜悦》、《陌生女郎》、《雪封的大地》、《论诗人的使命》等。"十月革命"后，勃洛克站到新生的苏维埃政权一方，继续从事文化工作，并担任了全俄诗人协会彼得堡分会的主席。长诗《十二个》以"十月革命"为题材，是勃洛克天才的最后一次迸发，作品中他以饱满的激情和高超的技巧再现了崭新的、革命的俄罗斯。

二、阿克梅主义

阿克梅主义是在象征主义衰落之后，俄国文学出现的又一种现代主义文学流派。"阿克梅"一词源于希腊文，意为事物的高级层次、花朵、繁荣期。相较于象征主义，阿克梅主义追求力的均衡，以及对事物主客体关系更准确的认识。阿克梅主义反对象征主义中对世界神秘、朦胧的暗示，提倡对具体、客观事物的把握；它承认象征在艺术表现中的重要性，但反对因此牺牲其他诗歌的表现手法；阿克梅主义寻求表现手法间的协调，试图建立一个更自由、更有力的诗律体系。

安娜·阿赫玛托娃（1889—1966 年）是阿克梅诗派的主要代表人物，本姓戈连科。她生于黑海边的敖德萨市，父亲是海军工程师。母亲姓阿赫玛托娃，这一姓氏据说来源于金帐汗国的最后一位统治者阿赫玛特可汗。虽然没有资料证实阿赫玛托娃家族确实是阿赫玛特可汗的后裔，但是女诗人还是很喜欢这个关于家族起源的传说。

当阿赫玛托娃决定以诗歌创作为职业时，对文学抱有偏见的父亲禁止她用他的姓氏发表作品，以免辱没了家族名声。于是阿赫玛托娃便选择娘家姓作为自己的笔名。

阿赫玛托娃未满周岁时，全家移居彼得堡近郊，女诗人在皇村度过了自己的少女时代。5 岁开始学习法文，11 岁开始写诗。1905 年父母分居后，阿赫玛托娃随母亲生活。1907 年开始公开发表作品。1908 年进入基辅高等女子文史学院学习法律。1910 年与诗人古米廖夫结婚。

1912 年，阿赫玛托娃出版了第一部诗集《黄昏集》，两年后又出版《念珠集》。这两部作品为诗人在俄罗斯文坛带来巨大声誉，她成为各个文学沙龙中最受欢迎的客人。1917 年，第三部诗集《群飞的白鸟》发表，时值社会大动荡，并未引起更大轰动。以这三部作品为代表的早期创作的特点是短小精悍，主题是对爱情的抒写，被称为室内抒情诗，意指体裁窄，反映院里的社会生活，缺乏时代精神。

"十月革命"后，阿赫玛托娃的诗歌显然与时代节拍不大吻合。意识形态部门对她的诗作大加贬低，以至于在以后近 20 年的时期里，诗人未能发表作品。1918 年，阿赫玛托娃与丈夫古米廖夫离婚。

1921 年，不幸接连降临。哥哥自杀，好友勃洛克去世，前夫古米廖夫因反革命罪被枪决。古米廖夫案让女诗人终身受到牵连，1946 年被批判，被开除出作协，直至 50 年代才得以恢复名誉，儿子日后被监禁和流放长达 14 年。

1922—1940 年，无法发表作品的阿赫玛托娃转而研究普希金，并从事诗歌翻译工作。但她并未停止诗歌写作。长诗《安魂曲》就写于这个时期。《安魂曲》是一首叙事长诗，取材于诗人的真实经历。第二次世界大战前夕，阿赫玛托娃的儿子被捕，她为了打听儿子的消息并送去些东西，与许多被捕者的家属一道，在列宁格勒的监狱外等候了一年半之久，她向人承诺将会描述这一切。《安魂曲》便是这承诺的兑现，这首长诗抒写的并非个人经历，而是人民的苦难。《安魂曲》也因此获得了更深的控诉力量和更广泛的社会意义。阿赫玛托娃为了保留这部诗作，不敢留下文稿，而是让身边亲近的人分别背诵下不同的章节，隔段时间就偷偷聚会，重温全诗，让《安魂曲》最终于 20 世纪 80 年代得以重见天日。

第二次世界大战爆发后，阿赫玛托娃开始为国家民族，为人民抒写诗歌，以创作和演讲的方式投入到保家卫国的战斗中。此间发表了《战争的风》、《胜利》、《勇敢》等作品。这一时期是诗人创作的中期，其主体开始与时代和社会生活联系在一起。

第二次世界大战结束后，阿赫玛托娃的诗歌创作步入晚期。这个时期她的创作重新回到早期擅长的个人情感领域，但是并非爱情抒情，而是以哲理抒情为主。她有意与歌颂领袖的主流诗歌保持距离，沉浸在对国家、历史和个人命运的思考中，比如《没有主人公的长诗》、《海滨十四行》等作品。

1966 年，阿赫玛托娃在莫斯科病逝，此后的 20 年中其遗作被陆续发表。在俄罗斯文学中，阿赫玛托娃的作品几乎涉及了女性情感的所有领域，贯穿其诗歌生涯的主题是女性的自我求索。阿赫玛托娃的诗歌已经成为爱情抒情诗的同义词。另一方面，诗人坎坷的人生与创作经历也体现了 20 世纪俄罗斯知识分子的命运。

三、未来主义

未来主义是与阿克梅主义同时出现的，俄国现代主义文学的另一流派，主张以机器文明和速度彻底取代传统艺术。未来主义者自视为秩序的破坏者，与一切艺术传统为敌，声称要将普希金和托尔斯泰从现代的轮船上扔下去，从而创建一种全新的未来艺术。

未来主义的有失偏颇是显而易见的，然而其成就同样不能忽视。未来主义促进了诗歌的平民化，其诗人多来自社会底层，对于统治阶层的社会规范和文化教条更具反抗性。未来主义还扩大了诗歌的表现手法，将戏剧、小说等领域的表现手法引入诗歌创作。

未来主义的领军人物是弗拉基米尔·马雅可夫斯基。马雅可夫斯基（1894—1930年）出生于一个低级林务官的家庭，童年在格鲁吉亚度过。1906年父亲去世后，全家迁往莫斯科。他从房东儿子那里接触到革命思想，阅读了许多马克思主义著作，并于1908年参加俄罗斯社会民主工党（布尔什维克）。

1908—1910年，马雅可夫斯基三次被捕，在狱中度过11个月，最终都因年幼和证据不足而获释。监禁期间他阅读了许多文学作品，包括当时已颇具影响的象征主义派别的作品。获释后他的思想发生了很大变化，认为党的工作和社会主义艺术之间存在对立，于是脱离党组织，开始从事"社会主义艺术"。

1911年，他进入莫斯科绘画雕塑建筑学校，结识了"俄罗斯未来主义之父"布尔柳克，在其影响下开始诗歌创作。1912年马雅可夫斯基与他人共同发表了未来主义的第一部宣言《给社会趣味一记耳光》。这本文集中包含马雅可夫斯基最初的两篇诗作《夜》和《晨》。在这两首诗描绘的资本主义大都市的画面中，透露着强烈的厌恶和反感。马雅可夫斯基对传统文化的否定很大程度来源于他对现实所持的批判态度。

1915年长诗《穿裤子的云》发表。这部作品是马雅可夫斯基的代表作之一。作品主题依旧是对资本主义的批判，呼吁打倒资本主义的艺术、爱情、制度和宗教。

1917 年"十月革命"爆发，一贯以反叛、革新姿态示人的马雅可夫斯基欣喜地迎接革命，将"十月革命"称为"我的革命"，以高度的热情投身到新生政权的文化工作中。他陆续创作出《革命颂》、《一亿五千万》、《开会迷》、《列宁》等诗作。

不过马雅可夫斯基的创作并未立即得到官方认可，他组织的艺术团体被视为官方文化艺术领域的竞争者，因而受到打压。马雅可夫斯基悼念列宁的长诗《列宁》被视为社会主义现实主义诗歌中的杰作，但直至 1935 年，斯大林做出"马雅可夫斯基过去是，现在仍然是我们苏维埃时代最优秀，最有才华的诗人"的定论，有关诗人的争论才告一段落。

1930 年，马雅可夫斯基在莫斯科自杀。导致他走上绝路的原因是多方面的：官方的不信任，出国被拒绝，文艺界不承认他的无产阶级身份，加之身患喉癌不能朗诵诗歌。马雅可夫斯基对俄国文学产生了重大影响。他将文学视为改造现实的工具，这一点在其身后成为苏联文学的美学信条。他还认为艺术作品是社会现象，应当以社会贡献来衡量其价值。

四、象征主义流派的领军人物安德烈·别雷

安德烈·别雷（1880—1934 年）原名鲍里斯·尼拉耶维奇·布加耶夫，是白银时代最具影响力的文学家之一，俄国文学象征主义流派的领军人物。小说《彼得堡》是他的代表作，与乔伊斯的《尤利西斯》、卡夫卡的《变形记》、普鲁斯特的《追忆似水年华》一起，被纳博科夫誉为"二十世纪的西方四大名著"。

别雷生于莫斯科，父亲是莫斯科大学的著名数学家，母亲是音乐家。精准的科学思维和充满想象力的艺术思维同时作用于别雷身上，少年时期已经开始写作诗歌和小说。1899 年，别雷考入莫斯科大学数理系，毕业后却没有从事自然科学工作，而是选择在文史系继续学习 3 年。这一时期，他对尼采、叔本华、康德等人的唯心主义哲学产生浓厚兴趣，开始形成独特的世界观和对新世纪的神秘主义感觉。

1902 年，别雷这个笔名以《戏剧交响曲》的作者第一次登上文坛。这部作品是一种韵律散文，形式介于诗歌和散文之间。作品以带韵律的叙事模式，讲述人物的精神历程，表达出一种对世纪之交和即将到来的重大改变的朦胧感和神秘感。作品在象征派内部获得很高评价，其形式也成为别雷后来创作的基础。

1904 年，诗集《碧天澄金》发表，这是别雷的第一部诗集。作品通过主人公预言家的形象，揭示出永恒和疯狂等主题，以各种转义和隐喻传达作者自己的世界观。1909 年，别雷又出版两本诗集《灰烬》和《瓮》。此后，他的创作中心开始转向小说写作。1910 年，象征主义的佳作《银鸽》问世。

1911 年秋，别雷开始创作长篇小说《彼得堡》，1916 年第一次出版单行本，之后作者对它进行大幅删减，1922 年在柏林出版删节本。在苏俄国内，这本小说经历了风靡、冷落和重拾，直至 1981 年全本才得以再版。

《彼得堡》完成于 1913 年，距离第一次世界大战爆发仅剩一年时间，帝国主义列强之间的矛盾空前尖锐，整个欧洲笼罩在战争的阴霾之下。彼得堡作为俄罗斯帝国的首都，其居民无不人人自危。在这样的宏观环境下，别雷笔下的都城自然而然地反映出现实世界的危机，他的人物也表现出现实中帝俄居民的心理状态，即笼罩心头的惊惶，以及做任何决定都挥之不去的犹豫。此外，小说《彼得堡》的故事被设定在 1905 年，彼时俄罗斯帝国在日俄战争中新败，国内不断发生罢工、暴动和恐怖袭击等没有明确目的的社会动乱事件，这样的大环境也加强了小说中犹豫、惊惶的情感背景。

《彼得堡》是别雷的巅峰之作，也是象征主义文学的典范制作，是 20 世纪俄国小说的一次革命性创新。首先，从内容上而言，《彼得堡》是一部饱含历史文化信息的小说，以描写首都一隅反映帝俄国家生活的方方面面。文艺学家利哈乔夫认为，读者想要解码小说中的文化信息，就需要具有别雷所具有的文化储备。其次，从形式上而言，《彼得堡》是一部辞藻华丽的小说，其中运用了大量诗歌创作的手法，模糊了小说体裁和诗歌体裁之间的边界。换而言之，小说在句法构造上试图向诗歌靠拢，使作品出现节奏感和韵律化的特征。不仅是别雷，其同时代的蒲宁、阿赫玛托娃都运用各种句法手段来构建诗体韵律。

20世纪20年代，别雷多次出国游历，由于受到人智学说的影响，他探索自我认识和个性完善，"自传性"开始成为别雷创作的主要特征。这一时期他完成了长诗《初会》、随笔《怪人笔记》、长篇小说《莫斯科》等作品。

20世纪30年代，别雷创作了几部长篇回忆录，包括《两个世纪之交》、《世纪之初》、《两次革命之间》。这三部作品成为记录俄国文学面貌和历史景象的珍贵文献。此外，他还出版了一部学术著作《果戈理的技艺》。

1934年，别雷于莫斯科病逝。他一生都致力于象征主义的理性思考，同时又不断尝试革新俄国文学的文体形式和创作手法，为其理论寻找适宜的艺术表现形式。别雷在俄国文坛的成就和地位，证明了作家的求索是极富创新意义和成功的。

第五节　苏联文学

"白银时代"之后，俄罗斯文学进入了中国读者非常熟悉的社会主义现实主义时期。这其中有一个重要的历史节点，也就是1934年的苏联作家第一次代表大会。在这次大会召开之前，苏联境内林林总总的文学团体纷纷被强行解散，或自行解散，红极一时的现代主义潮流戛然而止。在1934年的这次大会上，苏联作家协会成立了，并选举高尔基为第一任作协主席。然而最重要的是，这次会议通过了苏联文学应当遵循的原则，即社会主义现实主义的创作方法。

社会主义现实主义的原则要求作品在形式上是现实主义的，也就是说要描写自然和社会现实；在内容上是社会主义的，也就是说文学应当支持社会主义事业，作家不应当反映他心目中的现实，或者社会阴暗面，而应当塑造正面形象，要突出苏联制度的优越性。苏俄文学的社会主义现实主义时期贯穿整个20世纪，从苏联建国开始，到苏联解体，即1991年为止。这一时期的知名作家和诗人对于中国读者来说十分熟悉，比如高尔基、奥斯特洛夫斯基、布尔加科夫、帕斯捷尔纳克、肖洛霍夫、布罗茨基、纳博科夫、伊斯坎德尔、索尔仁尼琴等。

苏俄文学在世界文坛的影响力非常之大。纵览苏联获得诺贝尔文学奖的作家名单：1933 年，蒲宁获得诺贝尔文学奖；1958 年，帕斯捷尔纳克获得诺贝尔文学奖；1965 年，肖洛霍夫获得诺贝尔文学奖；1970 年，索尔仁尼琴获得诺贝尔文学奖，1987 年，布罗茨基获得诺贝尔文学奖。苏联国祚 69 年，平均 14 年就有一位作家获得诺贝尔文学奖。

一、社会主义现实主义的奠基人马克西姆·高尔基

在 20 世纪的俄国文学史上，高尔基是一位承前启后的先驱，也是串起传统俄国文学和苏俄文学的一座桥梁，被誉为社会主义现实主义的奠基人。他的半个世纪创作生涯，关于其文学地位的争议，都可以看成是俄罗斯民族命运的独特回声。

马克西姆·高尔基（1868—1936 年）原名阿列克谢·马克西莫维奇·彼什科夫，出生于伏尔加河畔下诺夫哥罗德市的一个木匠家庭。高尔基 4 岁时父亲去世，他随母亲一起住在开染坊的外祖父家，仅上过两年小学。

1878 年，11 岁的高尔基外出独立谋生，当过鞋店学徒、厨师帮工、装卸工、烤面包工、杂货店伙计和守夜人，尝遍了人间的酸甜苦辣。他很早就迷上了读书，又与包括革命小组在内的各种知识分子交往，在被他称为"我的大学"的社会中获取了丰富的生活积累和百科知识。1888 年起，青年高尔基两次周游全国，历时数年，也就是从这时开始，他多次被捕，成为警察的监视对象。在高尔基著名的自传体三部曲《童年》、《在人间》、《我的大学》中，作家艺术地再现了自己成为作家之前的人生经历。

1892 年，高尔基这个笔名作为短篇小说《马卡尔·楚德拉》的作者，第一次出现在文坛。这篇小说之后，高尔基发表的《切尔卡什》、《马尔娃》、《一个人的诞生》等早期作品被称为流浪汉小说，作家凭借对流浪汉这个社会底层人群的生活的熟知，写出了他们的苦闷、挣扎和希望，既刻画弱点和丑态，又揭示外表之下的闪光的人格。

高尔基早期的创作色彩斑斓，激情洋溢，现实主义与浪漫主义交融，呈现出以力度与气度取胜的明快、高昂的美学特征。

1899 年发表的《福马·高尔杰耶夫》是高尔基的第一部长篇小说。著名的散文诗《海燕》发表于 1901 年，以象征和寓意的手法表达山雨欲来的时代气氛，以及大众期待改变的强烈愿望。

1906 年，高尔基离开俄罗斯到意大利生活，发表长篇小说《母亲》，描写革命准备阶段的人民和妇女。这是他最具政治倾向和阶级立场的作品，是世界无产阶级文学史上划时代的作品。《母亲》使高尔基声名远扬。

1913 年，高尔基回到阔别多年的祖国。他热烈地迎接 1917 年"二月革命"的胜利，却一时无法理解和接受"十月革命"。无产阶级登上历史舞台使得高尔基开始求索革命和文化的关系，政论文集《不合时宜的思想》就是这种求索的产物。自然而然，作品被视为不健康言论，被禁 70 余年，直至 1988 年才再次出版。在极为复杂和困难的时局下，高尔基为拯救文化，保护知识分子付出极大努力，本人常常处于矛盾和痛苦之中。1921 年，他再度离开俄罗斯，到国外定居。

1923 年，自传体三部曲的最后一卷《我的大学》完工面世，贯穿三部曲的人物形象是自传主人公阿廖沙。这三部作品不仅是作者早年生活的艺术记录，更是表现俄罗斯社会面貌、民族风情和文化心理的长卷。这一时期，高尔基还创作了四组短篇系列作品：《罗斯游记》、《俄罗斯童话》、《日记片段》、《1922—1924 短篇小说集》。

高尔基创作中期的作品记录了作家在民族文化心态这一大方向上艰难跋涉的足迹，是他一生创作中最辉煌的时期。清醒的现实主义笔法，纯熟的描写功底，行云流水的叙述语调，体现着作家创作思想和创作手法的成熟。

高尔基晚年的作品主要是两部长篇小说，《阿尔塔莫诺夫家的视野》和《克里姆·萨姆金的一生》。四卷本的《克里姆·萨姆金的一生》最终未能完成，但这部作品在高尔基创作生涯中占据重要位置，被批评界视为作家生涯的总结。小说表现的是作为资产阶级个人主义者的主人公的精神蜕化过程。作品主题并不新颖，但高尔基在这部作品中体现出的深邃的哲学思辨能力、对历史进程的客观概括能力、高超的史诗构建能力和文字驾驭能力，使得《克里姆·萨姆金的一生》具有了压卷、传世的意味和史诗意义。

1928 年，高尔基再次回国。此后的几年中几乎每年都在苏联和意大利之间往返，直至 1933 年回苏联定居。他努力保护遭受不公正待遇的知识分子，免受极"左"势力的冲击。1936 年，高尔基逝世。

高尔基在世界文坛的地位曾饱受争论和质疑。在 20 世纪 30 年代，高尔基是苏联文学的领袖人物，他在当时社会所拥有的崇高地位，是任何国家任何时代的任何作家都不曾拥有过的。他的半身像遍布各个城市街道，作品的印数达到天文数字，人们用高尔基来命名街道、学校、剧院，甚至一度将他出生的下诺夫哥罗德市改称高尔基市。但在西方，很多研究者甚至不愿承认高尔基的作家身份，认为他是一位意识形态的宣传家和鼓吹家。苏联解体后，高尔基在俄罗斯受到许多攻击，其地位和影响也随之下降，许多以他命名的地名已经恢复原名。然而世界各地的文学爱好者和研究者们依旧在维护作家的声誉，其著作依旧热度不减。随着不必要的元素逐渐消散，纯粹的、文学的高尔基形象也愈发真实、近切地展现在我们面前。

二、布尔加科夫

布尔加科夫（1891—1940 年）是俄罗斯著名作家、剧作家和导演，代表作有小说《狗心》、《白卫军》、《大师与玛格丽特》，剧本《莫里哀》等。布尔加科夫生于俄罗斯帝国的基辅，父母都是教师。1916 年布尔加科夫从基辅大学医学院毕业，旋即前往第一次世界大战的俄军前线做志愿医生，后征召入伍担任军医。

1920 年，布尔加科夫弃医从文，开始公开发表短篇小说和剧本。1924 年，他加入全俄作家协会，次年发表长篇小说《白卫军》。1926 年布尔加科夫的住处遭到查抄，《狗心》手稿以及日记被没收，他本人还多次受到契卡的传讯。此后的几年，他的剧本被禁演，小说禁止刊发。1930 年，他的剧本《莫里哀》被准许公演，此后其作品陆续得到解禁。

1938 年，布尔加科夫开始创作关于斯大林青年时代的剧本《巴统》。1939 年，他的长篇小说《大师与玛格丽特》杀青，但剧本《巴统》未得到斯大林的垂青，被禁止公演。1940 年，布尔加科夫因病逝世。小说《大师与玛格丽特》和《白卫军》一直到 1966 年才得以公开发表，《狗心》直到 1987 年才得以面世。

布尔加科夫是一位小说、戏剧两面开弓的文学家。他的剧本极受欢迎，莫斯科各大剧院竞相上演他的剧作。布尔加科夫在写作剧本时所表现出的忠于现实、长于幻想，以及他对心理刻画的细腻笔法，都在其巅峰之作《大师与玛格丽特》中显现无疑。

长篇小说《大师与玛格丽特》是魔幻现实主义的先驱，是描写一部魔王行走于人间的小说，作品将现实与神话融为一体，主题是惩恶扬善。然而文学界和批评界对这部小说的评价犹如冰火两重天，有人高度赞扬其先锋艺术性，也有人唾弃作品将撒旦、敌基督视为真神。例如同是作家的伊斯坎德尔就曾经说，《大师与玛格丽特》"是一本伟大而罪孽深重的作品"。

布尔加科夫的作品往往出现红、白两个阵营，而叙事主人公又通常选择某种中立立场，并且对现实采取冷眼旁观和嘲讽态度，因此作家受到了诸多非议和批判。在 1920—1930 年这 10 年中，报刊上和社会上对作家的评判以负面为主。直到布尔加科夫去世后 20 多年，政治环境逐渐宽松，《大师与玛格丽特》得以公开出版，这种局面才得以转变。

布尔加科夫是俄国文学中传统的继承者。一般认为，俄国文学是人道的文学，是托尔斯泰式的文学。这个论断自然正确，它是俄国文学中的精神主流。但俄国文学中还存在一股强大的传统，一直以来为人们所忽视，这就是以果戈理和陀思妥耶夫斯基为代表的传统。这种传统以神秘、色彩阴暗、荒诞的情节为特征，布尔加科夫就是这一传统的继承者和发扬者。

三、米哈伊尔·肖洛霍夫

米哈伊尔·肖洛霍夫（1905—1984 年）是一位诺贝尔文学奖获得者，尤为难得的是，他是一位西方和苏联官方都认可和推崇的诺奖作家。

肖洛霍夫生于顿河军屯州的一个小村庄中的农民家庭，母亲出嫁前是地主家的女仆，父亲是个哥萨克下级军官。肖洛霍夫 1911 年上学启蒙，1914 年他先是被送往莫斯科，后来又回到村里上学。13 岁时，正值第一次世界大战，德军对乌克兰的入侵使他的学业中断。

1918 年，肖洛霍夫参加红军。在军中，年轻的肖洛霍夫做过各种工作，其中一项是在顿河地区征集军粮，这项工作并不容易，因为大部分哥萨克人都竭力抵制布尔什维克的"横征暴敛"。1922 年肖洛霍夫来到莫斯科，开始从事文学活动，并参加了无产阶级文学团体"拉普"。这个时期，他以一组描写顿河哥萨克的短篇小说登上俄罗斯文坛。1926 年，肖洛霍夫返回家乡，同年将已发表的小说结集出版，这便是《顿河故事》和《浅蓝色的原野》。

仅仅两年之后，即 1928 年，肖洛霍夫开始发表史诗巨著《静静的顿河》，直至 1940 年全书四卷出版完成。小说于 1929 年获得斯大林奖，并一直是 20 世纪俄国文学中最著名、再版次数最多的长篇小说之一。1932 年，肖洛霍夫曾一度中断《静静的顿河》的写作，转而创作农业集体化题材的《新垦地》第一部。

第二次世界大战期间，肖洛霍夫担任《真理报》战地记者。1956 年，短篇小说《一个人的命运》发表在《真理报》上，产生了巨大的社会影响。小说概括了一代俄罗斯人在战争中的命运，一改此前战争文学中豪迈、乐观的基调，将镜头转向战争的残酷和悲剧，以及普通人的苦难和忍受，传导出浓烈的人道主义情感。由此，小说《一个人的命运》开启了苏联战争文学的新浪潮。

1959 年，肖洛霍夫发表《新垦地》第二部，次年获得列宁奖。1965 年，作家因"在描写俄国人民生活各历史阶段的顿河史诗中所表现出来的艺术力量和正直品格"获诺贝尔文学奖。1984 年肖洛霍夫在出生地克鲁齐林诺村去世。

《静静的顿河》洋洋四卷巨作，描写的是第一次世界大战前至"十月革命"和国内战争时期，顿河哥萨克人的历史。《静静的顿河》与列夫·托尔斯泰的《战争与和平》有诸多相似之处，两位作家都巧妙地把家族史与战争史、民族史糅合在一起，将个人命运融入进民族传记的宏大叙事。

四、尤里·邦达列夫

1985 年戈尔巴乔夫当选为苏共总书记，在他的改革方针引导下，苏联社会生活出现了一次"解冻"。在文艺界，一大批之前遭禁的文学作品得以公开发表，读者们争相阅读；一批被禁的作家重新获得刊发作品的权利，开始新时期的创作。社会上形成一场盛况空前的回归文学热。

1986年，文学杂志《旗》率先刊登了普拉东诺夫的《初生海》和《新的任命》，拉开了回归文学大潮的序幕。紧接着，各大文学报刊都用大量篇幅介绍被封存的作家作品，比如白银时代的诗歌、《日瓦戈医生》、《生活与命运》等。许多侨民文学作品纷纷回归祖国。

尤里·邦达列夫（1924—　）是苏俄著名作家，"战壕真实派"的代表人物之一。他出生于乌拉尔山南部的奥尔斯克城的一个职员家庭。1931年全家迁居至莫斯科。1941年苏德战争爆发时，邦达列夫还在中学读书。1942年刚年满18岁的邦达列夫便应征入伍，从军报国。他先在炮兵学校参加学习，随后在炮兵部队服役。邦达列夫参加了斯大林格勒保卫战、强渡第聂伯河以及解放基辅，曾两度负伤，获得多枚战斗勋章。

1945年"二战"结束后，邦达列夫因伤复员，进入高尔基文学院学习，1951年毕业并开始文学创作生涯。多年的军旅生活使邦达列夫的军事题材写作如鱼得水。1957年小说《营请求炮火支援》发表，1959年《最后的炮击》发表，小说中对战争场景的真实描写使作家声名鹊起。1970年，其代表作《热的血》出版，小说同时描绘了斯大林格勒保卫战中前线战壕中的士兵以及后方指挥部中的统帅，是"全景战争文学"的开山之作。此后，邦达列夫的创作题材开始转变，侧重于对社会生活与人类命运的思考，长篇小说《岸》、《抉择》中的哲学思辨对后世苏俄小说有着深远的影响。

邦达列夫因在文学创作领域的杰出成就，获得过社会主义劳动奖章，两获列宁奖，两获苏联国家奖，以及其他各类奖项。1973年，他同一众苏联作家一起在《真理报》上发表公开信，谴责索尔仁尼琴和萨哈罗夫的反社会主义活动。1984—1989年，邦达列夫曾任苏联最高苏维埃民族院代表；1990—1991年曾任俄共中央委员，1991—1994年任俄罗斯作协理事会主席。1994年，他谢绝了时任俄联邦总统的叶利钦所颁发的"人民友谊"奖章。

五、法济利·伊斯坎德尔

法济利·伊斯坎德尔（1929—2016 年）是一位少数民族作家，同时也是俄国魔幻现实主义文学的奠基人，被誉为"当代托尔斯泰"。

伊斯坎德尔出生于苏联阿布哈兹自治共和国的首府苏呼米市，父亲是土耳其人，母亲是阿布哈兹族。1938 年父亲被苏联驱逐出境后，母亲带他回到高加索山区的切格姆村，在娘家亲戚的教养下长大。从阿布哈兹的中学毕业后，伊斯坎德尔本想进莫斯科大学哲学系学习，但阴差阳错地进入了莫斯科图书学院，后转校到高尔基文学院，并于 1954 年毕业。关于这段历史，作者在其半自传性质的小说《开始》中以戏谑的口吻有所记述。

伊斯坎德尔的诗集《山间小路》于 1957 年公开出版，这也是他的处女作。自 1962 年起，他开始小说创作，1966 年中篇小说《杂交羊星座》发表并引起广泛关注，作品讥讽了当时的农村经济增长模式，以及易于被操控的社会舆论。

1973 年，伊斯坎德尔的代表作之一——长篇小说《切格姆来的桑德罗》的一些章节在经过书报审查机关删节后，开始在杂志上连载。1979 年，中篇小说《大性欲的小巨人》发表，故事情节与情报机关首脑贝利亚相关。此后的 10 年，伊斯坎德尔遭遇作品难以刊发的困境，直至戈尔巴乔夫改革期间才有所改观。1988 年，讽刺小说《兔子与蟒蛇》发表，作者在小说中表达了自己对制度、自由和民族价值体系的深沉思考。1989 年，《切格姆来的桑德罗》全本在苏联公开出版。这部作品先后获得苏联国家奖，俄罗斯联邦国家奖。

伊斯坎德尔总是会在自己的文本中首先构建起一个欢乐的筵席，一个狂欢节式的怪诞视角，作品中始终会出现酒席和赴宴的场景。伊斯坎德尔作品中狂欢式的人民生活是以苏联历史最阴暗的年代为背景展开的。人民自发的欢庆宴会与社会历史层面结合在一起，构建出一种怪诞的效果。1966 年发表的《杂交羊星座》被视作对赫鲁晓夫草率改革决策的讥讽。

伊斯坎德尔最核心的作品《切格姆来的桑德罗》的创作始于 20 世纪 60 年代，成书已是 20 世纪 80 年代末，全书是一部近 1500 页的鸿篇巨著，作品展示了历史空想与素来已久的生活方式之间极为复杂的相互关系。这部书由一系列短篇小说组成，全书却常被称作长篇小说，乃至民族史诗。

伊斯坎德尔这部作品中一系列故事的矛盾之处在于，他围绕"疯狂时代中人民的安宁"这一冲突构建了民族史诗般的情节，而情节却朝着两个平行却又对立的方向发展：桑德罗叔叔以自己传奇般的的油滑世故，不仅轻松地游走于各类历史碰撞中，如国内战争、被斯大林接见、赫鲁晓夫改革等，还从中捞得了不少好处。与此同时，这些历史碰撞带给他亲人朋友的却是折磨、损失，甚至还有死亡。

在俄罗斯国内，伊斯坎德尔的几部针砭时弊的长篇小说被奉为经典，评价甚高。但作家中短篇小说也毫不逊色，譬如《卡齐姆叔叔的马儿》、《山羊与莎士比亚》、《作家的一天》、《从瓦良格人到希腊人的路途》、《圣湖》等，这些作品真实地反映了人民的生活，尤其是高加索地区的乡村生活、风土人情，笔法巧妙而隐晦地影射时局，展现出作家根植于乡土的智慧和灵巧。这些意识形态色彩相对稀薄的中短篇作品是伊斯坎德尔创作生涯中不可忽视的组成部分，其文学性和价值丝毫不亚于屡获重要奖项的长篇小说作品。

伊斯坎德尔创作风格的独特之处在于，他在文本中始终表露出一种狡黠的模棱两可。他最常用的便是故意的语带双关，在一个句子中甚至是一个词中构建两种对立含义结合在一起的喜剧效果。作家的写作风格顽强且朴素地展示了一种怪诞的，生活中随处可见的滑稽。

六、亚历山大·索尔仁尼琴

亚历山大·索尔仁尼琴（1918—2008 年）是一位诺贝尔文学奖获得者，著名的苏俄"异见"作家。索尔仁尼琴生于北高加索的基斯洛沃茨克，其父毕业于莫斯科大学法律系，是帝俄军队的一名炮兵军官，在索尔仁尼琴出生前 6 个月死于打猎途中的意外。其母出身于库班的一个富有家庭，是一名中学教师。生下遗腹子后，索尔仁尼琴的母亲终身未改嫁。

1923 年，在索尔仁尼琴 5 岁时，母亲带他迁居至顿河畔罗斯托夫市，目的是掩盖他们的出身历史，因为"白军军官"身份几乎就是"反革命"的代名词。索尔仁尼琴在当地读完中学，考入罗斯托夫大学数学物理系。大学三年级时，索尔仁尼琴考取了莫斯科文史哲学院函授班，攻读文学。

1941 年苏德战争爆发后，索尔仁尼琴应征入伍，因为从数学专业毕业的关系被分配到炮兵部队，任大尉炮兵连长，两次立功受奖。战争胜利前夕，后方传来母亲去世的消息，索尔仁尼琴十分痛苦，给妻子和朋友写信抒发心中的苦闷，有时在信中写下一些所见所闻的不平之事，在一封信中甚至对苏联领导人有不敬之词。

1945 年 2 月，索尔仁尼琴在东普鲁士被捕，随后被押送至莫斯科投入监狱。他被指控"从事反苏宣传和阴谋建立反苏组织"，被判 8 年劳改。1953 年刑满释放，但索尔仁尼琴并未得到真正自由，开始了在哈萨克斯坦境内的流放生活。索尔仁尼琴先后在哈萨克斯坦的数个劳改营劳动，在一个专门关押政治犯的特别劳改营劳动期间，索尔仁尼琴切除了一个肿瘤，但未意识到自己身患癌症。1953 年底，他的癌症出现扩散，濒临死亡边缘。1954 年获准转移到位于乌兹别克斯坦塔什干的医院接受治疗。

1956 年斯大林去世，苏共"二十大"召开，索尔仁尼琴得到平反，恢复名誉。与此同时他的癌症痊愈，被分配到梁赞附近的一个村庄当中学教师。

还在狱中时，索尔仁尼琴就悄悄地进行文学创作，出狱后的创作更加积极。1959 年，他用几天时间就完成中篇小说《854 号劳改犯》，并将稿件托朋友带到莫斯科的《新世界》杂志。主编特瓦尔多夫斯基对该作品评价甚高，但建议将小说的名字改换。随后他将小说送给一些知名作家审阅，又将征求到的意见呈送给时任苏共总书记赫鲁晓夫。赫鲁晓夫对这部小说十分赞赏，决定予以出版。这就是令索尔仁尼琴声名鹊起的《伊万·杰尼索维奇的一天》。

1963 年，索尔仁尼琴发表短篇小说《马特辽娜的家》，同年他加入了苏联作家协会，并辞去中学教师的工作，专心开始创作以自己在塔什干治疗癌症为素材的长篇小说《癌病房》。同一时期，他还在为《古拉格群岛》收集材料。

1967 年，苏联作协召开第四次代表大会。在开会前夕，索尔仁尼琴以一封公开信致作家代表大会，指责苏联没有创作自由，要求取消一切公开的和秘密的书报审查制度。这封信得到部分作家的支持，并迅速被西方媒体转载，在苏联国内引起轩然大波。索尔仁尼琴因此被开除作协会籍，作品也得不到发表。随着《癌病房》、《第一圈》等小说纷纷在西方出版，更激起了苏联国内对他的批判。

1970 年，索尔仁尼琴获颁诺贝尔文学奖，颁奖词是"在追求俄罗斯文学不可或缺的传统所具有的道德力量"。一方面是激烈批判，一方面是文学界最高奖项，索尔仁尼琴一时间成为世界文坛的独特风景。

1973 年，索尔仁尼琴得知苏联情报机关查获了一份《古拉格群岛》的打字稿，于是决定尽快在国外出版这本书。同年年底，《古拉格群岛》第一卷在法国出版，这本书在西方和苏联都引起巨大反响。《古拉格群岛》严格意义上不是一部小说，而是由作家本人的亲身经历和收集而来的 227 人的回忆录、证词、书信等材料，以及作家对这些材料的分析评论组成的，内容芜杂，文体形式独特。全书共三册七部，是索尔仁尼琴最具代表性的作品。

1974 年，由塔斯社起头，苏联报刊掀起一股批判索尔仁尼琴的浪潮，作家被斥为叛徒、反苏分子。索尔仁尼琴被捕，以"叛国罪"被判处剥夺国籍，驱除出境。一同被驱逐的还有他的妻子儿女。

1976 年，索尔仁尼琴移居美国，直至苏联解体后的 1994 年才回国。苏联解体后，索尔仁尼琴开始创作史诗巨著《红轮》。同一时期，他对动荡的俄国社会进行了深刻的思考，相继写出了"政论三部曲"：《如何安置俄罗斯》、《20 世纪末的俄罗斯问题》、《倾塌的俄罗斯》。

1998 年，时任总统叶利钦将"俄罗斯国家奖"颁发给索尔仁尼琴，但作家拒绝领奖，原因是"不能从一个将俄罗斯带入当今灾难的最高权威那里接受奖赏"。

2007 年，索尔仁尼琴从现任总统普京手中接过"俄罗斯国家奖"，因为他赞赏普京为俄罗斯的复兴所作出的努力。2008 年，索尔仁尼琴去世。

索尔仁尼琴是一位永远的反对者，在苏联时期，他高声反对政府对文学创作的压迫；被驱逐出境，移居美国后，他斥责唯利是图的美国社会和美式价值观；苏联解体回归故土后，他谴责叶利钦将俄罗斯从强权带入了深渊。索尔仁尼琴始终与权力保持对峙，至少是保持距离，在作家看来，这样的距离才是知识分子应该选取的最佳位置。

第六节 解体后的俄罗斯文学

苏联解体被视为 20 世纪最大的地缘政治灾难。经历灾难的不仅仅是俄罗斯民族国家、其人民及其物质财富，俄罗斯的精神财富及其文化也遭受重大挫折。制度更迭后，俄罗斯国内的文艺环境发生急剧变化，文学界失去了整体的价值认同，延续半个世纪之久的社会主义现实主义潮流在不同的、多样的价值层面上渐行渐远。

俄国文学批评界眼见国内愈演愈烈的普遍否定之风，对社会主义现实主义开始清算，匆忙得出结论：当前俄罗斯没有文学。这样耸人听闻的宣言现在看来不难理解："白银时代"止于 20 世纪 30 年代；社会主义现实主义潮流随苏联制度一道分崩离析；地下文学、侨民文学的"回归"尚未形成合力；新的文学形式被指为"异样文学"，"新浪潮"还未获得充分肯定。批评界的论断言过其实，但可以肯定的是，解体后俄罗斯文学的世界影响力有所下降，规模有所缩小，同时构成更加多元化，发展更加自由。

解体后近 30 年中，俄罗斯文学只获得过一次诺贝尔文学奖，得主是女作家、记者阿列克谢耶维奇。阿列克谢耶维奇是白俄罗斯籍，原属于苏联加盟共和国，她用俄语写作，讲述的是苏俄土地上的非虚构故事，其作品应当纳入俄罗斯文学的范畴。对比解体前平均 14 年获得一次诺贝尔文学奖，这种反差不可谓不强烈。

应当承认，文学的影响力与国家文化实力密切相关，而文化实力又与国力密切相关。苏联解体之后，作为其继承者的俄罗斯国力大幅度衰退，且没有明显的回暖迹象。GDP 只相当于中国的广东一省，人口逐年负增长，社会贫富差距显著加大。解体时，苏联作协因为国家经费问题被解散，原来属于体制内的作家群体生活失去了依靠，不得不纷纷转行，去经商任教，为五斗米而折腰。在这种现实的压力下，俄罗斯文学在世界文坛的影响力一落千丈。

另一方面，苏联解体还带来一个副产品，即书报审查制度不再存在。在失去监管的文学市场中，流派、作家立场、题材、表现手法不再成为作品发表的门槛和桎梏，各种价值观的作品一齐涌向文学市场，质量良莠不齐。与此同时，后苏联时代社会厌恶意识形态宣传的群体无意识，也深深地渗透进了文学作品当中。解体前后，揭露苏联社会弊端、鼓吹民主和改革的文学作品曾得到追捧，但很快便被疏远和淡忘。

在这种背景下，解体后的当代俄罗斯文学呈现出多元化的风格。在各流派争奇斗艳的文学市场上，首先，后现代主义文学及其思潮是一个尤为突出的现象。可以说，解体前后的苏俄社会是世界上最适宜后现代思潮滋生的土壤。俄国后现代主义文学经过多年发展，在解体后一度在文坛上占据显赫的地位。后现代主义作家佩列文、索罗金、叶罗菲耶夫等人是文学市场上炙手可热的畅销书作家。然而，俄国文学的现实主义传统毕竟是强大而根深蒂固的。在后现代主义解构权威、消解经典的新鲜感消褪之后，俄国现实主义文学逐渐恢复元气，重拾半壁江山。现实主义文学的代表人物拉斯普京、马卡宁等作家一直在积极创作，捍卫自己的传统阵地。其次，侨民文学走向终结。20世纪七八十年代以后，一批俄罗斯侨民文学的大师相继去世，如纳博科夫、涅克拉索夫、布罗茨基等人。然而侨民文学走向消亡的最主要原因是苏俄社会制度发生的剧变。意识形态的分歧是侨民文学赖以生存的土壤，侨民作家群体依靠批判苏联制度，呼吁自由民主来进行创作。当苏联最终如他们所愿倾塌之后，侨民作家群体还未来得及欢庆，就发现事态并不对劲。在失去宿命的对手后，侨民文学注定走向消亡。苏联社会主义现实主义文学与侨民文学是一对同根生的花朵，当一朵枯萎衰亡后，另一朵也随之消逝。

一、瓦连京·拉斯普京

苏联解体后的俄罗斯作家群体中，一部分现实主义流派的作家依旧坚持自己的文学立场，继续进行文学创作。与此同时，他们也有意或无意地顺应时代，做出了各种改变和妥协。苏联解体后的俄罗斯文学最显著的特征是非意识形态化，其原因是解体后的俄国社会厌倦了文学中的意识形态鼓吹。因此，现实主义流派的作家也不能免俗，或主动或被动地与政治拉开距离。

原俄罗斯苏维埃联邦社会主义共和国作家协会的俄罗斯邦达列夫、拉斯普京、加尼切夫等人，是苏联解体后仍旧活跃的现实主义作家的代表。他们以《文学俄罗斯》、《莫斯科》等杂志为阵地，捍卫俄罗斯自普希金时代以来的道德价值，传承俄国文学的传统。在文学创作方法上，他们更注重俄罗斯古典文学的现实主义传统，更注重文学对普通读者的思想教育作用。因此，他们被称为传统派作家。

与传统派对立的是所谓的民主派作家，也称自由派作家。这一派的作家多为苏联时代的"异见"作家、侨民作家、地下文学的作者。代表人物有叶罗菲耶夫、阿克肖诺夫等人，《文学报》《新世界》等先锋杂志是他们的阵地。民主派作家呼吁在作品中接受自由、民主、人权等"普世价值"概念，对苏联制度基本持全盘否定的态度。

文学中的传统派和民主派之争，并非解体后才出现的新鲜事物。早在俄罗斯民族精神萌发时期，知识分子探寻民族国家出路的时候，就已经出现"斯拉夫派"和"西方派"之争。传统派和民主派的分歧，实质上是俄国知识分子群体对民族命运、国家出路的不同理解所造成的，这种存在于民族精神层面上的矛盾对立由来已久，并且将一直持续存在。

瓦连京·拉斯普京（1937—2015 年）是苏联和俄罗斯当代著名小说家，是俄国文学农村题材的代表人物之一。拉斯普京几乎所有作品都以西伯利亚为自然背景，描写该地区的农民和农村生活，历史和现实。

拉斯普京生于西伯利亚伊尔库茨克州安卡拉河畔的农村。1959 年，他从伊尔库茨克大学语文系毕业，在西伯利亚的几家地方报社工作。

1957 年，拉斯普京在报纸《苏维埃青年》上发表第一篇政论文章《没有功夫烦恼》。1961 年，他发表自己的小说处女作《我忘了问廖什卡》，作品未引起反响。沉寂几年后，他重新开始文学创作。1965—1967 年发表了一系列短篇小说和集子，反响平平。

1967 年，30 岁的拉斯普京发表中篇小说《为玛利亚借钱》，小说一炮打响。紧接着，小说《最后的期限》、《活着，并要记住》、《告别焦马拉》让作家在国内外声名鹊起。

《为玛利亚借钱》讲述的是西伯利亚偏远农村的一位女售货员的故事。玛利亚为人善良，但文化水平不高，不懂得财务知识，因而发生了账目亏空的问题。玛利亚的丈夫为了让她免于牢狱之灾，四处奔走借钱。拉斯普京在这部作品中通过对人物的细腻描写，刻画出各种人对待他人求援时的心态、人情冷暖和世态炎凉。

中篇小说《活着，并要记住》在俄罗斯批评界的口碑甚高，被视为20世纪俄罗斯文学的经典作品之一。小说讲述的是"二战"最后一年的冬天，一个在前线奋战了3年的士兵在战地医院养伤，一念之差当了逃兵，潜逃回老家。为了避免军法惩处，他躲在荒郊野外过着极困难的生活，只能和妻子秘密见面。善良勤劳的妻子具有俄罗斯妇女的一切美德，却因怀上了孩子再也瞒不下去。为了保护逃兵丈夫，她宁肯谎称自己不忠，也不肯供出丈夫。最终事情还是暴露，妻子投河自尽，逃兵闻风而逃，下落不明。《活着，并要记住》是一部鲜明的反战作品，拉斯普京在小说中控诉战争的残酷和非理性，严肃审视了人与人、人与故土、人与祖国之间的关系问题。

1985年，拉斯普京发表政论体中篇小说《失火记》。这部作品是他对俄罗斯农村生活的变化和俄罗斯人道德退化做深入观察后的结果。小说的标题具有明显的象征意义，作品虽是虚构写作，却如报告文学一般真实，深刻反映了苏联解体前社会上弥漫的深重危机感。苏联解体初期，拉斯普京投入到对当代社会问题的思考中，转向政论题材写作，写下一系列关于社会道德、生态、文学问题的文章。1995年的短篇小说《下葬》再次引起读者和文学界的关注。

2003年，中篇小说《伊万的女儿，伊万的母亲》发表。小说讲述的是一个母亲为自己女儿复仇的故事。西伯利亚少女斯维特卡被一名阿塞拜疆男子强暴了，她的母亲塔玛拉内心受到了极大震撼，甚至绝望，她不相信法院会做出公正判决，因此在检察院里亲手将嫌疑犯杀死。塔玛拉因此被捕入狱，刑满释放后回到自己家中。拉斯普京在这部作品中再次表达了他对俄罗斯当前社会所持的强烈批判立场，以及对道德滑坡的人类所怀有的深刻忧虑。

2015年，拉斯普京逝世。莫斯科及全俄东正教大牧首为作家举行了东正教葬礼。拉斯普京遗体归葬于故乡西伯利亚的伊尔库茨克。

二、弗拉基米尔·马卡宁

何谓后现代主义？后现代主义提倡以个人的心理感受为中心，更提倡去中心化、解构，以及多元价值。说得简单一些，也就是后现代主义反对公认的真理、进步、信仰这样的价值，认为一切都是可以怀疑，可以推翻，可以虚无的。也正因为这个缘由，后现代主义没有公认的定义。

俄国土地上的后现代主义则更加特殊。后现代主义提倡的颠覆传统、解构秩序等理念，在俄罗斯反对派知识分子身上表现为一种"反官方"立场。换而言之，俄国后现代作家试图摆脱意识形态控制，却悖论式的在作品中展现出强烈的政治色彩。因此，相较世界后现代主义文学而言，俄罗斯后现代主义作品颠覆、解构和消解的对象十分具体，即社会主义现实主义。

俄国后现代主义最初是以"地下文学"的形式出现的，始于 20 世纪六七十年代。文学刊物《大都会》被视为俄国后现代文学最初的阵地，布罗茨基的诗歌、比托夫的《普希金之家》、叶罗菲耶夫的《从莫斯科到佩图什基》被视作俄国后现代文学的开山之作。

漫长的潜伏期之后，俄国后现代文学在解体后迎来了自己的春天。一大批文学杂志纷纷发表后现代作品以及相关研究文章，社会上涌现出一批俄国后现代文学的研究专家。俄罗斯后现代文学成为文学生活中一个时尚的文学现象，它填补了后苏联时代社会主义现实主义崩塌之后留下的文学空白。

弗拉基米尔·马卡宁（1937—2017 年）是当代俄罗斯文坛最具影响力和声望的作家之一。他的创作活动始于 20 世纪 60 年代。70 年代末 80 年代初，马卡宁作为"40 岁一代"的重要代表，其创作备受瞩目。苏联解体后，马卡宁的创作更加活跃，并且全面转向后现代主义流派，其作品愈发得到当代读者的认可。

马卡宁生于乌拉尔地区的奥尔斯克市的一个知识分子家庭，父亲是一名建筑工程师，母亲是中学俄语教师。1954 年，马卡宁考入莫斯科大学数学系。1960 年毕业后，他在捷尔任斯基军事科学院从事了 5 年教学科研工作，在此期间出版过一本数学专著。

1962 年，古巴导弹危机爆发，出于对人类命运的忧虑，以及呼吁和平的愿望，马卡宁创作了长篇小说《直线》。作品 1965 年发表在《莫斯科》杂志上，引起社会巨大反响。从此，马卡宁开始远离自己的专业领域，潜心开始文学创作。

1969 年，马卡宁加入苏联作协，走上职业作家的道路。正当他稳步开展创作事业的时候，不幸发生了。1972 年马卡宁遭遇车祸，导致脊椎骨折，他卧床两年，期间经历数次大型手术，几次濒临死亡边缘。当他最终康复，得以站起来用双脚行走时，所经历的磨难使他开始用另一种眼光看待世界。作家自述到："这件事令我用一种宗教的眼光看待生活，由此懂得了人生的真谛，以及人类存在的自我价值。"

车祸后的马卡宁进入创作中期，相继发表中篇小说《老村庄的故事》、《透气孔》和长篇小说《肖像与周围》。其中最具代表性的是《透气孔》。

小说《透气孔》讲述的是两个有妇之夫争夺同一位情人的故事。一位工程师和一位数学教师同时爱上了一位女诗人。女诗人在二人间举棋不定，最终工程师夺得了她的芳心。正当女诗人沉醉在爱情中时，工程师为了请数学教师辅导自己的儿子考上大学，将女诗人作为交换条件，毫不犹豫地退出了竞争。

这部作品反映了苏联在战后二三十年的建设中积累了物质财富，但人们心中还是笼罩着温和而无望的空虚。马卡宁通过这部作品斥责了人们对家庭美满等传统美德的忽视，视出轨为家庭生活的"透气孔"，而当看似美好的不伦恋情与现实利益发生冲突时，就毫不犹豫地选择后者。

马卡宁的中期创作中，总是有意忽略正面人物和反面人物之分，常常描写在道德上妥协和摇摆的"中间人物"。在叙事中，往往故意隐藏作者的立场，使叙事人具有中立倾向。主流作家和批评界对这种风格基本持否定态度。比如时任苏联作协书记、批评家杰特科夫认为，马卡宁笔下人物的道德性是模糊的，一切都处于共存状态：交易、谎言、冷酷、原则、真理、善良。

进入 80 年代，苏联社会经济发展停滞，治安混乱，道德水平下降。社会上普遍产生了焦虑、迷惘和失望的情绪，马卡宁的作品中也凸显出这种社会状况。这时期马卡宁作品中的主人公通常是带有不寻常特点的怪人，比如中篇小说《先驱者》、《反领袖》、《在天空和山岗相连的地方》。

1991 年苏联解体，马卡宁发表中篇小说《我们的路还很长》。这部作品标志着作家创作进入了一个新阶段，它是马卡宁在世纪末将近时，对 20 世纪的人类历史和社会进行的一次总结和反思。小说营造了两个平行的世界，一个是虚构的善的世界，一个是现实的恶的世界。两个世界由叙事人讲述的一个带善意谎言的故事连接在一起。

1998 年，长篇小说《地下人，或当代英雄》发表。在这部小说中，作者对自己此前关注的人性话题和个性主题做了总结性的探索。同时，马卡宁对各流派的各种艺术表现形式进行了大胆尝试，因此这部小说堪称一部集大成之作。比如，马卡宁接受了后现代主义消解、戏仿的手法，小说标题《地下人，或当代英雄》就戏仿了两本俄罗斯文学名著的题名："地下人"来源于陀思妥耶夫斯基的《地下室手记》，而"当代英雄"则很明显来源于莱蒙托夫的《当代英雄》。

2008 年，马卡宁的后现代主义长篇小说《亚山》出版，立刻在学术界引起热议。这部小说解构了俄罗斯文学中的高加索传统，并被视作一部影射车臣战争的架空小说。一些批评家指责马卡宁在小说中对车臣战争任意发挥，并为高加索山民杜撰了一位战神，是亵渎行为。另一些则认为《亚山》是车臣题材的突破。还有一些批评家认为，虽然小说是以两次车臣战争为背景，实则描写的是人在现代战争中的命运，代表了战争题材小说的新方向。

三、维克多·佩列文

维克多·佩列文（1962—　）是俄罗斯后现代主义文学的代表性人物。无论就其创作风格，还是他在俄罗斯当代文坛的地位以及文学受众中的影响力而言，佩列文都是当今俄罗斯最具典型意义的作家之一。

佩列文是位相当神秘的作家，不接受报刊、电视等媒体的采访，只愿在互联网上与读者交流，出席活动时墨镜不离身。关于他身份最权威的信息，源自他申请加入俄罗斯记者协会的申请表。佩列文于 1962 年出生，1979 年毕业于莫斯科市第 31 中学，考入莫斯科动力学院，1985 年毕业。1987 年考入莫斯科动力学院研究生院函授部。1989 年考入高尔基文学院，但未完成学业。作家坦承，文学院的学习未给予他任何东西。此间他先后在《神话》、《科学与宗教》等杂志社工作，翻译了一些英美人类学著作，并接触了东方老庄玄学。

1989 年佩列文发表了自己的处女作《巫师伊格纳特和人们》，1992 年出版第一部小说集《蓝灯》，该书于 1993 年获得"小布克奖"。1996 年，佩列文的长篇小说《夏伯阳与虚空》面世，引起评论界广泛关注，并将之称为"俄罗斯第一部禅宗小说"。1999 年，长篇小说《"百事"一代》出版，畅销全球并赢得一系列奖项。2007 年，长篇小说《T》获得巨著奖。2017 年，长篇小说《iPhuck 10》获得安德烈·别雷奖。

佩列文的代表作《"百事"一代》描写的是喝百事可乐长大的一代人的故事。苏联解体后，年轻的塔塔尔斯基放弃了文学，开始自己在广告行业的冒险。现实与幻想、历史与宗教在小说中穿插并行，不时时空倒错。在这部作品中，解体后的俄罗斯社会现实处处可见：大批车臣人来到莫斯科做生意；各个派系的黑帮争斗不休，有人暴富有人被杀；依靠不法手段富裕起来的年轻人沉迷于毒品、声色，等等。佩列文在这部作品中表现出一定的意识形态倾向，但对社会的整体走向却也抱有某种忧虑，对视"百事"为自由民主象征的俄罗斯当代年轻人来说，主人公的这一心态是值得探究的。

为佩列文赢得世界性声誉的长篇小说《夏伯阳与虚空》则将佛教禅宗的"顿悟"和玄学思想作为书中人物探索精神世界的重要内容，为解体后信仰缺失的俄国读者打开了另一扇窗。小说的时空关系如梦魇般支离破碎，作家本人也指出"这是世界文学中第一部情节发生于绝对虚空中的作品"，足见这部小说的后现代性。

长篇小说《昆虫的生活》是广义的科幻小说，书中角色尽是蚊子、屎壳郎、苍蝇一类的昆虫，像人类一样工作、生活、娱乐、去黑市买卖紧俏商品，也像布尔什维克一样讨论哲学和主义。小说充满了斯拉夫式的戏谑，写真式地反映了苏联解体后的民众生活，笑骂之中阵阵凄凉。

佩列文在自己的创作中模糊了严肃文学和畅销文学的边际，俄国文学的传统、现实主义和新时期文学的优缺点在他这里都得到扬弃。佩列文的创作折射出解体之后俄国文学的全新特征：传统、现实和新潮在新俄罗斯文学中进行着调和。这一过程正在进行且将持续相当长一段时间，新的俄罗斯文学形式和潮流将从这一文学进程中诞生。

◎ 思考题

1. 古代俄罗斯文学的主要体裁有哪几类？这些体裁的出现有何历史根源和实用意义？

2. 18 世纪的俄罗斯文学主要受到哪些方面的影响，出现了哪些新体裁？这一时期俄罗斯文学的主要特征是什么？

3. 19 世纪俄罗斯文学的"黄金时代"起源于何种历史背景？

4. "十二月党人"对普希金的文学创作产生了怎样的影响？

5. 试将普希金的历史题材作品、爱情题材作品与诗人的生平联系起来。

6. 试述莱蒙托夫创作的主题与其生平之间的关系。

7. 19 世纪中叶俄国经历的重大历史事件如何影响俄罗斯文学，如何改变俄罗斯文学的走向？

8. 试述屠格涅夫创作中的矛盾性，如何将这种矛盾性与其生平联系起来？

9. 陀思妥耶夫斯基的作品最独特的特征是什么？是否与其人生经历有关？

10. 试述列夫·托尔斯泰一生中的几个思想阶段，如何评价托尔斯泰思想中的矛盾性？

11. 契诃夫在中晚期创作中为何改变了早期不问政治的态度？

12. "白银时代"文学的总体特征是什么？根源何在？

13. 苏联文学以哪两个时间节点为起止？苏联文学要求遵循的原则是什么？试论述该原则。

14. 如何以历史的眼光正确看待高尔基的创作？

15. 如何看待索尔仁尼琴等侨民作家的文学创作？

16. 试述苏联解体后俄罗斯文学概观及其社会历史根源。

17. 从文学史角度总览俄罗斯文学，它相较于欧洲文学、中国文学有什么独特之处？

参 考 书 目

［1］任光宣. 俄罗斯文学简史［M］. 北京：北京大学出版社，2006.

［2］郑体武. 俄罗斯文学简史［M］. 上海：上海外语教育出版社，2006.

［3］刘文飞，陈方. 俄罗斯文学大花园［M］. 武汉：湖北教育出版社，2007.

［4］李毓榛. 俄国文学十六讲［M］. 北京：中国青年出版社，2010.

［5］德·斯·米尔斯基. 俄国文学史（上、下卷）［M］. 刘文飞，译. 北京：人民出版社，2013.